COURS RAISONNÉ DE LANGUE FRANÇAISE
OUVRAGES COMPLÉMENTAIRES

NOUVELLES DICTÉES D'ORTHOGRAPHE

OU

RECUEIL DE DEVOIRS DICTÉS

RÉUNIS ET MIS EN ORDRE

PAR B. JULLIEN

Docteur ès lettres, licencié ès sciences

NOUVELLE ÉDITION

PARIS
LIBRAIRIE HACHETTE ET Cie
79, BOULEVARD SAINT-GERMAIN, 79

COURS RAISONNÉ
DE LANGUE FRANÇAISE

OUVRAGES COMPLÉMENTAIRES

IMPRIMERIE BLOT ET FILS AINÉ
7, RUE BLEUE, 7

NOUVELLES DICTÉES

D'ORTHOGRAPHE

OU

RECUEIL DE DEVOIRS DICTÉS

RÉUNIS ET MIS EN ORDRE

PAR B. JULLIEN

Docteur ès lettres, licencié ès sciences

NOUVELLE ÉDITION

PARIS

LIBRAIRIE HACHETTE ET Cie

79, BOULEVARD SAINT-GERMAIN, 79

PRÉFACE.

Tout le monde comprend l'utilité des dictées dans l'enseignement d'une langue. Il n'y a pas de maître qui ne soit bien aise d'éprouver les connaissances de ses élèves sur des sujets nouveaux pour eux, ou qu'ils n'ont pas pu préparer ; il n'y en a pas qui ne tienne à les faire quelquefois composer pour les places, et qui ne recoure alors avec plaisir à un recueil de dictées comme celui que nous offrons ici aux professeurs et aux instituteurs.

Déjà l'addition de dictées dans la partie des *Questions et exercices* sur la grammaire de Lhomond réservée aux maîtres a obtenu l'approbation de tous ceux qui ont employé ce livre, et il convenait, dans le second degré du même cours, d'en recueillir un plus grand nombre, et de les prendre elles-mêmes d'une force plus élevée : c'est ce que nous avons fait ici. Tous les sujets, même les premiers, supposent que les élèves ont appris et savent la grammaire de Lhomond, qui sert de base à notre cours.

Mais, cela dit, comment les dictées doivent-elles

être conçues en général ? Quelques-uns croient qu'il faut prendre pour régulateur une grammaire particulière, et suivre, autant que cela sera possible, le même ordre d'idées et de difficultés qui se trouve dans le livre dogmatique.

C'est là, selon nous, confondre deux choses très-distinctes. L'ordre dont il s'agit a été suivi exactement dans les recueils de *Questions et exercices* que nous avons rédigés, soit sur *la Grammaire de Lhomond*, soit sur notre *Traité de grammaire.* Là, en effet, à chaque paragraphe du livre dogmatique doivent correspondre des questions, et, par conséquent, des sujets qui se rapportent au texte étudié.

Il n'en est pas de même des dictées : il n'y a pas de raison alors pour que l'auteur s'astreigne à ramener toujours la même difficulté dans chacune d'elles ; à écrire une page, par exemple, où il ne s'agira que des pluriels des adjectifs, tandis que la suivante roulera tout entière sur les pronoms ou sur les temps des verbes, ou sur les participes. Il en serait du maître, qui n'aurait que des dictées de ce genre, comme de l'artiste qui ne saurait jouer que des études de violon, et qui n'exécuterait jamais un morceau de musique composé uniquement pour le plaisir de l'oreille.

Les difficultés de la grammaire et de la langue française doivent se trouver dans les sujets dictés comme elles sont dans le langage, c'est-à-dire quand le besoin et l'occasion les amènent, et non parce qu'on les fait naître exprès. Dans ce dernier cas, en effet, on n'obtient presque jamais qu'un style lourd, forcé, peu naturel, comme le déclare le premier numéro de nos dictées officielles (p. 114), et comme on le verra facilement dans tous les textes faits sur le même principe.

Nos dictées, prises en général, ne sont donc pas faites en vue d'une ou de plusieurs difficultés particulières, quoique nous n'ayons pas repoussé ces devoirs, ainsi que nous le dirons tout à l'heure; le principe qui nous a le plus constamment guidé a été la grande variété et l'intérêt des sujets. Nous savons par expérience combien le choix des devoirs influe sur le travail des enfants : les intéresser à ce qu'ils font, à ce qu'ils apprennent, est le premier talent du professeur. Le choix du devoir n'y est pas pour tout sans doute; il y est assurément pour quelque chose, et dans cette direction, ce n'est pas assez de prendre des sujets formant un sens complet et terminé; il faut surtout varier ses exemples : beaux traits, mots plaisants, notions d'histoire, de géographie, d'archéologie, apologues, dialogues, vers quelquefois, tout doit s'y trouver à sa place. Ce n'est pas une science qu'on veut enseigner; c'est la science apprise ailleurs qu'il s'agit d'appliquer ici de la manière la plus variée, et, s'il se peut, la plus amusante.

Nous avons cru que nous atteindrions ce but en classant sous six grandes divisions les devoirs réunis ici.

D'abord *les anecdotes et traits d'histoire :* c'est ce qu'il y a en général de plus facile, de mieux compris de tout le monde, et de plus intéressant. C'est par là que nous ouvrons le recueil.

Ensuite, les *récits*, *tableaux historiques*, *détails d'antiquités :* ce sont là encore des notions faciles et qui captiveront toujours l'attention des enfants.

En troisième lieu, des *définitions*, *descriptions d'objets* appartenant aux sciences ou aux arts, des *détails de voyages*, *de géographie* ou *d'histoire naturelle*, des *notions de littérature*, des *peintures de mœurs*, etc. Il y avait là un champ immense, où nous avons seulement glané quelques épis. Nous ne doutons pas que l'intérêt n'en soit au moins égal à celui des parties précédentes, quoique ces sujets exigent assurément, pour être compris, une attention plus forte et une intelligence plus exercée.

En quatrième lieu, nous avons placé les *dictées officielles*, si l'on peut employer ce terme, c'est-à-dire les *dictées faites dans divers examens publics* ou *données dans les colléges* ou *les institutions particulières.* Nous avons indiqué par un mot placé à la fin entre parenthèses, à quelle source nous les avons puisées, si c'est dans les examens de la Sorbonne, dans ceux de l'hôtel de ville de Paris, ou dans les compositions des maisons d'éducation. C'est là que se trouvent surtout ces difficultés répétées dont nous parlions tout à l'heure. Nous aurions été fâché de consacrer tout notre recueil à ce genre de devoirs; mais nous ne voulions pas, non plus, les exclure, et on les trouvera non-seulement dans notre quatrième partie, mais aussi dans quelques sujets des trois premières dont le style les fera facilement reconnaître. On y remarquera quelques mots qui peuvent suivre deux orthographes différentes; nous n'en avons admis qu'une, mais nous ne prétendons pas du tout blâmer l'autre, que les élèves sont toujours libres de suivre.

Après ces dictées viennent deux autres parties: l'une sous le titre d'*Apologues en vers et en prose*, *dialogues*, *proverbes*, *jeux de mots*, peut être considérée comme une continuation de la précédente, en ce sens qu'on y trouve l'application des difficultés de la grammaire relatives à la ponctuation, à l'orthographe des phrases, aux homonymes ou paronymes. Nous n'avons mis qu'un petit nombre de ces jeux ou abus de mots, dont notre langue offre d'ailleurs tant d'exemples. Sans doute ces plaisanteries ne sont pas estimables; il faut pourtant les connaître et les comprendre, et les exemples que nous en donnons suffiront pour cela.

La dernière partie, sous le titre de *Morceaux tirés de nos écrivains et de nos poëtes*, est une sorte de préparation à la littérature. Nous avons, dans notre *Traité de grammaire*, dans nos *Questions et exercices*, dans nos *Traités d'analyse logique* et d'*analyse grammaticale*, cherché à faire naître chez les élèves le goût du bon style, avant de leur faire étudier le traité spécial qui y est consacré; ici encore nous avons cru devoir, dans la dernière partie de nos dictées, emprunter à nos meilleurs écrivains quelques passages d'un caractère plus élevé, qui, comme ceux que nous avons donnés ailleurs, familiariseront les élèves avec les produits de notre littérature et leur donneront le goût du beau.

Enfin la table des matières nous a suggéré l'idée d'un nouvel exercice, qui en fait comme une septième partie, et qui donnera au maître le moyen de faire faire aux élèves arrivés à la fin de leurs classes quelques narrations, quelques exposés faciles.

On remarque, en effet, que cette table ne contient pas seulement les titres des dictées, ramenés à leurs pages respectives. Au-dessous de quelques-uns de ces titres, on lit le mot *matière* suivi de quelques lignes. Ces lignes résument, en peu de mots, ce qui est contenu dans la dictée dont elles portent le numéro : de sorte que, soit après avoir lu cette dictée à ses élèves, soit même sans leur en avoir rien dit, le maître peut leur donner les lignes de matière indiquées, et leur demander d'après cela de faire eux-mêmes la petite narration dont il s'agit. En retournant à la page marquée, il trouvera la dictée même qui pourra servir de corrigé. Sans doute ce ne sera pas là un recueil suffisant pour des narrations à faire faire à des élèves fort avancés; mais, comme premier essai, comme parti nouveau à tirer d'un livre déjà fait, nous croyons qu'il peut avoir quelque utilité.

Tel est l'ensemble de ce nouvel ouvrage. Dans celui-là comme dans les autres rien ne nous appartient en propre. Nous avons seulement recueilli ce que nous avons trouvé de mieux ailleurs. C'est une raison pour que nous ne nous aveuglions pas sur le mérite de l'œuvre, et que celui que nous croyons y trouver de joindre l'utilité à l'agrément soit bien réel.

NOUVELLES DICTÉES

D'ORTHOGRAPHE.

SECTION PREMIÈRE.

ANECDOTES ET TRAITS D'HISTOIRE.

1. DÉSINTÉRESSEMENT DE PHILOPÉMEN.

Les Lacédémoniens avaient résolu de faire présent à Philopémen, l'un des plus grands hommes de son siècle, d'une somme de 120 000 écus, en récompense des services qu'il leur avait rendus. Il parut en cette occasion que la vertu de ce fameux personnage était bien pure et bien désintéressée, car il ne se trouva pas un seul Spartiate qui osât se charger d'aller lui offrir ce présent, de sorte qu'ils prirent le parti de lui en envoyer faire la proposition par un de ses hôtes, nommé Timolaüs. Cet homme, étant arrivé à Mégalopolis, logea chez Philopémen, qui le reçut avec toutes les marques de l'amitié la plus sincère. Là, l'envoyé de Sparte eut le temps de considérer la gravité de sa conversation, la frugalité de sa vie et la sévérité de ses mœurs, qui le rendaient inaccessible à l'intérêt et à la passion des richesses. Il fut si étonné de ce qu'il vit, qu'il n'osa jamais lui parler du présent qu'il était chargé de lui offrir, et qu'il s'en retourna comme il était venu. Il fut envoyé une seconde fois et ne fut pas plus hardi. Enfin, au troisième voyage, il se hasarda, quoique avec peine, à déclarer à Philopémen la bonne volonté des Lacédémoniens. Philopémen, après l'avoir écouté tranquillement, partit aussitôt pour Lacédémone. Dès qu'il y fut arrivé, il fit assembler le peuple et lui parla de la sorte : « Je vous conseille, Lacédémoniens, de ne pas dépenser votre argent à gagner et à corrompre les gens de bien qui sont vos amis; leurs services vous sont acquis sans que vous leur en donniez aucune récompense. Gardez plutôt vos trésors pour gagner et acheter les méchants, et pour fermer la bouche à ceux qui troublent l'État par leurs discours séditieux. »

2. LE JEUNE MARIUS ÉCHAPPE AUX ENNEMIS DE SON PÈRE.

Lorsque Caïus Marius fut obligé de sortir de Rome pour se dérober au ressentiment de Sylla, il se retira d'abord à une petite maison de campagne d'où il envoya son fils dans les terres de Mutius, son beau-père, afin d'y prendre les provisions dont il avait besoin. Le jeune Marius, étant arrivé chez son aïeul, s'empressa de ramasser tout ce qui lui était nécessaire et en fit plusieurs paquets. Pendant qu'il était occupé à ce travail, quelques cavaliers, qui cherchaient Marius, s'avancèrent de ce côté. Le fermier de Mutius, les ayant aperçus d'assez loin, cacha promptement le jeune homme dans une charrette chargée de fèves, et, attelant en même temps ses bœufs, il alla au-devant de ces cavaliers comme menant sa charrette à Rome. Cette ruse hardie sauva le jeune Marius, qui fut conduit dans la maison de sa femme, où il acheva ses provisions, et, dès que la nuit fut venue, il se rendit sur les bords de la mer, où, ayant trouvé un vaisseau prêt à partir pour l'Afrique, il s'y embarqua.

3. FESTIN DE DOMITIEN.

Domitien donna un festin bien digne de lui, c'est-à-dire d'un des plus indignes empereurs qu'on ait vus régner, et d'un des plus cruels tyrans qu'il y ait jamais eu.

Les sénateurs les plus illustres, les chevaliers qu'il avait entendu citer à cause de leurs belles actions, furent par lui invités à un repas; et voici comment il s'y prit pour leur inspirer une terreur extrême.

L'empereur avait fait tendre de noir l'appartement où l'on devait se rendre; le plancher, les murailles, les lambris même, tout était en noir et inspirait l'épouvante. Quelle ne fut pas la surprise des conviés quand, après les avoir laissés attendre pendant quelque temps, on les eut introduits de nuit dans cet appartement lugubre! Vis-à-vis de chacun d'eux était une bière sur laquelle était écrit son nom. En même temps, une lumière sombre qu'on avait laissée pénétrer exprès dans cet affreux tombeau, leur permettait d'apercevoir distinctement tous ces objets. Ceux qui servaient à table étaient vêtus de noir, et dansaient autour des conviés des danses funèbres.

Pendant le souper, l'épouvante qui s'était emparée de tout le monde fut telle, qu'on garda un morne et profond silence. Domitien seul parlait de temps en temps, et ne tenait que des discours lugubres, en regardant tour à tour les conviés comme s'il les destinait à être égorgés.

Aussi tous étaient à demi morts de frayeur, et ils s'attendaient à ne pas sortir vivants de l'horrible guet-apens dans lequel l'empereur les avait attirés. Ainsi se passa ce triste repas, pendant lequel chacun s'imaginait plutôt voir son appareil de mort qu'assister à un festin et à une fête. Que prétendait par là ce cruel empereur? Quelle résolution s'était-il proposée, en plaçant ces hommes dans une situation si affreuse? Voulait-il leur dire que cette vie était remplie d'incertitudes, que les grandeurs sont pleines de fragilité? ou bien voulait-il qu'ils se rappelassent un festin si funèbre, en leur inspirant ainsi la terreur de son nom? Quelle que soit l'idée qu'il ait eue en vue, ce trait est bien peu digne non-seulement d'un empereur romain, mais de tout homme raisonnable. Quant aux conviés, lorsque quelques heures se furent écoulées dans une incertitude cent fois pire pour eux que la mort, quand on les eut laissés sortir sans leur dire un seul mot, ils se précipitèrent tous ensemble en tremblant encore, et s'estimant heureux d'en être quittes pour la peur, après s'être tous attendus à une mort certaine.

4. JUGEMENT D'ALEXANDRE SÉVÈRE.

Sous le règne d'Alexandre Sévère, le christianisme, depuis si longtemps persécuté, commença enfin à jouir d'un certain calme, et ceux qui le professaient osèrent même donner une sorte de publicité aux cérémonies de la religion. Pour prier en commun, des chrétiens s'établirent dans une vaste maison qui, peu de temps auparavant, était un cabaret fort fréquenté. Le concours des fidèles qui s'y rendaient de tous les quartiers de la ville attira l'attention des anciens locataires; ils crurent devoir réclamer la maison pour y recommencer leur commerce, et, ne doutant pas du succès de leur requête, ils se présentent devant l'empereur, alléguant que les chrétiens sont d'autant plus dignes d'animadversion, qu'ils n'ont fait choix de ce lieu que pour y perpétuer un culte réprouvé de l'empire. « Quel est donc le but de ce culte? interrompit le prince. N'est-ce pas d'y adorer Dieu? — Oui, seigneur; mais la manière dont ils l'adorent n'est pas légitime. — Qu'importe la manière, si le motif est bon? Je décide qu'il vaut encore mieux adorer Dieu dans cette maison, quoique d'une manière imparfaite, que d'y vendre du vin et d'y préparer un asile à la débauche. »

5. LEÇON DONNÉE A CHARLES VII.

Charles VII se trouva presque dépouillé de tous ses États au commencement de son règne, et il ne lui restait qu'Orléans et Bourges; aussi ses ennemis l'appelaient-ils par dérision *le roi de Bourges*. Cependant, tandis que les Anglais parcouraient ses provinces en conquérants présomptueux, Charles se livrait aux plaisirs et ne songeait qu'à donner des fêtes. Un jour qu'il dansait dans un ballet qu'il avait imaginé lui-même, deux de ses courtisans, Potron de Saintrailles et Étienne Vignoles, entrèrent dans la salle. Le monarque, les ayant aperçus, leur dit : « Eh bien, mes amis, que pensez-vous de cette fête? Ne trouvez-vous pas que je me divertis bien? — Oui, sire, répondit l'un d'eux; il faut convenir qu'on ne saurait perdre une couronne plus gaiement. »

6. PATIENCE CHRÉTIENNE.

Un de ces solitaires qui s'étaient retirés, dans les premiers temps de l'Église chrétienne, au fond des déserts de la Thébaïde, en Égypte, rencontra sur son chemin un mendiant tout couvert d'ulcères. Touché de compassion, il l'emmena dans sa cellule et prit soin de lui : mais quelque temps après, quels que fussent les soins de l'anachorète, le mendiant, devenu exigeant, se plaignit d'abord de la nourriture qu'on lui donnait, quoique son bienfaiteur le nourrît mieux que lui-même. Bientôt, il passa des plaintes aux injures, et alla même jusqu'à maltraiter indignement celui qui l'avait recueilli et qui avait pansé ses plaies. On ne saurait exprimer tous les mauvais traitements que le patient anachorète eut à souffrir de lui. Enfin, malgré la patience et la charité évangéliques qui l'animaient, ne sachant s'il devait garder plus longtemps un hôte aussi ingrat, le solitaire alla consulter saint Antoine, l'instituteur de la vie monastique, et dont la sagesse s'était fait admirer de tous les anachorètes. « Ah ! mon fils, lui dit ce saint, prenez garde ! la pensée que vous avez eue d'abandonner ce misérable, vous la reçûtes de l'Esprit tentateur, qui veut vous faire perdre votre couronne. — Mais, mon père, reprit le jeune solitaire, quelques bonnes intentions que j'aie, je crains de manquer de patience. — Et pourquoi en manqueriez-vous ? Ne savez-vous pas que c'est à ceux qui nous font le plus de mal que nous devons montrer le plus d'indulgence et de charité ? J'ai toujours pensé que vous seriez assez courageux pour résister aux injures, aux mauvais traitements même, de l'ingrat qui ne s'est pas rappelé vos bienfaits. Quel mérite auriez-vous de vivre avec une personne de qui vous n'auriez jamais rien à souffrir ? Mon fils, gardez donc ce pauvre, et rappelez-vous cette maxime, qu'il vaut mieux sauver un pécheur converti que recevoir dix justes dans le ciel ; souvenez-vous aussi que c'est à la patience et à la charité envers ceux mêmes qui nous font du mal qu'on reconnaît un chrétien. » Le solitaire suivit ce conseil et obéit à saint Antoine. Dieu bénit une charité qui s'exerçait si courageusement : le mendiant, quels que fussent ses mauvais sentiments, fut enfin honteux de répondre si mal aux soins généreux que son bienfaiteur lui prodiguait, il lui demanda pardon et passa le reste de ses jours avec lui.

7. LE VENDEUR DE FUMÉE.

Parmi les belles qualités qu'a possédées Alexandre Sévère, l'un des meilleurs empereurs que les Romains aient eus, il n'en est pas que l'on doive plus admirer que son amour de la justice. Néanmoins, cet amour l'entraîna quelquefois trop loin, s'il faut accepter comme authentique cette anecdote que les historiens nous ont rapportée.

Il avait parmi ses courtisans un homme d'esprit avec lequel il s'entretenait souvent. Bientôt, on crut que ce nouveau favori jouissait d'un grand crédit auprès de l'empereur. Une foule de gens venaient le trouver ; on n'osait rien demander à Alexandre sans avoir obtenu de ce courtisan une promesse de s'y intéresser. Mais cet homme fourbe et avare exigeait de grosses sommes d'argent, sans cependant tenir la parole qu'il avait donnée. Si l'affaire réussissait par hasard, il s'en attribuait le succès, et il appelait cela en plaisantant *vendre de la fumée.* L'empereur fut instruit de ce propos et résolut de punir son artifice. Il chargea un officier d'aller solliciter cet homme, afin qu'il employât son crédit en sa faveur. Le courtisan le lui promit et n'en fit rien; cependant il ne manqua point d'exiger le prix de ce prétendu service. Mais sa fourberie avait été découverte, et il fut bien trompé en voyant qu'on venait l'arrêter. Par l'ordre de l'empereur, on l'attacha à un poteau, et l'on alluma autour de lui du foin et du bois vert, afin que la fumée le suffoquât. Pendant ce temps, un héraut criait devant la foule rassemblée et les dupes qu'il avait faites : « Le vendeur de fumée est puni par la fumée ! »

8. LEÇON D'UN CADI A UN CALIFE.

Sous le règne du calife Hakkam, une pauvre femme de Zehra possédait un petit champ contigu aux jardins du calife. L'envie s'étant emparée d'Hakkam de bâtir un pavillon dans ce champ, il fit proposer à cette femme de le lui vendre. Celle-ci, quelques brillantes offres qu'on lui eût faites, les refusa toutes en déclarant qu'elle ne renoncerait jamais à l'héritage que ses pères s'étaient plu à lui laisser. L'intendant des jardins du calife, en digne ministre d'un roi despote, s'empara du champ par force, quoique son maître ne fût pas informé de cette injustice; et le pavillon fut bâti sans que le prix du terrain usurpé eût été payé écus comptants. La pauvre femme ne s'était pas doutée de la violence qu'on lui ferait; elle courut à Cordoue raconter son malheur au cadi Béchir, et le consulter sur ce qu'elle devait faire. Le cadi pensa que le prince des croyants, quelle que fût son autorité, quelque puissance qu'il se fût arrogée, n'avait pas, plus qu'un autre, le droit de s'emparer du bien d'autrui, et il s'occupa des moyens de lui rappeler cette vérité, que les meilleurs princes mêmes ont quelquefois oubliée. Un jour que Hakkam, environné de sa cour, était dans le beau pavillon bâti sur le terrain de la pauvre femme, on vit arriver le cadi Béchir monté sur son âne, et portant dans ses mains un sac vide. Un assez grand nombre de jours s'était succédé depuis que la femme avait été dépouillée; ni les courtisans, ni le calife ne s'étant doutés de ce que cela signifiait, Hakkam demanda au cadi ce qu'il voulait : « Prince des fidèles, répond Béchir, accorde-moi la permission de remplir ce sac de la terre que tes pieds ont foulée. » Hakkam y consent, et le cadi remplit son sac ; puis, s'approchant du calife, il le supplie de mettre le comble aux grâces dont il l'a comblé en lui aidant à charger ce sac sur son âne. Le calife s'amuse de la proposition qu'on ose lui faire, essaye de soulever le sac; mais, n'ayant pu en venir à bout, il se plaint de son poids énorme. « Prince des croyants, dit alors Béchir, ce sac que tes mains se sont vainement essayées à porter ne contient qu'une petite parcelle du champ usurpé par toi sur une de tes sujettes. Comment soutiendras-tu le poids de ce champ tout entier, quand tu paraîtras devant le grand juge, chargé de l'iniquité que tu as commise? » Hakkam, frappé de cette leçon, toute sévère qu'elle fût, embrassa le cadi, le remercia, et rendit sur l'heure à la pauvre femme le champ dont on l'avait dépouillée, y compris le pavillon et les richesses qu'on y avait accumulées.

9. FIDÉLITÉ A SA PAROLE.

Agrippa d'Aubigné, l'un des hommes célèbres de France, faisant la guerre en Saintonge, tomba dans une embuscade et fut fait prisonnier. Il obtint de Saint-Leu, qui commandait les troupes catholiques en cette province, la permission d'aller passer quelques jours à la Rochelle, sur sa parole. A peine était-il sorti que Saint-Leu reçut ordre de le transférer à Bordeaux, bien lié et bien gardé. Saint-Leu, qui l'avait fait avertir secrètement de ne pas revenir, fut très-étonné et très-fâché de le voir arriver. « Monsieur, lui dit d'Aubigné, je viens me remettre entre vos mains, conformément à la parole que je vous en avais donnée, et parce que d'ailleurs, si je ne l'avais pas tenue, je vous aurais compromis avec une cour soupçonneuse et cruelle. Je sais que ma mort y est résolue ; mes ennemis satisferont leur haine : j'aurai satisfait à ce que je devais à l'honneur et à la reconnaissance. »

10. RÉPONSE DE FRANCOIS Ier A HENRI VIII.

Henri VIII, roi d'Angleterre, voulant profiter des circonstances fâcheuses où se trouvaient les affaires de la France depuis la funeste bataille de Pavie et la prison du roi François Ier, fit demander à ce prince les arrérages d'une pension qu'il prétendait lui être due, et dont l'origine remontait à Louis XI, qui, sous ce nom de pension, payait 50 000 écus à l'Angleterre. Il joignait à cette demande celle du comté de Boulogne, de quelques autres terres dont il avait, disait-il, la propriété, qu'il était en état de justifier par de bons titres, qu'autrement il passerait la mer et viendrait rendre une visite au roi jusqu'au Louvre. « Dites à votre maître, répondit le monarque français aux ambassadeurs qui faisaient cette demande, dites-lui que s'il me vient voir comme ami, je le recevrai de bon cœur ; que s'il vient armé, j'ai cinquante mille hommes tout prêts à examiner ses titres et à lui en montrer les défauts. »

11. INCONSTANCE DE LA FORTUNE.

Un célèbre poëte arabe, nommé Mohammed Demaschki, raconte qu'étant un jour en conversation chez le fameux Fadhel-Ben-Iahia, favori du calife Haroun-Al-Raschid, dans le temps qu'on lui récitait plusieurs pièces de vers qui avaient été faites sur la naissance de son fils, tous ces ouvrages ne plurent pas à ce seigneur, qui lui demanda s'il ne composerait pas bien quelque chose sur le même sujet. Je le fis, dit-il, pour lui obéir, et ma production lui plut de telle sorte qu'il me fit donner 10 000 écus pour récompense. Sa disgrâce étant arrivée dans la suite des temps, je me trouvai un jour dans le bain, où le maître me donna un garçon assez bien fait pour me servir. Je ne sais par quelle fantaisie alors les vers que j'avais faits sur la naissance du fils de mon bienfaiteur me revinrent dans l'esprit, et je les chantais, lorsque tout d'un coup le garçon qui me servait tomba de son haut, puis, s'étant relevé, me quitta aussitôt. Je me trouvai fort surpris de cette aventure, et étant sorti du bain, je me plaignis au maître de ce qu'il m'avait donné, pour me servir, un homme qui tombait du haut mal. Il me jura qu'il ne s'en était jamais aperçu, et fit venir ce garçon en ma présence. Le jeune homme me demanda d'abord quel était l'auteur des vers que j'avais récités. « C'est moi, répondis-je. — Pour qui les avez-vous composés ? répliqua-t-il. — Pour le fils de Fadhel, ajoutai-je. — Et savez-vous bien où est maintenant ce fils de Fadhel ? — Non. — Eh bien, regardez-moi, Mohammed ; vous le voyez. Vos vers m'ont rappelé mon ancienne fortune ; la tristesse s'est emparée de mon âme, et je suis tombé de douleur. »

A ces mots, touché de la plus vive compassion pour le fils d'un homme à qui je devais tout, je lui dis : « Infortuné jeune homme, fils du plus généreux des mortels, vous voyez que je suis déjà vieux. Je n'ai point d'héritiers; venez avec moi devant le cadi : je vais, dès ce moment, vous passer une donation de tout mon bien après ma mort. » Mais le jeune Fadhel me répondit en versant des larmes : « A Dieu ne plaise que je reprenne ce que mon père vous a donné ! » Et quelque instance que je lui fisse d'agréer de ma part quelque preuve de ma sincère reconnaissance pour sa maison, il ne fut jamais en mon pouvoir de lui faire accepter la moindre chose.

12. SAINT VINCENT DE PAUL.

Saint Vincent de Paul est un des hommes les plus vertueux qu'il y ait jamais eu; et l'on peut dire sans exagération qu'au milieu de tous ces grands génies qui ont honoré le XVIIe siècle, il est peut-être le plus bel ornement de notre patrie aux yeux de Dieu. Lorsque Vincent vint à Paris, on vendait, dans la rue Saint-Landry, les enfants trouvés comme un vil bétail. Une grande partie de ces innocentes créatures périssaient au berceau. Le cœur de Vincent de Paul fut déchiré par ce spectacle : il s'occupa sans relâche des moyens d'adoucir le sort de ces petits infortunés, que des mères barbares avaient condamnés à mourir. D'abord, sa pitié s'étant adressée à quelques personnes charitables, c'est à elles qu'il dut des fonds assurés pour la nourriture de seize de ces enfants. Bientôt, sa charité s'étant encore multipliée, il obtint des soulagements et recueillit tous ceux qu'on trouvait exposés aux portes des églises. Mais cette nouvelle ferveur s'étant refroidie chez les personnes dont saint Vincent de Paul avait sollicité les largesses, les secours manquèrent entièrement, et les outrages qu'on avait faits à l'humanité allaient recommencer. Plein d'une juste foi dans la Providence, Vincent de Paul convoque une assemblée extraordinaire de dames charitables, fait placer dans son église de Saint-Lazare un très-grand nombre de ces pauvres orphelins entre les mains des sœurs de charité, et, montant en chaire, il prononce un discours attendrissant : « Or sus, mesdames, c'est par vous que Dieu a fait adopter ces petites créatures pour vos enfants. Vous avez été leurs mères selon la grâce, depuis que leurs mères selon la nature les ont abandonnés. Voyez maintenant si vous voulez laisser ces enfants pour toujours. Il est temps de prononcer leur arrêt et de décider irrévocablement si c'est à vous qu'ils devront leur salut. Les voilà devant vous : ils vivront si vous continuez d'en prendre un soin charitable ; et, je vous le déclare devant Dieu, ils seront morts demain si vous les délaissez. » Ce même jour, dans la même église, l'hôpital des Enfants-Trouvés fut fondé et doté de trente mille livres de rente.

13. DÉLICATESSE D'UN MENDIANT.

L'amiral de Châtillon, étant allé entendre la messe dans l'église des Jacobins, le jour de saint Dominique, un pauvre vint lui demander l'aumône dans le temps qu'il était le plus occupé à ses prières. Il fouilla dans sa poche, et donna à ce pauvre un grand nombre de pièces d'or, sans les compter et sans y faire réflexion. Cette grosse aumône éblouit le mendiant, qui en demeura tout surpris ; et comme c'était un honnête homme, il vit bien que l'amiral s'était mépris : il ne crut pas pouvoir garder cette somme. Il attendit ce charitable seigneur à la porte de l'église, et quand il le vit sortir, il s'approcha de lui et lui dit : « Monseigneur, voilà ce que vous m'avez donné ; vous vous êtes trompé, sans doute ; reprenez, je vous supplie, ce qui ne m'était point destiné. » L'amiral, surpris de cette grandeur d'âme, regarda ce pauvre avec bonté. « Il est vrai, mon ami, lui dit-il, que je ne croyais pas vous tant donner ; mais puisque vous avez eu la générosité de vouloir me le rendre, j'aurai bien celle de vous le laisser. »

14. MODESTIE DE TURENNE.

Le vicomte de Turenne ne distribuait jamais ses bienfaits qu'avec une espèce de pudeur, et l'on eût dit qu'il voulait prendre toute la confusion pour lui. Il était encore fort jeune lorsque, ayant su qu'un gentilhomme était devenu très-pauvre pour avoir dépensé tout son bien à l'armée, il s'avisa de troquer des chevaux avec lui, et de lui en donner d'excellents pour de très-médiocres, feignant de ne pas s'y connaître. Un jour, ayant touché beaucoup d'argent d'une charge dont la cour lui avait permis de disposer, il assembla cinq ou six colonels dont les régiments étaient délabrés ; et, leur laissant croire que cet argent venait du roi, il le leur distribua à proportion de leurs besoins. Une autre fois, entendant un officier qui se plaignait d'avoir eu deux chevaux tués sous lui dans une action, et d'être ruiné par là, il le conduisit à son écurie, et lui donnant deux de ses meilleurs chevaux, il lui recommanda très-expressément de n'en parler à personne, « de peur, disait-il, qu'il n'en vienne d'autres, car je n'ai pas le moyen de faire à tout le monde de semblables présents. » Il voulait cacher le mérite de cette action sous un prétexte d'économie ; car, autant il aimait à donner, autant il craignait qu'on ne divulguât le bien qu'il faisait.

15. MAZEPPA.

Mazeppa était attaché, en qualité de page, à un des plus riches et des plus puissants gentilshommes de la Pologne. Ce seigneur tira d'un affront qu'il en avait reçu une vengeance telle qu'on n'en avait jamais imaginé de semblable. Il surprit Mazeppa seul et sans défense, et le fit attacher sur un cheval fougueux. C'était un noble coursier né dans le pays de l'Ukraine, et dont les membres paraissaient doués de toute la vigueur possible ; il n'avait jamais senti le mors ni l'éperon. Les naseaux fumants, la crinière toute hérissée, il s'élance dans la plaine, où n'apparaissait aucune trace de la présence de l'homme, excepté les créneaux de quelques forteresses que les Russes avaient jadis élevées pour se garantir contre les irruptions des Tartares. Quelques grands efforts que fît Mazeppa pour se débarrasser des liens qu'on avait serrés autour de lui, il ne put y réussir. Bientôt son cœur défaillit ; ses yeux éblouis crurent voir les cieux tournant comme une roue immense, et les arbres mêmes les plus proches vacillant comme des hommes ivres. Peu à peu, quelques grandes douleurs qu'il eût éprouvées, elles se calmèrent, et il tomba dans une sorte de léthargie. De noires ténèbres s'étaient épaissies sur sa vue, et tous ses membres s'étaient laissé engourdir. Il resta dans cet état jusqu'à ce qu'enfin, les forces du cheval s'étant épuisées, il vint s'abattre et expirer de fatigue dans une vaste plaine où mille autres coursiers accoururent en hennissant. Là Mazeppa fut recueilli par des Cosaques, transporté dans une hutte voisine, et, quelque dangereuses que fussent ses blessures, il fut rendu à la vie. Plus tard, ses talents et son courage l'ayant fait parvenir à la dignité d'hetman, il vint attaquer le château du comte qui l'avait si cruellement traité. Sa vengeance ne fut assouvie que lorsqu'il eut vu les fortifications renversées, les tours enflammées, le pont-levis comblé, les créneaux fumants s'écrouler, et le plomb descendre en pluie brûlante du faîte des toits consumés et noircis.

16. LE DUC D'ANTIN.

Le duc d'Antin, courtisan de Louis XIV, se distingua par un art singulier, non pas de dire des choses flatteuses, mais d'en faire. Le roi va coucher à Petit-Bourg ; il y critique une grande allée d'arbres qui cachait la vue de la rivière. Le duc la fait abattre pendant la nuit. Le monarque, à son réveil, est étonné de ne plus voir ces arbres qu'il avait condamnés. « C'est parce que Votre Majesté les a condamnés qu'elle ne les voit plus, » répond le fin courtisan. Le roi l'ayant nommé surintendant des bâtiments, ce seigneur faisait mettre quelquefois ce qu'on appelle des *calles* entre les statues et les socles, afin que, lorsque Louis irait se promener, il s'aperçût que les statues n'étaient pas droites et qu'il eût le mérite du coup d'œil. Le roi trouvait le défaut ; M. d'Antin contestait un peu, se rendait ensuite, et faisait redresser la statue en avouant avec une surprise affectée que le roi se connaissait à tout. Ce même duc donna, à Fontainebleau, un exemple d'adulation encore plus frappant. Louis avait témoigné qu'il souhaitait qu'on abattît un bois entier qui lui ôtait un peu de vue. M. d'Antin fit scier tous les arbres du bois près de la racine, de façon qu'ils ne tenaient plus ; des cordes étaient attachées au pied de chaque arbre, et plus de douze cents hommes étaient dans ce bois, prêts au moindre signal. M. le duc d'Antin savait le jour où le roi devait se promener de ce côté avec toute sa cour. Sa Majesté ne manqua pas de dire combien ce morceau de forêt lui déplaisait. « Sire, lui répondit-il, ce bois sera abattu dès que Votre Majesté l'aura ordonné. — Vraiment ! dit le roi ; s'il ne tient qu'à cela, je l'ordonne, et je voudrais en être défait. — Eh bien, sire, reprit M. d'Antin, vous allez l'être. » Il donne un coup de sifflet, et la forêt tombe aussitôt. « Ah ! mesdames, s'écria la duchesse de Bourgogne, si le roi avait demandé nos têtes, M. d'Antin les ferait tomber de même ! » Bon mot un peu vif, parce qu'il était mérité, mais qui ne tirait point à conséquence.

17. IGNORANCE D'UN INDIEN.

Un Indien avait été chargé de porter un panier de figues et une lettre où cette commission était annoncée à la personne qui lui avait été désignée. Chemin faisant, notre homme, tenté du démon de la gourmandise, mange une partie des figues, et rend ainsi le panier entamé avec la lettre qui lui avait été donnée à porter. La personne à qui cette lettre était remise, ne trouvant pas la quantité de figues désignée, accusa l'Indien d'en avoir volé et mangé une partie. Mais celui-ci, quoique sa fraude fût dévoilée, assura le contraire, prétendant que la lettre s'était trompée. Quelque temps après, une commission semblable lui fut donnée. Tenté par ce nouvel appât, il ne put pas encore y résister, et mangea une partie des figues contenues dans le panier. Mais cette fois, pour empêcher la lettre de s'apercevoir de son larcin, il eut soin de la tenir bien enveloppée sous une grosse pierre. Sa ruse n'en fut pas moins reconnue, et le pauvre homme l'ayant avouée, regarda dès lors avec des yeux étonnés la vertu magique du papier.

18. UN BIENFAIT BIEN PLACÉ.

En 1662, il y eut une longue et cruelle famine à Paris. Un soir des grands jours d'été, que M. de Salo, conseiller au parlement, venait de se promener, suivi seulement d'un laquais, un malheureux l'aborda, lui présenta un pistolet et lui demanda la bourse, mais en tremblant et en homme qui n'était pas expert dans le métier qu'il faisait. « Vous vous adressez mal, lui dit le magistrat; je ne vous ferai guère riche : je n'ai que trois pistoles que je vous donne très-volontiers. » Il les prit et s'en alla sans lui rien demander davantage. « Suis adroitement cet homme-là, dit M. de Salo à son laquais; observe le mieux que tu pourras où il se retirera, et ne manque pas de me le dire. » Le laquais suivit le voleur dans trois ou quatre petites rues, et le vit entrer chez un boulanger, où il acheta un pain de sept ou huit livres, changeant une des pistoles qu'il avait. A dix ou douze maisons de là, il entra dans une allée, monta à un quatrième étage; et, en arrivant chez lui, où l'on ne voyait clair qu'à la faveur de la lune, il jeta son pain au milieu de la chambre, et dit en pleurant à sa femme et à ses enfants : « Mangez;

voilà un pain qui me coûte assez cher : rassasiez-vous-en, et ne me tourmentez plus comme vous faites. Infortuné que je suis! hélas! un de ces jours je serai pendu, et vous en serez la cause. » La femme, qui pleurait, l'ayant apaisé le mieux qu'elle put, ramassa le pain, et le distribua à quatre pauvres enfants qui mouraient de faim. Quand le laquais sut tout ce qu'il voulait savoir, il descendit aussi doucement qu'il était monté, et rendit un compte fidèle à son maître de tout ce qu'il avait vu et entendu. « As-tu bien remarqué où il demeure, et pourras-tu m'y conduire demain matin? — Oui, monsieur, fort aisément. » Le lendemain, dès cinq heures du matin, le conseiller alla où son laquais le conduisit, et trouva deux servantes qui balayaient la rue. Il demanda à l'une, qui était un homme qui demeurait dans la maison que le laquais lui montra, et qui occupait une chambre au quatrième. « C'est, monsieur, lui répondit-elle, un cordonnier, bon homme et bien serviable, mais chargé d'une grosse famille, et si pauvre, qu'on ne peut l'être davantage. » Il fit la même demande à l'autre, qui fit à peu près la même réponse; puis il monta chez l'homme qu'il cherchait et heurta à la porte. Ce malheureux, après avoir mis de méchantes chausses, la lui ouvrit lui-même et le reconnut d'abord pour celui qu'il avait volé le soir précédent. On conçoit quelle fut sa surprise. Il se jeta à ses pieds, lui demanda pardon et le supplia de ne le point perdre. « Ne faites point de bruit, lui dit M. de Salo; je ne viens pas ici dans ce dessein-là. Vous faites, mon ami, un méchant métier; et, pour peu que vous le fassiez encore, il suffira pour vous perdre sans que personne s'en mêle. Je sais que vous êtes cordonnier : tenez, voilà trente pistoles (300 francs) que je vous donne : achetez du cuir, et travaillez à gagner votre vie et celle de vos enfants. »

19. LEÇON DONNÉE PAR FÉNELON AU DUC DE BOURGOGNE.

Fénelon s'était vu forcé de parler au duc de Bourgogne, son élève, avec une autorité, une sévérité même qu'avait exigée la nature de la faute dont il s'était rendu coupable. Le jeune prince se permit de lui répondre : « Non, non, monsieur, je sais qui je suis et qui vous êtes. » Fénelon, fidèle aux maximes qu'il avait enseignées dans son *Traité de l'éducation*, ne répondit pas un seul mot; il sentait que le moment n'était pas venu, et que, dans la disposition où se trouvait son élève, il n'était pas en état d'entendre ses observations. Il se recueillit en silence, et, quelque déplaisir qu'il eût éprouvé d'ailleurs, il se contenta de marquer, par l'expression sérieuse et triste qu'il donna à son maintien, qu'il était profondément blessé. Il affecta de ne plus lui parler de la journée, voulant préparer, par cette espèce de séparation anticipée, l'effet de la scène qu'il s'était proposé de faire et qu'il voulait rendre assez imposante pour que le jeune prince en conservât toujours le souvenir. Le lendemain, à peine M. le duc de Bourgogne fut-il éveillé, que Fénelon entra chez lui, et lui adressant la parole avec une gravité froide et respectueuse tout autre que n'était sa manière habituelle, il lui dit : « Je ne sais, monsieur, si vous vous rappelez les paroles qu'hier vous avez laissées échapper, que vous saviez ce que vous êtes et ce que je suis. Il est de mon devoir de vous apprendre que vous ignorez l'un et l'autre. Croyez-vous, monsieur, que vous valiez plus que moi? Quelques valets, sans doute, se seront empressés de vous le dire; et moi je vous assure que je suis plus que vous. Vous comprenez assez qu'il n'est pas ici question des avantages de la naissance, quelque grands qu'ils puissent être. Vous regarderiez comme un insensé celui qui prétendrait se faire un mérite de ce que la pluie du ciel a fertilisé le fonds qu'il possède sans arroser celui de son voisin. Quelle que soit la vanité que vous tiriez de votre naissance, la supériorité que vous vous êtes arrogée n'a rien de réel et n'ajoute rien à votre mérite personnel. Vous ne sauriez douter que je ne sois au-dessus de vous par les lumières et les connaissances : vous ne savez que ce que je vous ai appris, et, quelques choses que je vous aie enseignées, il me reste encore bien plus à vous apprendre. Quant à l'autorité, vous n'en avez aucune sur moi, et je l'ai moi-même, au contraire, tout entière sur vous. Vous croyez peut-être que je m'estime fort heureux d'être pourvu de l'emploi que j'exerce auprès de vous? Désabusez-vous encore, monsieur; et, afin que vous n'en doutiez pas, je vais vous conduire chez Sa Majesté, pour la supplier de vous nommer un autre précepteur, dont je souhaite que vous appréciiez les soins mieux que vous ne le faites à mon égard. »

Le duc de Bourgogne fut atterré par cette déclaration : comme le fond de son caractère était excellent, il fit à Fénelon mille protestations de regret et de repentir; mais ce ne fut que le lendemain que son précepteur parut céder à ses supplications réitérées et aux instances de madame de Maintenon, qu'on avait fait intervenir dans cette scène pour lui donner plus d'effet et d'appareil.

20. MORT DE LOUIS XIV.

Malgré les douleurs vives dont Louis XIV fut attaqué le 24 août 1715, et la faiblesse extrême qui leur avait succédé, il ne laissa pas de se préparer le lendemain à dîner en public, mais on fut obligé de faire sortir tous ceux qui étaient entrés dans sa chambre, et il ne retint que le maréchal de Villeroi, avec lequel il resta seul plus de deux heures. « Je vois, lui dit-il, que mon heure approche : il faut penser sérieusement à mourir. » Pendant qu'on lui faisait les incisions qu'on avait jugé à propos de lui faire à la jambe, pour retarder, s'il se pouvait, les effets de la gangrène dont elle était attaquée, son premier médecin lui tenait le bras et n'y remarqua aucune émotion considérable : ces incisions furent inutiles. On délibéra si on lui couperait la cuisse, et il parut que c'était l'exposer à des douleurs qui ne pouvaient rien produire d'avantageux. Il se résolut alors à la mort; et comme quelqu'un voulait le consoler : « Il y a plus de dix ans, dit-il, que je pense à mourir en roi très-chrétien. » Le 25 août, jour de saint Louis, il demanda pourquoi ses musiciens ne lui avaient pas donné le bouquet ordinaire. On lui répondit qu'on les en avait empêchés. « Eh non, dit-il; l'état où je suis ne doit rien empêcher. » Ils vinrent; ils lui donnèrent le concert préparé : il témoigna y prendre quelque plaisir. Il fit appeler, le lendemain, les princes et les princesses de son sang; tous fondaient en larmes. Il parla sans trouble, sans émotion, avec une constance qu'on ne pouvait trop admirer dans un prince qu'un instant va dépouiller de tout ce que le monde offre de plus brillant. Après avoir dit à chacun de ceux qui étaient présents ce qui convenait, il tint à son successeur un discours proportionné à l'âge de ce prince encore enfant, et le finit par ces paroles, qui ne devront jamais s'effacer du souvenir des monarques : « J'ai chargé mon peuple; les longues guerres m'y ont forcé. Aimez la paix, et ne vous engagez jamais dans aucune guerre qu'autant que l'intérêt de l'État et le bien des peuples l'exigeront. » Puis, adressant la parole aux princes et à ses premiers officiers : « Vous avez pu voir, leur dit-il, quelques personnes qui, pendant mon règne, se sont écartées de leur devoir pour un temps, et s'en sont repenties toute leur vie; profitez de leur exemple et ne le suivez pas. »

21. RECONNAISSANCE D'UN NÈGRE.

Un habitant de Saint-Domingue avait un nègre, nommé Louis Desrouleaux, qui, depuis longtemps, sollicitait sa liberté. Il l'avait méritée par ses services, et son maître la lui avait promise plus d'une fois. Mais cet esclave, fidèle et laborieux, lui était trop nécessaire, et le nègre, se voyant toujours frustré de son espérance, prit la résolution d'amasser de quoi se racheter lui-même. Dans quelques quartiers de Saint-Domingue, on abandonne aux nègres, pour leur vêtement et leur nourriture, une certaine portion de terre, pour la culture de laquelle on leur accorde deux heures par jour. Ceux qui sont laborieux en retirent non-seulement le nécessaire, mais encore un superflu qui les met à portée de faire un commerce plus ou moins considérable, selon qu'ils ont plus ou moins d'intelligence. En peu d'années, Desrouleaux amassa beaucoup plus d'argent qu'il ne lui en fallait pour se racheter. Il va trouver son maître, et offre de lui payer sa rançon et de lui procurer un autre nègre. « Va, lui dit l'habitant, j'ai assez trafiqué de la liberté de mes semblables; jouis de la tienne: tu me rends à moi-même. » Il ne tarda pas, en effet, à vendre ses habitations: et ayant touché ses fonds, soit en argent, soit en papier, il passa en France. Le séjour de Paris devint funeste à sa fortune; et voulant soutenir l'idée d'opulence attachée au seul nom d'Américain, il se livra sans ménagement à toutes les occasions de dépenses, et se vit bientôt ruiné. Tous ses prétendus amis disparurent. Seul désormais et sans ressource, il fut contraint d'aller montrer sa misère dans le pays même où il avait puisé sa première opulence. Il n'y trouva pas plus de secours qu'à Paris, et il fut réduit à vivre dans les plus pauvres auberges du port. Cependant Desrouleaux, auquel il ne pensait plus, apprit ses malheurs et découvrit sa retraite. Il court aux pieds de son maître, qu'il appelle son cher bienfaiteur, et lui fait tant d'instances qu'il l'oblige à venir s'établir dans l'hôtel qu'il tenait, le suppliant de s'en regarder comme le propriétaire. Mais ensuite, se mettant à sa place, il voit l'amour-propre humilié, le mépris inséparable de l'indigence, la peine intérieure que cause cette espèce de dépendance. Il crut donc devoir donner une autre forme à son attachement et à sa reconnaissance. « Mon cher maître, lui dit-il un jour en embrassant ses genoux, je vous dois tout ce que je suis; disposez de tout ce que j'ai. Quittez ce pays, où vos malheurs vous en suscitent de nouveaux. — Eh, comment veux-tu que je vive en France? — Ah! mon cher maître, votre esclave serait-il assez heureux pour vous faire accepter sans peine un léger tribut de sa gratitude? Lui ferez-vous cette grâce? » Le maître attendri ne sait que répondre. Le nègre continue : « Quinze cents livres de rente pourront-elles vous suffire? — Ah! c'en est trop, » répond le maître en fondant en larmes. Aussitôt Desrouleaux le quitte et lui remet à son retour un acte en bonne forme qui lui assure, sa vie durant, 1500 livres de rente. Cet habitant repassa en France, et sa pension lui était exactement payée, chaque année, six mois d'avance.

22. LE PÈRE BRIDAINE.

Dans le siècle dernier, le missionnaire Bridaine avait été chargé par ses supérieurs d'une mission à Grenoble, et la conviction de ses paroles, ainsi que la vérité de ses discours, lui avait attiré un très-nombreux auditoire. La guerre de la France contre le duc de Savoie rassemblait dans cette ville une garnison très-nombreuse, qui s'était empressée d'accourir au sermon de Bridaine. Son zèle apostolique, souvent très-heureusement inspiré par leur présence, lui suggéra un beau mouvement d'éloquence dans son sermon sur le pardon des offenses. Quels que fussent les auditeurs auxquels il parlait, toute difficile qu'était la tâche qu'il s'était imposée, il réussit au delà de ses désirs. Après s'être élevé contre le duel avec l'éloquence la plus pathétique, il s'arrêta un instant, et, d'un ton de voix plus calme, il poursuivit ainsi son discours : « Mais n'y aurait-il pas, dans cet auditoire, quelque brave militaire impatient de m'interrompre ici : Père missionnaire, savez-vous bien ce que c'est qu'un soufflet, selon les principes d'honneur qu'on nous a inculqués dès notre enfance? — Oui, mon frère, je crois le savoir parfaitement, et, quels que soient vos sentiments à cet égard, vous ne pourrez me tirer d'erreur si vous savez dans quel livre j'ai puisé la profonde conviction qui m'anime. C'est dans un livre qui me rend un pareil affront exécrable, et pour le moins aussi infâme qu'il peut l'être à vos yeux; c'est dans l'Évangile. C'est dans ce livre que j'ai lu que Jésus-Christ n'a jamais fait le moindre reproche à ses bourreaux et à ses juges, au milieu des tourments de sa passion, quelles que fussent les insultes, les calomnies et les flagellations; et que l'attentat d'un soufflet est le seul outrage qu'il n'ait pu endurer sans se plaindre. Telle est l'idée que m'en ont donnée les livres saints; mais si cet outrage fut sensible à Jésus-Christ, a-t-il cherché à s'en venger dans le sang de ceux qui avaient été assez lâches pour le faire? Non, assurément; car il a recommandé sans cesse le pardon des injures. »

23. UN TRAIT DE LOUIS XVI.

Un pauvre officier réformé saisit un moment où il exposa au duc de Berry, âgé de quatorze ans, l'indigence extrême où il se trouvait. Le jeune prince lui dit qu'il était au désespoir de ne pouvoir point l'assister alors, mais qu'il devait toucher son mois le lendemain, et qu'il pourrait, ce jour-là, lui donner quelques secours à la chasse, où il lui dit de le joindre. L'officier fut ponctuel au rendez-vous: dès que le prince le vit, il lui mit dans la main une bourse où il y avait trente louis: c'était tout ce qu'il avait pour ses menus plaisirs d'un mois. L'officier, dans la joie qu'il eut de cette libéralité, sentit une inquiétude. Il appréhenda qu'on ne l'accusât d'avoir séduit le prince; il prévint le duc de Noailles, à qui il raconta le fait. Ce seigneur le rassura, en lui disant que les libéralités des fils de France ne sont jamais vaines. Le soir les princes firent une partie de lansquenet. Le duc de Berry refusa d'y tenir son coin; il allégua plusieurs raisons dont on ne se paya point: il fut obligé de dire la véritable. On lui demanda alors l'usage qu'il avait fait de l'argent qu'il avait reçu. Il répondit qu'il l'avait donné à un pauvre officier ruiné par la paix; qu'il avait mieux aimé se priver de ses plaisirs que de laisser mourir de faim un homme qui avait bien servi le roi.

24. UN DEVIN INFAILLIBLE.

Un paysan fort original, dont les diverses aventures ont été représentées sur le théâtre, et qui s'était fait une grande réputation de devin, trouva plusieurs fois dans sa carrière quelques-unes de ces circonstances si propres à entretenir l'erreur par des succès usurpés. Il s'appelait Pierrot, et déjà plusieurs villages s'étaient plu à fournir à ses dépenses pour obtenir de son art la guérison de plusieurs maladies.

Il arriva par hasard que la dame d'un château s'était vu dérober un diamant d'un grand prix : elle n'eut pas plutôt appris les succès étonnants de Pierrot, qu'elle le fit venir tout de suite. Le voilà introduit dans le plus bel appartement, nourri des mets les plus appétissants, et à la veille de recevoir une très-forte somme d'argent s'il parvient à découvrir l'auteur du larcin. Quelle que soit la douceur d'un pareil genre de vie, quelque moelleux que lui paraissent les sofas qui remplacent l'escabelle de bois de sa cabane, tout excellente qu'il trouve la nourriture dont il se gorge à plaisir, le faux sorcier éprouve une véritable inquiétude, et se creuse la tête pour savoir comment il sortira du défilé dangereux dans lequel il s'est engagé. Un jour, on lui avait apporté une bouteille de champagne; il en avait bu plusieurs verres; il s'écria tout à coup : « Eh bien! champagne, il faudra donc te perdre sans retour! » Le valet qui était en ce moment occupé à le servir pâlit à cette exclamation. Malgré les fumées du vin, Pierrot examine le domestique; et plus il le regarde, plus il le voit déconcerté. Ce valet s'appelait Champagne. Notre paysan l'interroge, et, par des questions adroites, des promesses, des menaces même, il finit par lui arracher l'aveu de son vol. Le diamant n'était point encore vendu : il fut restitué tout de suite; Champagne reçut son congé, et Pierrot toucha la récompense qu'on avait promis de lui donner.

Quelques jours s'étaient écoulés depuis cet événement : une société nombreuse s'était trouvée réunie au château, et la dame au diamant racontait l'aventure qui lui était arrivée, vantant la science prophétique de son devin. Comme il s'était rencontré plusieurs incrédules, elle envoya chercher Pierrot, afin de le soumettre à une nouvelle épreuve. Un moineau, que des enfants s'étaient amusés à prendre le matin, était caché sous un chapeau. Le paysan est amené au salon, et on lui demande ce qui est caché sous le chapeau. Après quelques réflexions, désespérant de répondre d'une manière satisfaisante à cette demande, il s'écria : « Pauvre Pierrot! » Comme ce nom n'était pas celui sous lequel il était connu au château, on ne douta plus qu'il ne fût sorcier. Le chapeau fut levé, le pierrot s'envola; et notre devin fut encore bien plus surpris que ceux qui l'admiraient.

25. MORT D'UNE SOMNAMBULE.

En mil huit cent trente-trois, la ville de Dresde a été le théâtre d'un événement bien déplorable. Le vingt décembre, vers sept heures et demie du soir, on apprit dans les rues que la fille du boulanger Jœnisch se promenait sur le toit d'une maison haute de cinq étages. La lune, quelque faible que fût sa lumière, puisqu'elle était alors toute voilée et tout enveloppée par les nuages, laissa voir sur cette maison une figure de femme qui semblait s'occuper de quelques travaux ordinaires à son sexe. Bientôt sept ou huit mille personnes se sont rassemblées : toutes se taisent ; car elles craignent que le moindre bruit ne réveille la somnambule et ne détermine sa chute. Quelle que fût la rapidité de la pente du toit, la jeune fille s'y promena hardiment : plusieurs fois même elle s'avança tout au bord des tuiles, de sorte que tous les cœurs palpitaient de terreur ; puis elle s'asseyait, parlait et chantait. En vain un maître de poste offrit-il de livrer ses approvisionnements de foin et de paille, les assistants, l'autorité, les parents même avaient complètement perdu la tête. Tout horrible, toute cruelle qu'était la position de la somnambule, quelques prompts secours qu'il fallût lui porter, le père assura que la jeune fille regagnerait la fenêtre par laquelle elle était venue. Enfin, vers onze heures et demie, la somnambule se lève, regagne la fenêtre ; mais elle aperçoit une lumière : un cri perçant traverse les airs; il est aussitôt suivi d'un bruit sourd : la malheureuse était tuée sur le pavé.

26. AMITIÉ DE DEUX AVEUGLES.

Deux aveugles stationnaient habituellement sur le pont de la Concorde. Un dimanche, dans l'après-midi, l'un d'eux, entendant tomber une pièce de monnaie dans sa sébile, y porta la main et reconnut promptement au toucher que ce n'était point un sou qu'on venait de lui donner, mais bien un franc. Pensant aussitôt que le donateur avait pu se tromper, ce brave homme appela : « Monsieur ! monsieur ! » L'aumône ne venait pas d'un monsieur, mais d'une dame qui s'était déjà éloignée et qui, du reste, ne songea pas à prendre pour elle l'interpellation de l'aveugle. Alors un individu à mine équivoque, témoin du fait, se mit au lieu et place de la dame, et n'eut pas honte de prendre des mains de l'aveugle les vingt sous, en donnant cinq centimes en retour. Il s'éloignait, quand il se sentit arrêté par le bras, et, se retournant, se trouva en face d'un ouvrier en blouse qui lui dit : « Cela ne peut pas se passer ainsi ; si ce brave homme est aveugle, tout le monde ne l'est pas, et moi surtout. Vous allez lui rendre tout de suite la pièce de vingt sous, ou bien je vous fais arrêter. » L'ouvrier parlait d'un ton déterminé, et montrait du doigt un sergent de ville arrêté au bout du pont. Notre voleur revint piteusement remettre dans la sébile ce qu'il avait pris, et se dépêcha de s'éloigner pendant que l'ouvrier expliquait à l'aveugle ce qui s'était passé. Celui-ci, après avoir remercié, demanda à l'ouvrier de lui changer sa pièce de vingt sous en deux de dix, après quoi il ajouta : « Tenez, faites-moi le plaisir d'en donner une de ma part à mon camarade, dont vous entendez la clarinette, et qui est aveugle comme moi. Il est père de famille ; je serai content qu'il partage ma bonne aubaine. » La commission fut faite, et, un moment après, on voyait l'aveugle à la clarinette se diriger en tâtonnant avec son bâton vers son camarade et lui serrer cordialement la main.

27. AVENTURE D'UN PROMENEUR.

M. D..., attaché à une administration publique, et se trouvant momentanément à Bagnères, était allé voir les travaux de barrage exécutés pour utiliser les eaux du lac Bleu. S'étant aventuré un peu plus loin dans la montagne, au coude d'un petit sentier escarpé qu'il gravissait, il se trouva en présence d'un ours de belle taille. Bien que connaissant le caractère peu agressif de l'ours, M. D.... battit, néanmoins, en retraite; mais il n'avait pas fait trente pas en arrière qu'un autre animal, un loup, lui barrait l'autre issue du sentier.

Le terrain, très-incliné à droite, très-abrupt à gauche, ne permettait pas la fuite, et mettait M. D.... dans une dangereuse alternative. Quoi qu'il en soit, instinctivement il revint sur ses pas; et, à peu près à mi-distance de l'ours et du loup, avisant une énorme racine de sapin sur le flanc escarpé du sentier, il s'y hissa, se trouvant ainsi élevé environ d'un mètre. Mais le loup l'avait suivi rapidement, et s'en vint droit à lui, se hissant pour l'atteindre. La position était critique ; mais la présence d'esprit de M. D.... le sauva.

M. D.... prend du tabac; il avait sa tabatière garnie. Pendant que le loup se dressait vers lui, il lui en jeta très-adroitement le contenu dans les yeux. L'effet fut subit; l'animal aveuglé recula en hurlant épouvantablement et se précipitant vers le haut du sentier. Mais à peine M. D...,, descendant, se hâtait de fuir, qu'un bruit terrible retentit derrière le coude du sentier où il avait vu l'ours. Évidemment le loup était allé donner de la tête contre l'animal, et un combat s'était engagé entre eux.

Pendant ce temps, M. D.... arrivait sain et sauf à Bagnères faisant des vœux pour que la victoire demeurât à l'ours. Le lendemain, il se rendit sur le lieu du combat avec un de ses amis armé d'un fusil. Ils y trouvèrent le loup mort. L'ours, grièvement blessé, une patte brisée, s'était traîné à une petite distance. L'ami de M. D.... voulait l'achever d'un coup de fusil ; mais celui-ci s'y opposa formellement et fit mieux encore : il alla chercher une provision de glands et de pommes, qu'il jeta à la portée de l'animal.

Chaque jour, depuis, il est allé rendre visite à l'ours blessé, qui paraît se rétablir et s'accoutumer si bien à son visiteur, qu'on espère l'amener sans difficulté à Bayonne aussitôt qu'il pourra marcher.

98. ÉGARDS POUR LA VIEILLESSE.

Saint Arsène, dans le cours de sa pénitence, fut souvent affligé de maladies cruelles; et comme il était aussi docile à faire, en cet état, ce qu'on lui prescrivait, qu'il l'avait toujours été à se corriger des moindres défauts dont on l'avertissait, cette docilité le fit un jour consentir à ce qu'on mît sous lui un matelas et un oreiller, par ordre du prêtre qui avait soin de lui. Un solitaire, des plus anciens du désert, l'étant venu visiter alors, en fut scandalisé. Le prêtre, qui s'en aperçut, le prit en particulier, et le pria de lui dire ce qu'il était dans le monde avant qu'il se fît religieux. « J'étais berger, lui dit ce solitaire, et je n'avais pas de quoi vivre.— Cela étant, reprit le prêtre, vous avez donc trouvé plus de commodité dans la vie religieuse que votre premier état ne vous en aurait donné. Il n'en est pas de même du P. Arsène que vous voyez : il était autrefois le père et le maître des empereurs; il avait tout en abondance; il vivait dans les délices; il couchait sur de bons lits. Pouvez-vous donc trouver mauvais que, pour lui procurer quelque soulagement dans sa vieillesse et dans une si grande maladie, nous lui donnions un oreiller et un matelas un peu moins durs que la pierre? »

29. LE REPAS IMAGINAIRE.

Schacabac étant réduit à la plus extrême indigence, et n'ayant pas mangé de deux jours, alla rendre visite à un noble Barmécide, religieux observateur de l'hospitalité, mais un peu sujet à certains caprices de grand seigneur. Il trouva le Barmécide assis à une table couverte, qui semblait n'attendre que les mets, et ses plaintes parurent exciter de la compassion dans l'âme de ce seigneur; mais il fut fort surpris de s'entendre inviter à se mettre à table et à manger sans façon. Son hôte commença par lui donner une assiette vide, et le pria de dire son sentiment d'un potage au riz. Schacabac était homme d'esprit; il voulut bien entrer dans ce badinage et seconder les fantaisies du Barmécide. Il répondit que la soupe était délicieuse, et fit monter et descendre sa cuiller, comme s'il mangeait avec beaucoup de plaisir. « Que dites-vous de ce pain-là? lui demanda de nouveau le Barmécide. En avez-vous jamais vu de plus blanc? » Le pauvre convive, qui ne voyait ni pain ni rien de semblable, répondit que s'il ne le trouvait pas excellent, il n'en mangerait pas avec tant d'avidité. « J'en suis charmé; allons, mon ami, il faut que je vous serve de cette cuisse d'oie : je suis sûr que vous ne la trouverez pas mauvaise. » Schacabac tendit son assiette de bonne grâce, et n'y reçut rien du tout d'un air très-satisfait. Pendant qu'il avalait cette cuisse imaginaire, et qu'il se récriait sur la délicatesse de la sauce, son hôte le pria de garder une partie de son appétit pour un agneau rôti et farci de pistaches. Il ordonna là-dessus qu'on l'apportât; et, comme si ce mets venait d'être servi réellement : « Voilà, dit-il, un plat qui est bon au suprême degré, et je puis vous assurer que vous ne le trouverez sur aucune autre table que la mienne. « Schacabac, feignant d'en goûter effectivement : « Que cela est délicat! s'écria-t-il; jamais je n'ai rien mangé de semblable! » On servit encore un grand nombre de plats exquis en idée, qui furent exaltés et vidés de la même manière. Ce dîner fut suivi d'un dessert invisible, dont le pauvre homme releva surtout jusqu'aux nues une tarte en losange que le Barmécide lui assurait être de sa propre invention. A la fin, fatigué des reproches obligeants de son hôte sur ce qu'il mangeait si peu, et las de remuer les mâchoires inutilement, il demande quartier, en protestant qu'il ne pouvait, sans excès, manger davantage; qu'il a l'estomac faible et qu'il craint de s'incommoder. « Eh bien donc, lui dit le Barmécide, faisons ôter la nappe. Il faut que vous goûtiez de mes vins; sans vanité, il n'y en a pas de plus fins dans toute la Perse. » Là-dessus, il emplit deux verres d'un flacon vide, et il en présente un à Schacabac, qui le conjure de le dispenser de boire, parce qu'il a le malheur d'avoir le vin un peu brutal. Cependant, pressé obligeamment de vider son verre, il le fit tout d'un coup, après avoir loué premièrement la couleur du vin, et ensuite son parfum. Ayant encore avalé trois ou quatre rouges-bords de différentes sortes de vins admirables, poussé à bout par un badinage de si longue haleine, il feignit d'être ivre, et, se levant de sa place, il donna un grand coup de poing au Barmécide. Mais revenant bientôt à lui-même : « Je vous demande pardon de mon impertinence, seigneur, lui dit-il; mais c'est votre faute. Je vous ai averti du malheur que j'ai de ne pas me posséder dans le vin. » Le Barmécide rit de bon cœur de la plaisanterie de son convive; et bien loin de se mettre en colère : « J'admire votre complaisance, lui dit-il, et vous méritez d'avoir un couvert chez moi toutes les fois que vous le voudrez. Puisque vous avez bien voulu vous prêter à mon humeur, il faut que nous mangions à présent ensemble tout de bon. » Aussitôt, il ordonna qu'on servît, et Schacabac vit paraître successivement le potage au riz, l'oie, l'agneau aux pistaches, plusieurs autres plats délicats, le dessert, la tarte en losange, et différentes sortes d'excellents vins de la Perse; en un mot, il fut régalé de tous les mets réels dont il n'avait mangé auparavant qu'en imagination.

30. COURAGE DE DUGUESCLIN.

Le célèbre Bertrand Duguesclin pensa périr au siége du château d'Essay, situé dans le bas Poitou; la place fut emportée à la première attaque. L'intrépide Bertrand, qui venait de planter son enseigne sur la muraille, voulant passer d'un endroit à un autre, mit le pied sur un morceau de bois pourri et tomba dans la cour du château ; il eut la jambe cassée de cette chute. Ce vaillant homme s'étant relevé avec beaucoup de peine, s'appuya le dos contre la muraille, et, se soutenant seulement sur une jambe, il attendit qu'on vînt le secourir. Il n'avait pas abandonné sa hache ; il la tenait d'une main, et de l'autre il soulevait sa jambe blessée. Il était couvert de sang ; ses armes étaient faussées en plusieurs endroits : il était accablé de douleur et de faiblesse. Cinq Anglais, l'ayant aperçu dans cet état, se hâtèrent de le joindre dans l'espérance de s'enrichir de ses dépouilles. Ils l'attaquèrent tous cinq à la fois ; mais ils virent bientôt leur nombre diminuer de deux de leurs camarades, que Duguesclin étendit morts à ses pieds : les autres redoublèrent leurs efforts, mais avec précaution. Bertrand, se voyant près de sa fin, voulait illustrer ses derniers moments par une résistance vigoureuse. Il allongeait à ses ennemis de terribles coups de hache qui les obligeaient à se tenir éloignés ; mais le sang qui sortait de sa blessure diminuait ses forces à mesure qu'il en avait le plus besoin, et sans doute il allait succomber, malgré son grand courage, si un officier breton, nommé Honger, ne fût venu charger les Anglais qui l'entouraient. Il les eut bientôt mis en fuite; puis, aidé de quelques gentilshommes, il porta Duguesclin dans sa tente.

31. LEÇON D'UN MANDARIN A L'EMPEREUR KAN-HI.

Kan-Hi, empereur de la Chine, avait coutume de faire servir sur sa table des vins d'Europe. Un jour, ce prince ordonna à un mandarin, son plus fidèle favori, de boire avec lui ; il s'enivra. Le mandarin, qui craignait les suites de cette intempérance, passa dans l'antichambre des esclaves, et leur dit que l'empereur était ivre; qu'il était à craindre qu'il ne contractât l'habitude de boire avec excès ; que le vin aigrirait encore davantage son humeur déjà trop violente, et que, dans cet état, il n'épargnerait pas même ses plus chers favoris. « Pour éviter un si grand mal, ajouta le sage mandarin, il faut que vous me chargiez de chaînes et que vous me fassiez mettre dans un cachot, comme si l'ordre en était venu de l'empereur. » Les esclaves approuvèrent cette idée pour leur propre intérêt. Le prince, surpris de se trouver seul à son réveil, demanda ce qu'était devenu son compagnon de table. On lui répondit qu'ayant eu le malheur de déplaire à Sa Majesté, on l'avait conduit, par son ordre, dans une étroite prison où il devait recevoir la mort. Le monarque parut quelque temps rêveur, et commanda enfin que le mandarin fût amené. Il parut chargé de chaînes et se jeta aux pieds de son maître comme un criminel qui attend l'arrêt de sa mort. « Qui t'a mis en cet état? quel crime as-tu commis? lui demanda le prince. — Mon crime, je l'ignore, lui répondit le mandarin ; je sais seulement que Votre Majesté m'a fait jeter dans un noir cachot pour y être livré à la mort. » L'empereur tomba dans une profonde rêverie ; il parut surpris et troublé. Enfin, rejetant sur les fumées de l'ivresse une violence dont il ne conservait aucun souvenir, il fit ôter les chaînes au mandarin, et l'on remarqua que, depuis, il évita toujours les excès du vin.

32. DIVERSES ESPÈCES DE FOLIES.

Il y avait à Milan un médecin qui s'appliquait à guérir de la folie. Il s'y prenait de cette manière : on attachait le malade à un poteau qu'on plantait tout droit au milieu d'un étang bourbeux, où l'on enfonçait plus ou moins le patient, suivant le degré de son mal. On le laissait dans cet état jusqu'à ce que la faim ou le froid le fît revenir dans son bon sens. Parmi les malades, il s'en trouva un qui, après avoir demeuré longtemps dans ce bain, commença à donner quelques signes d'amendement, sur quoi le médecin, à sa prière, lui permit de se promener dans la maison et dans la cour, à condition de ne pas mettre le pied hors de la porte qui donnait sur le chemin ; ce qu'il promit de faire, et il tint parole. Comme il était un jour à la porte, un chasseur à l'oiseau vint à passer à cheval, avec un épervier sur la main, des chiens et tout l'équipage nécessaire à ce divertissement. « Monsieur, lui cria le fou, un mot, je vous prie. Qu'est-ce que ceci? lui demanda-t-il ; à quoi sert ce que vous portez là? » et d'autres questions pareilles. Le gentilhomme eut la complaisance de répondre en détail. « L'animal sur lequel je suis monté, dit-il, est un *cheval* que j'entretiens pour servir à mon divertissement. Cet oiseau que vous me voyez sur le poing s'appelle un *épervier*, et sait prendre, en volant, des cailles et des perdrix ; et ces chiens sont des *épagneuls* qui font lever le gibier. — Fort bien, dit le fou ; et à combien peut se monter le prix des oiseaux que vous prenez dans une année? — A douze ou quinze louis d'or. — Que vous coûte l'entretien de vos oiseaux, de vos chevaux et de vos chiens ? — Peut-être quinze fois autant. — Retirez-vous au plus vite, avant que notre docteur vous aperçoive ; car s'il m'a trempé jusqu'à la ceinture dans l'étang pour des bagatelles, je puis vous assurer que vous y seriez jusque par-dessus les oreilles, s'il venait à savoir le mauvais emploi que vous faites de vos richesses. »

33. LES MENDIANTS A LEUR AISE.

Un écrivain moderne rapporte le trait suivant : Il y a, tout le long des Champs-Élysées, trois ou quatre aveugles qui soufflent, dans des clarinettes enrhumées, le même air depuis trente ou quarante ans. L'un d'eux, le plus ancien, qui stationnait d'habitude tout à côté de l'allée des Veuves, ne restait pas une journée, été ou hiver, sans venir, en compagnie d'une charmante enfant de quinze ans qu'il avait adoptée et d'un chien blanc toujours peigné avec art, jouer ou plutôt écorcher un de nos airs nationaux, qu'il répétait à satiété des heures entières. Durant cet exercice, la petite fille quêtait, et le chien lui-même, parfaitement dressé, poussait des hurlements agaçants qui attiraient inévitablement l'attention des passants.

Cet aveugle se nommait Crique-Touche. Il avait un camarade, un ami d'enfance, aveugle comme lui, jouant de la clarinette comme lui, mais qui, au lieu des Champs-Élysées, avait choisi pour son théâtre le pont des Tournelles. Pendant quarante-trois ans, sans discontinuité, Galimard (c'est ainsi qu'il se nommait) s'était attaché au pont des Tournelles ; il avait sur son front un grand abat-jour vert et devant lui une serinette qui lui servait en même temps de caisse. Galimard avait vu passer quatre révolutions sans que jamais on eût songé à le déplacer. Il se faisait accompagner par un enfant d'une dizaine d'années, qu'il mettait à la retraite aussitôt que venait à cette frêle créature l'âge de la raison. Galimard rentrait tous les soirs dans son petit réduit, qui n'était autre chose qu'une échoppe en bois installée au rez-de-chaussée d'une obscure maison de la rue Saint-Jacques.

Mais la mort, qui n'épargne personne, était venue frapper à

sa porte. Se sentant un pied dans la tombe, il voulut consulter un notaire. Galimard fit son testament, et deux jours après il partit pour l'éternel séjour.

Le soir donc que nous traversions les Champs-Élysées, et quelques heures avant notre arrivée, on nous raconta comme quoi un homme tout de noir vêtu s'était arrêté devant Crique-Touche, l'autre aveugle, et que, l'interrompant au milieu de sa chanson, il lui avait tenu ce langage: « Monsieur, vous vous nommez Crique-Touche? — Oui, monsieur. — Vous êtes mendiant? — Oui, monsieur. — Et aveugle? — Oui, monsieur. — Vous avez une fille adoptive? — Oui, monsieur. — Et un chien blanc? — Oui, monsieur. — Vous aviez un ami sur le pont des Tournelles? — Il se nomme Galimard. — Il se nommait, répondit l'homme noir. Voilà trois jours que son corps est au cimetière. »

L'aveugle poussa un cri perçant, puis éclata en sanglots.

« C'est cela, vous êtes Crique-Touche; Galimard vous a institué son légataire universel par le testament que voici. Il vous donne une cassette qu'il a cachée à quelques pieds dans la terre, sa serinette, en un mot, tout ce qu'il possédait. Or, la cassette en question renferme quatre-vingt mille francs. »

Crique-Touche eut un tel saisissement, que ses paupières collées se disjoignirent. Crique-Touche apparut au notaire ébahi avec des yeux du plus beau noir. L'aveugle embrassa son chien et sa fille, monta avec eux dans un fiacre et s'en alla au domicile du défunt.

C'était bien comme le notaire l'avait dit. Les quatre-vingt mille francs, en toute sorte de monnaies, furent trouvés à l'endroit que Galimard avait indiqué dans son testament, et sur la caisse il y avait cette inscription : « Mon vieux Crique-Touche, si Dieu ferme mes yeux avant les tiens, je te laisse cet argent; tu pourras doter Marianne. Je ne veux emporter que ma clarinette; tu l'enterreras avec moi. Si tu meurs avant moi, c'est à Marianne, ton enfant adoptive, que je donne tout ce que j'ai. Pense quelquefois à l'aveugle du pont des Tournelles »

34. LA REINE DES CITROUILLES.

On a vu, au marché des Innocents, en 1851, la fameuse et antique promenade de la reine des citrouilles. A la suite d'un concours qui a eu lieu entre les cultivateurs de potiron, réunis dans la plaine de Saint-Mandé, le plus gros est choisi, puis couvert de rubans et de fleurs, et placé sur un riche brancard, pour être promené dans les halles et marchés. C'est ce potiron qu'on nomme la *reine des citrouilles* : celle de 1851 n'était pas aussi grosse que le bœuf gras; cependant elle avait une certaine ampleur. Qu'on en juge ; sa hauteur était de plus d'un mètre; sa circonférence au ventre était de quatre mètres; et son poids de deux cent quarante et un kilogrammes. La reine des citrouilles de 1845 pesait un kilogramme et demi de plus, et c'est jusqu'à présent la plus grosse citrouille connue.

SECTION II.

RÉCITS, TABLEAUX HISTORIQUES ET DÉTAILS D'ANTIQUITÉS.

1. ÉDUCATION DES ROMAINS.

Tout conspirait à inspirer aux Romains une ardeur martiale. Les guerres continuelles qu'ils eurent à soutenir contre leurs voisins leur rendirent le métier des armes nécessaire et familier. Le labour, qui faisait leur occupation ordinaire, les préparait merveilleusement aux exercices militaires. Le rude travail de la campagne endurcit et fortifie le soldat, au lieu que la ville n'est propre qu'à l'amollir. Nulles fatigues ne rebutent des mains qui passent de la charrue aux armes. On a peine à croire ce que les auteurs nous disent des soldats romains. On les accoutumait à faire, en cinq heures, vingt, et quelquefois vingt-quatre milles de chemin, c'est-à-dire au moins six ou sept lieues. Pendant ces marches, on leur faisait porter des poids de soixante livres. On les entretenait dans l'habitude de courir et de sauter tout armés. Combien les jeunes Romains s'endurcissaient-ils par les exercices du Champ de Mars, où, après de longues courses à pied et à cheval, ils se jetaient, pleins de sueur, dans le Tibre, et le passaient à la nage! Voilà de quoi ils se piquaient, et voilà ce qui formait les soldats et les officiers. La jeunesse romaine, dit Salluste, dès qu'elle était en état de porter les armes, apprenait le métier de la guerre en s'exerçant, dans le camp, aux rudes travaux. Elle se piquait, non de donner des repas ou de se livrer aux plaisirs, mais d'avoir de belles armes et de beaux chevaux. Aussi nulles fatigues ne lassaient de tels hommes, nulles difficultés ne les rebutaient, nul ennemi ne leur inspirait de la frayeur. Leur courage les rendait supérieurs à tout. Nul combat plus vif et plus animé pour eux que celui de l'émulation qui les portait à se disputer les uns aux autres le prix de la gloire. Frapper l'ennemi, escalader une muraille, se faire distinguer par quelque action hardie, c'était là toute leur ambition; c'est par où ils cherchaient à se faire estimer; c'est en quoi ils croyaient que consistait la véritable noblesse. Les soldats, endurcis de la sorte dès leurs plus tendres années, jouissaient ordinairement d'une santé robuste.

2. LES GAULES.

L'ancienne république des Gaules était composée de soixante-quatre peuples, qui avaient chacun leurs lois particulières, leurs chefs et leurs magistrats. Lorsque la république était menacée, ils étaient tous obligés de contribuer à la levée des troupes et des impôts, chacun suivant sa population et ses richesses. Les Parisiens étaient un de ces petits peuples; ils étaient gouvernés par un sénat de femmes et par les druides, qui exerçaient sur eux, chacun suivant la différence de leurs fonctions, la suprême autorité. Lorsque les Gaulois furent attaqués par les Romains, toutes les nations de la Gaule se réunirent contre l'ennemi commun, et combattirent chacun selon sa puissance et ses forces. Ils résistèrent dix ans, animés qu'ils étaient contre leurs oppresseurs, et ayant tous à défendre leurs foyers, leur patrie et leur liberté.

3. CHARITÉ DES PREMIERS CHRÉTIENS.

On doit regarder la vie des premiers chrétiens, dont les Actes des apôtres nous offrent le tableau, comme le plus beau triomphe de la charité. La philosophie de Socrate donna des principes de sagesse; la doctrine seule de Jésus-Christ fit une foule de sages. Ces disciples fidèles d'un Dieu plein de bonté ne formaient, malgré leur multitude, qu'un cœur et qu'une âme, parce qu'ils étaient tous animés d'un même esprit et se regardaient comme les membres d'un même corps. Personne ne considérait ce qu'il possédait comme une propriété qui lui fût personnelle; mais tout ce que chaque particulier possédait était regardé comme le bien de tout le monde. Ceux qui avaient des terres et des biens les vendaient, et venaient en déposer le prix aux pieds des apôtres, des prêtres et des diacres, qui distribuaient ces richesses aux pauvres, afin de rétablir, par ces pieuses libéralités, l'égalité primitive. Tous les jours, on les voyait dans le temple offrir ensemble au Tout-Puissant des vœux unanimes. Ils rompaient le pain dans leurs maisons, c'est-à-dire ils vivaient en communauté comme des frères, et ils prenaient leur nourriture avec joie et simplicité de cœur. Point de haine, point de division, point de querelles dans cette divine société : leur union était trop pure pour être troublée par aucun nuage. « Voyez, disaient les Juifs et les païens, voyez comme ils s'entr'aiment; voyez comme ils sont prêts à mourir les uns pour les autres ! » Cette paix, cette heureuse concorde, ce zèle mutuel contribuaient plus à la conversion des infidèles que les plus éclatants miracles.

4. HONNEURS RENDUS AUX MORTS.

La religion des morts est une des traditions les plus anciennes, les plus universelles et les plus touchantes du genre humain. Tous les peuples de la terre se sont plu à honorer leurs morts par des cérémonies solennelles, et à perpétuer les témoignages de leurs douleurs par des monuments qu'ils se sont efforcés de rendre impérissables. Les uns, comme les Égyptiens, élevaient jusqu'aux nues d'immenses pyramides ; d'autres, comme les Romains, bâtissaient dans les faubourgs des villes, et le long des grandes routes, des mausolées d'une admirable beauté; d'autres enfin, comme les chrétiens de la primitive Église, creusaient des cités souterraines, des catacombes, pour y fuir la persécution et enterrer leurs martyrs. Malheureusement, les plus saintes choses se sont souvent tournées en abus. Il n'est sorte d'extravagances et de folies auxquelles ne se soient livrés les vivants, en l'honneur des trépassés. Les uns prennent le deuil en blanc, les autres en noir, d'autres en bleu ou en violet; chez les uns, les gémissements, les cris, les pleurs, le jeûne, l'abstinence ; chez d'autres, les repas funèbres, les danses, les combats, les sacrifices les plus exécrables sont une preuve du chagrin et du désespoir qu'on a ressentis. Ici, la veuve s'élance sur le bûcher de l'époux qu'elle s'est vu enlever ; là, les vaincus, les esclaves sont égorgés sur le tombeau du maître et du vainqueur. Presque toutes les nations, les plus civilisées comme les plus barbares, se sont occupées du soin de laver le cadavre avant de l'embaumer ou de le brûler. Les anciens lavaient aussi les cendres dans du vin et du lait avant de les enfermer dans l'urne. Les Arabes les cousent dans des sacs pour les préserver de tout contact avec l'air et les objets extérieurs ; les Turcs les laissent libres dans leurs linceuls afin qu'ils puissent se mettre à genoux au moment de leur jugement. Dans le midi de l'Italie, les traditions les plus touchantes de l'antiquité se sont encore conservées aujourd'hui. On sait que l'ancienne Rome avait les morts en une sorte de tendresse, il en est encore de même maintenant. Le marbre de Carrare et le bronze florentin n'ont jamais été plus largement prodigués que dans les églises et dans les tombeaux des Italiens. Les Raphaël et les Michel-Ange ont jeté leurs chefs-d'œuvre sur les murs des cimetières, et, quels que soient le délabrement des fortunes privées et les malheurs de la patrie, il n'y a rien de trop beau ni de trop cher pour les morts.

5. ENTRÉE DE JEANNE D'ARC A REIMS.

L'antique cité de Reims présente un des plus beaux coups d'œil qu'il y ait jamais eu. Dès le matin du dix-sept juillet mil quatre cent vingt-neuf, les cloches, sonnant à pleines volées, ont annoncé ce grand jour. Toute la ville est en émoi : les citoyens parés de leurs habits de fête, accompagnés de leurs femmes et de leurs enfants, se précipitent à l'envi vers les portes. Là se trouvent déjà réunis des habitants de la campagne qui se sont empressés de venir, pendant la nuit, des villages environnants. La foule est toute frémissante d'impatience, lorsque enfin, les trompettes et les fanfares s'étant fait entendre, le cortége paraît.

D'abord, ce sont les hérauts d'armes, montés sur des chevaux richement caparaçonnés. Les assistants répètent autour d'eux : « Vivent le roi et Jeanne d'Arc ! » Les timbaliers et les trompettes viennent ensuite. Ceux qui n'ont jamais vu de semblables fêtes, les prennent pour de hauts seigneurs en voyant les manteaux tout couverts d'or, les toques éclatantes surmontées d'une longue plume, les poitrines où brillent les trois fleurs de lis d'or, au-dessus des armoiries de leur maître. Quels sont ces guerriers qui s'avancent lentement, la lance au poing, la visière levée? La foule proclame leurs noms avec ivresse : ce sont les successeurs des Duguesclin et des Clisson ; c'est La Hire, c'est Xaintrailles, c'est Dunois, nobles compagnons que Jeanne s'est plu à associer à tous ses triomphes. Qu'ils sont beaux sous ces armures toutes faussées en tant d'endroits par le fer de l'ennemi. Les plus dures épreuves se sont accomplies pour eux : ils se sont bravement battus pour la défense de leur patrie ; de plus beaux jours vont briller sur la France. Après eux, après les prêtres et les lévites, après les grands vassaux de la couronne, tout resplendissants d'or et de pierreries, Jeanne enfin s'avance simple, modeste, et dans une tout autre tenue que ces brillants chevaliers. Aussitôt, tous les regards se sont portés sur elle; une foule immense s'est pressée à ses côtés : les portes, les fenêtres, les toits même des maisons et des basiliques sont envahis par tous ceux que n'ont pu contenir les rues trop étroites. De tous côtés des échafauds dressés à l'impromptu, des arcs de triomphe, ornés d'inscriptions et de guirlandes, attestent la reconnaissance publique. Le nom de Jeanne retentit en acclamations bruyantes; on salue la libératrice du royaume, l'humble bergère à la vue de laquelle les Anglais se sont laissé vaincre comme à l'apparition du génie de la France. Jeanne partage la joie qui s'est emparée de la foule. Les visions funestes qui, depuis plusieurs jours, assombrissaient sa pensée, se sont dissipées pour un instant; mais soudain elle a pâli. Elle s'arrête ; elle jette les yeux sur un groupe qu'elle aperçoit aux pieds de la statue de la Vierge. « Mon père! s'écrie-t-elle, mes sœurs! » Puis, baissant la tête, elle se met à pleurer. Quand retournera-t-elle dans le hameau qui l'a vue naître? Quand sera-t-elle rendue à ces douces joies de la famille qui ont duré trop peu de temps? Un voile épais couvre l'avenir : puisse-t-elle être aussi heureuse 'elle l'a mérité !

6. MORT DE MARIE STUART.

La reine Élisabeth ayant fait arrêter Marie Stuart, reine d'Écosse, sa cousine, qu'elle n'aimait pas, résolut de la faire mourir, sous prétexte qu'elle avait trempé dans une conspiration contre l'Angleterre. On lui fit son procès, et des juges, vendus à la cour de Londres, prononcèrent l'arrêt de mort. Marie, qui était renfermée au château de Frondigua, en reçut la nouvelle avec une héroïque fermeté. Le soir, après avoir partagé le peu qu'elle avait à ses domestiques, elle se mit à souper. Elle but à la santé de ses amis, qui, fondant en larmes, la remercièrent à genoux. Après souper, elle les fit tous approcher, baisa les filles et les femmes, et permit aux hommes de lui baiser la main. Ensuite, elle se confessa et se mit à prier, les genoux en terre. S'étant levée, elle se coucha et dormit un peu tout habillée, et, après un léger et court sommeil, elle se remit à prier avec son confesseur. Le lendemain, les comtes de Salisbury et de Kent, exécuteurs de la sentence, entrèrent dans la chambre. Sitôt qu'elle entendit ouvrir la porte, elle alla au-devant de ces seigneurs et leur dit : « Milords, soyez les bienvenus ; j'ai été cette nuit plus vigilante que vous. » Ensuite, elle mit la main sur l'épaule du milord qui la gardait, parce que sa longue prison lui avait causé une goutte sciatique qui l'empêchait de marcher ; et, s'appuyant ainsi sur lui, elle alla au lieu du supplice. Elle avait la tête couverte d'un voile ; elle tenait un crucifix à la main et sa couronne pendait à sa ceinture. On la conduisit dans une grande salle du palais, qui était tapissée de noir, et s'étant assise sur une chaise, le greffier lut la sentence ; après quoi, la reine s'étant tournée du côté du peuple qui assistait à son exécution, elle leur dit : « Vous voyez un spectacle nouveau : une reine qui meurt sur un échafaud. Je n'avais pas coutume de me déshabiller en présence de tant de gens, encore moins d'avoir des bourreaux pour valets de chambre ; mais il faut vouloir ce que Dieu veut. » Elle se mit à genoux, tendit la tête, que l'exécuteur lui abattit en deux coups. Un autre bourreau la prit, et la montrant aux spectateurs : « Ainsi puissent périr, s'écria-t-il les ennemis de Dieu et ceux de la reine ! » Souhait bien digne de la princesse qui l'avait dicté !

7. LE FEU DE LA SAINT-JEAN.

Chaque annee, la veille de la fête de saint Jean, les magistrats de Paris faisaient entasser sur la place de Grève des fagots auxquels le roi, accompagné d'une partie de sa cour, venait solennellement mettre le feu. Cette cérémonie, nommée *feu de la*

Saint-Jean, se célébrait avec beaucoup de pompe; sans compter la somme d'argent qu'elle avait coûté. Voici quelques détails sur celle qui eut lieu en mil cinq cent soixante-treize.

Au milieu de la place de Grève était planté un arbre de quatre-vingts pieds de hauteur, hérissé de traverses de bois auxquelles étaient attachées cinq cents bourrées et deux cents cotrets; au pied étaient entassées deux voies de gros bois et beaucoup de paille. On dépensa quarante-quatre livres pour des bouquets. des couronnes et des guirlandes de roses fraîches cueillies. On employa beaucoup de cordes, des feux d'artifice, composés de lances à feu, de pétards et de fusées; on se servit aussi de pièces d'artillerie, de boîtes et d'arquebuses. Six-vingts archers de la ville, cent arbalêtriers, cent arquebusiers y assistaient pour contenir le peuple. On attacha à l'arbre un panier qui contenait deux douzaines et demie de chats, et même une demi-douzaines de renards; animaux destinés à être brûlés tout vifs pour le plaisir des spectateurs. Les joueurs d'instruments, armés de leurs trompettes et de leurs cornemuses, faisaient partie de la solennité. Les magistrats de la ville, le prévôt des marchands, les échevins, portant des torches de cire jaune, s'avancèrent vers l'arbre entouré de bûches et de fagots, présentèrent au roi une torche de cire blanche, garnie de deux poignées de velours cramoisi, et Sa Majesté, armée de cette torche, vint gravement allumer le feu. Le bois et les chats consumés, le roi monta à l'hôtel de ville, où il trouva une collation composée de dragées musquées, de plusieurs espèces de confitures sèches, de cornichons, de quatre grandes tartes, de massepains, où l'on voyait des armoiries royales de sucre et dorées, deux livres et demie de sucre fin pour mettre sur les crèmes et sur les fruits. Cette fête, une des plus belles qu'il y ait eu à cette époque, ne laissait après elle que des traces de fumée, des cendres et des tisons. Les Parisiens les enlevaient et les plaçaient dans leurs maisons comme des talismans destinés à leur bonheur.

8. FAMINE DE PARIS.

La famine éprouvée par les habitants de Paris, en mil cinq cent quatre-vingt-dix, est une des plus terribles qu'il y ait jamais eu. Henri IV avait assiégé cette grande ville, et, quelques justes droits que sa naissance lui donnât à la couronne, les ligueurs refusèrent obstinément de reconnaître un roi huguenot. Ainsi les Parisiens, quelques dures privations qu'ils éprouvassent, s'exposèrent à tout plutôt que de se rendre, et il n'est rien de plus déchirant que le tableau des extrémités auxquelles ils furent en butte pendant toute la durée du siége. La disette faisait de jour en jour des progrès effrayants, et les chefs de la Ligue ne laissaient pas même à ces tristes martyrs de la faim la consolation de se plaindre et de réclamer un sort meilleur. Le 4 juin, plusieurs bourgeois s'étant hasardés à dire qu'il serait utile de faire la paix, furent tous arrêtés et jetés dans la Seine; quelques autres, ayant exprimé un vœu pareil, furent pendus ou emprisonnés. Bientôt on fut réduit à manger les animaux domestiques : environ deux mille chevaux et huit cent quatre-vingts mulets ou ânes, dont la chair se vendait à un très-haut prix, furent sacrifiés à la faim publique. Cette ressource, tout incomplète qu'elle était, suffit d'abord aux plus impérieuses nécessités; mais ensuite on ordonna que tous les chiens et les chats, quels qu'ils fussent, seraient portés dans des quartiers désignés. On les fit cuire dans de grandes chaudières, et, pendant quinze jours, les pauvres en firent leur chère habituelle avec une once de pain ; toute autre nourriture leur était interdite. Quelques personnes, munies d'argent et dépourvues de vivres, achetèrent fort cher trois mille peaux de ces animaux, mais lorsqu'elles voulurent les transporter dans leurs maisons, le peuple affamé s'en saisit et les dévora. « Les pauvres, dit un écrivain ligueur, témoin oculaire, mangeaient des chiens, des chats, des rats, des feuilles de vigne même et des herbes. Ils déterrèrent, dans les cimetières, les os des morts ; ces os furent réduits en poussière, et, tout exécrable que fût une pareille nourriture, ils en formèrent un aliment qu'on nomma le *pain de madame de Montpensier.* » Heureusement, Henri IV, par son humanité, adoucit les horreurs du siége en recevant dans son camp près de quatre mille de ces gens affamés. Mais ceux qui restèrent dans la ville subirent le plus douloureux martyre jusqu'au douze septembre, époque où l'arrivée du duc de Parme, avec une armée considérable, força les troupes royales à s'éloigner de Paris.

9. MORT VOLONTAIRE DES VEUVES DE L'INDE.

Il existe dans les Indes orientales une coutume barbare que tous les voyageurs ont vu suivre : c'est celle qui pousse de pauvres veuves à accompagner leurs époux dans l'autre monde. Le dernier souverain de ce pays a voulu s'opposer à ce sacrifice des femmes indiennes, qui, par leur mort volontaire, conquièrent le titre honorifique de *suti* (femme vertueuse), et il n'a pu y parvenir. Mais il faut remarquer que cet holocauste ne tient pas seulement à une atroce superstition ; il est souvent le résultat de vœux formels qu'on a faits dans les beaux jours du commencement de l'hymen, et une sorte d'expiation pour des priviléges qui devaient être achetés à ce prix. En effet, chez les Indiens où règne la polygamie, une femme qui s'est engagée à ne pas survivre à son mari l'emporte par là sur toute autre ; et, lorsque son époux meurt, elle doit accomplir sa promesse, sous peine de rester à jamais flétrie et méprisée. Il est juste de dire que pas une ne s'est refusée à tenir la promesse qu'on l'avait vue faire. Dès que l'époux a rendu le dernier soupir, la femme qui s'est liée à lui par son vœu terrible, prend une cruche d'eau et se la verse sur la tête : c'est le signe de sa consécration. Bientôt les brahmes se sont assemblés autour d'elle avec ses parents et ses amis, ils récitent des prières et accomplissent diverses cérémonies. Elle est montée au rang de *suti*, comme elle l'a désiré, et chacun la regarde avec une crainte respectueuse. Dans l'après-midi, elle est conduite processionnellement au bain ; on la parfume, on lui peint le visage avec du safran, puis on la revêt d'un voile de mousseline ; et, de ce moment, elle est considérée comme une sainte qui n'a plus rien de commun avec le monde. Jusqu'à l'heure où elle doit accomplir son sacrifice, elle reste immobile près du cadavre de son époux, et le peuple vient la consulter comme un oracle. Cependant le bûcher se dresse avec des gerbes de paille qu'on est venu ramasser à l'entour ; et on y élève, avec les mêmes matériaux, une espèce de baldaquin. Malgré la peine qu'elle a eue à exécuter sa funeste résolution, malgré les combats qu'elle a eus à soutenir en elle-même, son visage ne montre qu'une froide impassibilité. Elle tient à la main un flambeau, et s'avance vers l'échafaudage où le corps de son mari repose sous un tapis jaune, couvert de fleurs odoriférantes. Déjà on l'a vue monter sur le bûcher : elle y met elle-même le feu : en même temps, plusieurs assistants y portent la flamme de leurs torches en poussant de grands cris. Bientôt on ne distingue plus que l'épais tourbillon de fumée ; puis le feu éclate, et en quelques instants le sacrifice est consommé. Le lendemain matin, les restes de la malheureuse victime sont recueillis et déposés sous une colonne de quelques pieds de hauteur, élevée avec une pieuse vénération par ses parents.

10. PESTE DE MARSEILLE.

Isolée de la nature entière, quoique au sein de la France, Marseille est dévorée par le feu de la peste. Tout s'éloigne de son atmosphère embrasée; le drapeau noir surmonte les édifices publics : il n'est aucun cœur qui ne soit en butte à l'épouvante et à l'effroi. Les murailles mêmes de cette malheureuse cité n'entourent plus qu'une vaste et lugubre prison, dont les habitants semblent condamnés à la mort par une sentence toute-puissante et sans appel. Quels que soient les quartiers de la ville, le fléau destructeur les ravage tous indistinctement. A peine l'effroyable nouvelle de la contagion s'est-elle répandue, que déjà le remède est impossible. Tous les citoyens sont frappés, quels que soient leur âge, leur sexe, leur condition. Une fièvre dévorante brûle les entrailles du malade et dessèche son palais; la tête s'égare, l'agonie commence, et quelques heures se sont à peine écoulées, que la mort termine les souffrances de la victime. Un voile de douleur enveloppe la ville tout entière. Les jeux publics, les spectacles même ont cessé. Peu de jours se sont succédé, et déjà un morne silence remplace cette activité qui animait naguère cette cité opulente. Rien qui rappelle le souvenir d'êtres vivants, si ce n'est quelques sourds gémissements qui se sont fait entendre à de longs intervalles, ou bien le bruit des chars funèbres qu'on a vus rouler lentement dans les rues, et dans lesquels sont entassés les misérables restes d'une population entière. Tout horribles que sont ces maux, quelques larmes qu'ils arrachent aux habitants, la famine vient encore ajouter à la désolation générale. Bientôt la terre manque aux cadavres : les rues, les places publiques, les maisons sont encombrées de morts et de mourants.

11. LA FILLE SAUVAGE.

Vers la mi-septembre de l'an mil sept cent trente et un, les domestiques du château de Sogny, situé à deux myriamètres et demi de Châlons, s'étant aperçus, pendant la nuit, qu'un animal extraordinaire mangeait les fruits d'un pommier, dans le jardin, accoururent en faisant du bruit. Ils voulurent environner l'arbre; mais, quelle que fût leur précaution, l'animal, qu'ils avaient effrayé par leurs cris, sauta par-dessus leurs têtes, se sauva dans un bois voisin, et grimpa facilement sur un arbre fort élevé. Cependant les domestiques, ne s'étant pas laissé décourager, le suivirent et entourèrent l'arbre. Des paysans, s'étant joints à eux, essayèrent aussi de faire descendre cet être inconnu, qui sautait d'arbre en arbre. On reconnut qu'il avait figure humaine, ce qui fit qu'on s'efforça de le prendre en vie. La dame du château, s'étant imaginé que la soif et la faim en viendraient à bout, fit apporter un seau d'eau et lui faisait voir une anguille, que, par hasard, on avait trouvée. La fille sauvage, car c'en était une, s'étant laissé tenter principalement par l'anguille, descendit enfin jusqu'à terre, alla boire dans le seau et dévora le poisson. On la saisit, et l'on vit que les ongles de ses pieds et de ses mains, très-durs et très-allongés, lui donnaient cette habileté qu'on l'avait vue montrer à monter sur les arbres. Elle paraissait noire; mais elle recouvra bientôt sa blancheur naturelle. Elle fut conduite au château, où elle se jeta d'abord sur toutes les chairs crues que le cuisinier préparait. Ne connaissant aucune langue, elle n'articulait aucun son : seulement, des cris aigus qu'on l'avait entendue pousser avaient quelque chose d'effrayant. On la fit transporter dans un couvent, à Châlons, où elle montra une assez grande facilité à apprendre notre langue. Le changement qu'avait occasionné son genre de vie lui causa bientôt une maladie violente. Enfermée dans une chambre, réduite à coucher dans un lit et à se nourrir comme nous, elle qui s'était habituée à parcourir les forêts, elle qui s'était nourrie de fruits, de chair crue et de sang, elle fut saisie d'une mélancolie profonde, et perdit en peu de temps sa santé, sa fraîcheur et sa force. Elle ne s'est jamais rappelé d'où elle était venue. On lui a montré différentes plantes étrangères : elle n'a rien reconnu; elle fit entendre seulement qu'elle avait traversé une grande quantité d'eau et de bois, ce qui fait croire qu'elle est originaire d'Amérique. Quoi qu'il en soit, et quelques diverses conjectures qu'on puisse faire à ce sujet, elle fut amenée à Paris; et, dans toutes les maisons où elle a été, on a toujours fait l'éloge de sa conduite et de sa douceur.

12. ORIGINE DES CAFÉS EN FRANCE.

Il y a cent quatre-vingts ans environ, un Arménien, venu en France à la suite de Soliman-Aga, ambassadeur de la Porte près de Louis XIV, installa à la foire de Saint-Germain une boutique devant laquelle la foule s'arrêtait étonnée. Pascal vendait à tout venant, pour le prix de deux sous et demi, une tasse d'infusion de café; c'était alors une nouveauté si grande, que les plus intrépides osaient seuls se risquer à déguster cette liqueur inconnue, au sujet de laquelle on racontait d'incroyables histoires que la crédulité publique accueillait sans contestation.

Quand on vit que le café n'empoisonnait pas, ne rendait pas idiot, ne troublait aucune des facultés de l'esprit ou du corps, on se hasarda petit à petit, et bientôt la foule envahit la boutique de Pascal, dont le nom devint bientôt populaire.

Enchanté de ce premier succès et désireux d'arrondir sa fortune si bien commencée, le premier cafetier de France, après la fermeture de la foire de Saint-Germain, vint fonder à Paris le premier café permanent, qu'il ouvrit sur le quai de l'École. La vogue l'y suivit pendant quelque temps; mais elle se lassa bientôt, et Pascal quitta Paris pour aller à Londres.

Un autre Arménien, nommé Maliban, tenta alors de ranimer l'enthousiasme public en faveur du café. Ce second établissement, situé rue Mazarine, eut à peu près les destinées du premier.

La concurrence, d'ailleurs, ne tarda pas à naître. Deux cafés s'élevèrent simultanément, l'un au bas du pont Notre-Dame, l'autre dans la rue Saint-André-des-Arts, à la descente du pont Saint-Michel, pendant qu'un boiteux, dont les Mémoires ont conservé le souvenir, *le Candiol*, allait de maison en maison, de boutique en boutique, vendant du café qu'il faisait lui-même sous les yeux des consommateurs, au prix de deux sous la tasse, sucre compris.

Un Sicilien, nommé Procope, eut l'intelligence qui, jusque-là, avait manqué à ses prédécesseurs. Il comprit que des Français ne pouvaient consommer le café à la façon des Orientaux, isolément; il eut l'idée de créer avant tout un lieu de réunion élégant, commode, où le plaisir de déguster la liqueur nouvelle ne serait plus qu'un plaisir accessoire.

Après avoir tenté un premier essai à la foire de Saint-Germain, comme son prédécesseur Pascal, il ouvrit dans la rue des Fossés-Saint-Germain, en face de la Comédie-Française, le célèbre établissement qui existe encore aujourd'hui sous le nom de café Procope.

Dès cet instant, les cafés furent fondés en France. Sous Louis XV, on comptait déjà à Paris plus de six cents cafés, et la province, marchant sur les traces de la capitale, tint à honneur de posséder aussi des établissements de ce genre.

On ne doit pas oublier, en traitant ce sujet, que Déclieux fut le premier qui porta à la Martinique un arbrisseau de café, et qui, pour doter nos colonies de cette richesse, eut le courage de faire pour la précieuse plante ce que M. de Jussieu avait fait pour le cèdre du Liban qui couronne aujourd'hui de ses vastes rameaux le sommet du Jardin des Plantes, c'est-à-dire de se priver d'eau pendant toute la durée de la traversée pour arroser le frêle arbuste qui devait faire la fortune de nos colonies.

13. L'ABBÉ DE L'ÉPÉE.

L'abbé de l'Épée est un de ces hommes dont la vie a été vouée tout entière au soulagement des misères de l'humanité. Fils d'un architecte de Versailles et destiné par son père à l'étude des sciences, il avait senti, à l'âge de dix-sept ans, une vocation irrésistible pour l'état ecclésiastique. Cependant il étudia le droit et se fit même recevoir avocat au parlement de Paris; mais, revenant bientôt à sa première vocation, il obtint d'un neveu de Bossuet, évêque de Troyes, l'ordination et un modeste canonicat. Le cardinal de Fleury, à qui le père de l'abbé de l'Épée avait rendu quelques services, proposa à ce dernier de faire de son fils un évêque. Mais, quelques brillantes promesses qu'on lui eût faites, l'abbé de l'Épée, qui avait alors vingt-six ans, les refusa. C'est vers cette époque qu'il commença ses premières tentatives et ses premières expériences. Il est touchant d'entendre de sa bouche même les motifs qui le firent entrer dans cette voie : « Le père Varin, dit-il, prêtre de la doctrine chrétienne, avait commencé l'éducation de deux sœurs jumelles, sourdes-muettes de naissance. Ce respectable ministre étant mort, ces deux pauvres filles s'étaient trouvées sans aucun secours, personne n'ayant voulu, pendant un temps assez long, entreprendre de continuer et de recommencer cet ouvrage. Croyant donc que ces deux enfants vivraient et mourraient dans l'ignorance de leur religion si je n'essayais pas de la leur apprendre, je fus touché de compassion pour elles, et je dis qu'on pourrait me les amener, que j'y ferais tout mon possible. » Ces deux pauvres filles abandonnées furent ses deux premières élèves. Il alla d'abord de tentative en tentative; mais, quelques grandes difficultés qu'il éprouvât, tout ardue qu'était la tâche qu'il s'était imposée, il finit par se créer lui-même sa méthode, ne voulant pas avoir recours aux travaux de ceux qui l'avaient précédé dans cette voie. L'abbé de l'Épée fut le créateur d'une langue mimique et de signes méthodiques qui permirent aux sourds-muets d'exprimer leurs idées, même les plus subtiles et les plus abstraites. Une fois maître de cette science, après avoir marché de découverte en découverte, il voulut la rendre profitable au plus grand nombre possible de malheureux. Le gouvernement n'était pas encore venu à son aide, il lui fallait nourrir ceux qu'il élevait. Il consacra à cette œuvre sainte le peu de fortune que ses parents lui avaient laissé; il se condamna aux plus dures privations : il allait jusqu'à se priver de bois en hiver. Il sentait dans son cœur une immense douleur en songeant qu'il y avait dans la vaste étendue de la terre des malheureux emprisonnés, pour ainsi dire, dans leur infirmité, qu'il ne pouvait délivrer, faute de ressources. Il avait des mots sublimes de désintéressement et de charité. Un jour, l'impératrice Catherine II s'était plu à lui offrir des présents ; l'abbé de l'Épée refusa. « Envoyez-moi un sourd-muet, » dit-il.

14. CHARITÉ COURAGEUSE DES RELIGIEUX DU GRAND-SAINT-BERNARD.

A la fin d'avril mil sept cent cinquante-cinq, j'allais en Piémont, par la route du Grand-Saint-Bernard; quelques personnes s'étaient laissé entraîner par moi et m'accompagnaient dans mon voyage. Vers les quatre heures et demie de l'après-midi, nous avions gravi ce dangereux passage, et avant que la nuit fût venue, nous étions parvenus heureusement au sommet de la montagne. Quand notre petite caravane eut réparé ses forces dans l'hospice élevé au milieu de ce désert, elle se mit en marche pour coucher le même soir à la vallée d'Aoste. Déjà, des nuages que nous avions vus paraître derrière les rochers s'amoncelaient dans les gorges étroites de cette solitude. Quelque grande qu'eût été jusqu'alors l'intrépidité de mes compagnons, leur courage s'était amolli, et une sorte de crainte s'était emparée d'eux. Pour moi, je craignis que la nuit ne fût orageuse, et je me décidai à la passer avec les généreux hospitaliers qui partageaient mes pressentiments. Ils ne s'étaient pas trompés, à six heures, d'épaisses ténèbres s'étaient répandues sur ce plateau glacé, et la neige, poussée par un vent nord-ouest avec la rapidité d'une flèche, tourbillonnait autour de l'enceinte des rochers. Déjà retentissait le bruit lointain des avalanches, et avant qu'on eût pu même prévoir le danger, les flocons de neige serrés s'étaient détachés des montagnes et couvraient tous les objets d'alentour. Tandis qu'auprès d'un bon feu je questionnais le supérieur du couvent sur les suites de l'ouragan, les religieux hospitaliers n'avaient pas attendu qu'on fît un appel à leur intrépide humanité : ils s'étaient empressés d'aller remplir leur devoir de circonstance, ou plutôt d'aller exercer leur vertu de tous les jours. Il n'était aucun d'eux qui n'eût pris son poste de dévouement dans ces Thermopyles glaciales, non pour y repousser des ennemis, mais pour tendre une main secourable aux voyageurs perdus, de tout rang, de toute nation, de tout culte, aux animaux même chargés de leurs bagages.

15. INVENTION DU PARACHUTE.

La plupart des découvertes sont dues au hasard. Tout le monde sait ce qui donna lieu à celle de la pourpre. L'intelligence de l'homme, tout étonnante qu'elle peut paraître, est souvent guidée par un hasard providentiel. Les documents qu'on a recueillis sur l'invention des parachutes nous apprennent que deux enfants, couverts d'un large manteau, s'étaient réunis dans le clocher d'une église de la ville d'Hermanstadt, en Allemagne. A la suite des temps rigoureux qu'il y avait eu, et des froids qu'il avait fait, les deux enfants étaient bien enveloppés dans leurs manteaux. Quand ils furent montés au haut du clocher, s'étant aperçus qu'il y avait là une planche, ils la mirent sur le bord d'une croisée, et nos deux imprudents, sans songer aux dangers qu'ils couraient, s'étaient placés aux deux bouts de cette planche, l'un en dedans, l'autre en dehors du clocher. Tout à coup, la voix de leur maître s'étant fait entendre, une frayeur soudaine s'est emparée d'eux, et celui qui était au dedans du clocher, n'écoutant que la peur qui lui troublait l'esprit, abandonna son camarade, que cette fuite exposait à une mort inévitable. Mais la chose se passa tout autrement qu'on ne l'avait cru : l'enfant fut préservé par son manteau, qui se déploya dans les airs à mesure qu'il descendait, et il tomba ainsi à terre sans accident.

16. AVENTURE D'UN SERPENT A SONNETTES.

Au mois de juillet mil sept cent quatre-vingt-onze, nous voyagions dans le haut Canada avec quelques nouveaux débarqués que nous avions entraînés avec nous au milieu de cette nature vierge des deux Amériques. Un jour que, fatigués d'une longue course, nous étions arrêtés dans une grande plaine, un serpent à sonnettes entra dans notre camp. Il y avait parmi nous un Canadien qui jouait de la flûte: il voulut dissiper la terreur qui s'était emparée de nous et s'avança contre le serpent avec son instrument. A l'approche de son ennemi, le superbe reptile se forme en spirale, sa tête s'aplatit, ses lèvres se contractent et montrent à tous les assistants la rage dont il est animé. Quelle que fût notre terreur, je ne sais quelle force magique enchaîna nos pas et nous força de rester immobiles pour attendre la fin de l'aventure. Alors le Canadien commence à jouer sur sa flûte : le serpent fait un mouvement de surprise et retire la tête en arrière. A mesure que les sons magiques sont parvenus jusqu'à lui, ses yeux, naguère étincelants, deviennent plus doux, et les vibrations de sa queue se ralentissent en un instant. Les nuances vert-azur, les reflets jaune d'or se succèdent sur sa peau frémissante, et, la tête à demi tournée, il demeure immobile dans l'attitude de l'attention et du plaisir. En ce moment, le Canadien marche quelques pas, en continuant de jouer sur sa flûte : le reptile baisse son cou nuancé de mille couleurs, entr'ouvre avec sa tête les herbes fines semées sur son passage, et se met à ramper sur les traces du musicien qui l'entraîne, s'arrêtant lorsqu'il s'arrête, et recommençant à le suivre lorsqu'il recommence à s'éloigner. C'est ainsi qu'il fut conduit hors de notre camp au milieu de la surprise générale de tous les spectateurs.

17. ARLEQUIN.

Un comédien italien, arrivé en France avec sa troupe sous le règne de Henri III, ayant demeuré quelque temps dans la maison du président de Harlay, grand amateur de jeux de mots, de facéties, de quolibets et de calembours, fut surnommé, dit-on, par ses camarades, Arlechino, ce qui lui donna l'occasion de dire un jour à ce magistrat : « Quelle que soit votre haute position sociale, à quelques grandes dignités que vous soyez parvenu, il y a parenté entre nous au cinquième degré : vous êtes Harlay premier, et moi *Harlay-Quint.* » Quelques étymologistes se sont crus en droit de donner cette origine au mot Arlequin; d'autres ne l'ont pas laissée s'accréditer, parce que le fait sur lequel elle est fondée ne leur a point paru avéré, et ne s'accorde guère avec les mœurs graves et austères du président de Harlay. Ils disent qu'Arlequin est un mot dérivé de l'italien, et qui désigne un homme adonné à la gloutonnerie, défaut particulier à ce personnage et au peuple qu'il représente. En effet, les pièces que nous avons vu représenter en Italie nous montrent Arlequin demandant à manger dès son entrée en scène, et semblant n'exister que pour satisfaire sa sensualité; mais quand Arlequin est venu en France, cette gloutonnerie, qu'on était accoutumé à lui voir, a un peu disparu par l'influence de ce pays, et il a su joindre à ses lazzi un esprit et une malice du meilleur ton, qui sont devenus les traits distinctifs de son caractère. Le costume d'Arlequin, costume que bien des gens se sont amusés à revêtir dans les bals masqués et dans les joyeuses fêtes de carnaval, n'a pas cessé d'être en usage même aujourd'hui, malgré le grand nombre d'années qui se sont succédé depuis sa création : il se compose d'un pantalon de diverses couleurs, avec une veste à manches, pareillement bigarrée. Florian, modifiant le caractère d'Arlequin, a voulu lui prêter une timidité, une bonhomie pleine de charme, mais qu'on n'avait pas remarquées dans l'esprit de son rôle: en sorte qu'Arlequin a cessé d'être, sous sa plume, ce qu'il était auparavant. Combien est préférable la joyeuse humeur qui l'anime sur le théâtre de sa patrie! C'est là qu'il est dans son élément véritable! et qui pourrait ne pas applaudir aux nombreuses saillies qu'il a laissées échapper?

18. AMOUR FILIAL.

Non loin de l'océan Atlantique, sur ces rochers à pic qui bordent les côtes de la Guinée, habitait une pauvre négresse. Son mari était mort, et toute autre femme qu'elle se serait crue réduite à la plus extrême misère. Heureusement, elle avait un fils qui, quelle que fût sa jeunesse, armé d'une force, d'une énergie peu commune, suffit, par le travail de ses mains, aux besoins de sa mère et aux siens. Une modeste cabane, un petit fonds de terre, telles étaient les seules richesses que possédât la pauvre famille. Un jour Téloé (ainsi s'appelait le fils de la veuve), après une chasse heureuse, revenait à sa chaumière, s'occupant de sa mère et du plaisir de la revoir. Il considérait de loin les érables et les cocotiers qu'il avait fait planter depuis peu pour ombrager sa demeure. Cependant sa mère n'accourt pas à sa rencontre, comme elle s'en était fait une douce habitude. Il précipite sa marche, il arrive, il appelle; mais, quelques cris qu'il ait fait entendre, aucune voix n'a répondu à la sienne. Soudain, il aperçoit vers la haute mer un vaisseau à l'ancre, et c'est alors que l'étendue de son malheur s'est révélée tout entière à son esprit. Les Européens s'étaient répandus dans le pays, et ces nouveaux débarqués, après s'être emparés d'une foule de nègres, s'étaient empressés de regagner leur vaisseau. La mère de Téloé, pendant l'absence de son fils, s'était vue enveloppée dans le désastre commun. L'infortuné aperçoit encore les Européens sur le rivage; déjà les voiles à demi déployées annoncent le départ : c'en est donc fait, et, quelle que soit sa tendresse pour sa mère, il ne la reverra plus. Mais ses forces se sont doublées par le désespoir; il s'élance, et, d'une course rapide, gagne le bord de la mer. Déjà les chaloupes s'étaient éloignées, Téloé les suit à la nage, et, malgré les difficultés de l'entreprise, il parvient à atteindre un canot dans lequel il reconnaît sa mère. Aussitôt, il l'aborde au milieu de la surprise des Européens, dont la foule l'entoure. Quelles gens n'auraient pas été touchés d'un si bel exemple d'amour filial? Téloé se précipite aux genoux du capitaine, et implore la liberté de sa mère ou au moins la grâce de partir avec elle. Une âme généreuse se serait plu à récompenser un pareil dévouement, et se serait laissée aller aux douces impressions de la clémence. Mais, le croirait-on? le capitaine et ses matelots acceptent ce généreux sacrifice; ils enchaînent le pauvre nègre, qui ne sent point le poids de ses fers puisqu'il les partage avec sa mère.

19. L'ÉPOQUE DE LA TERREUR.

Qui de nous n'a pas entendu raconter quelques-unes des scènes lamentables du terrible drame qui s'est joué en France, sous le règne de la Terreur, il y a quelque soixante ans? Tout horrible, tout affligeante qu'est cette époque de notre histoire, il s'est trouvé des âmes généreuses qui se sont sacrifiées pour l'humanité. J'en prends à témoin plusieurs femmes qui ont montré un courage, un dévouement vraiment sublime. La princesse de Lamballe, quelques promesses qu'on lui eût faites, ne voulut pas, pour sauver sa vie, proférer une seule parole de blâme ou de mépris contre la reine Marie-Antoinette, dont elle avait possédé l'amitié. Toute autre qu'elle aurait cédé peut-être à la crainte de la mort; mais elle resta inflexible plutôt que de trahir sa bienfaitrice. Sa sentence fut bientôt prononcée, et quand ses membres eurent été dépecés par la populace, sa tête fut portée sur une pique comme un hideux trophée. Voyez-vous ces deux jeunes filles qui s'avancent à travers des ruisseaux de sang, sous une voûte de sabres étincelants? Mesdemoiselles de Sombreuil et Cazotte sont accourues pour arracher leurs pères au massacre. La première est soumise à une épreuve telle qu'aucun tyran n'en eût inventé de semblable : il faut qu'elle boive un verre de sang que lui présentent des mains fumantes de carnage ! Tout affreuse qu'est cette condition, elle l'accepte : ces deux héroïques jeunes filles montrent le même amour filial, et emmènent leurs pères dans leurs bras triomphants.

20. DÉSASTRE DE L'ARMÉE FRANÇAISE.

Il n'est rien de plus déchirant que le tableau des désastres essuyés par notre armée dans la funeste campagne de mil huit cent douze, en Russie. La peinture qu'en a tracée un historien éloquent vous paraîtra peut-être exagérée ; et, pourtant, quelques sombres couleurs qu'il ait employées pour les décrire, tout horribles, tout affreuses que sont les calamités qu'il a exposées à nos yeux, la description qu'il nous en a laissée est plutôt au-dessous qu'au-dessus de la vérité. Voici comment il représente, à demi morts de faim et de froid, ces soldats qui, naguère victorieux et triomphants, s'étaient élancés avec confiance sur les pas de leur chef, accoutumés qu'ils étaient à suivre le vol rapide de ces aigles qui les avaient toujours conduits au chemin de la victoire. « L'armée, dit-il, marche enveloppée de vapeurs froides. Bientôt ces vapeurs se sont épaissies et se sont abaissées sur elle en gros flocons de neige. Pendant que les soldats s'efforcent de se faire jour au travers des tourbillons qui éblouissent leurs yeux, la neige, poussée par la tempête, s'amoncelle et s'arrête dans toutes les cavités. Beaucoup s'engouffrent dans les abîmes immenses où ils se sont laissés tomber, et y restent ensevelis. D'autres se traînent encore en grelottant, jusqu'à ce que la neige qui s'est amassée sous leurs pieds en forme de pierre, quelques débris, une branche ou le corps d'un de leurs compagnons les fasse trébucher et tomber. Là, ils gémissent; mais, quelles que soient leurs lamentations, leurs plaintes, leurs soupirs ne seront point entendus; bientôt la neige les aura couverts. Quelques légères éminences les font reconnaître : voilà leurs sépultures. La route est toute parsemée de ces ondulations, semblable à un blanc linceul dans un champ funéraire. Le plus intrépide, ainsi que le plus indifférent, s'affecte et passe rapidement en détournant les regards. La vue se noie dans une immense et triste uniformité; les seuls objets qui se détachent, ce sont de sombres sapins, des arbres de tombeaux, avec leur funèbre verdure et la gigantesque immobilité de leurs tiges noirâtres, et leur grande tritesse qui complète cet aspect désolé d'une nature sauvage et d'une armée mourante au milieu d'une nature morte. Les armes mêmes des soldats parurent à leurs bras engourdis un poids insupportable. Dans les chutes fréquentes qu'on les avait vus faire, la plupart les avaient laissées tombèr de leurs mains, et elles s'étaient brisées ou perdues dans la neige. »

21. HIVERS CÉLÈBRES DU XVIIIe ET DU XIXe SIÈCLE.

Le dix-huitième siècle est un de ceux qui comptent le plus de rudes hivers; nous ne mentionnerons que les principaux. En 1709, tous les grains confiés à la terre furent gelés et périrent dans les sillons; il fallut labourer et ensemencer de nouveau au printemps.

La disette se joignit aux rigueurs de la saison. On ramassait chaque jour des personnes mortes de froid. Le pain était si rare et si cher, que Mme de Maintenon, au milieu des splendeurs de Versailles, faisait servir sur sa table du pain d'avoine. Louis XIV vendit pour 800 000 francs de vaisselle d'or et d'argent, afin de subvenir aux besoins qui le pressaient et de venir en aide à quelques infortunés. Tous les arbres fruitiers furent détruits par la gelée.

En 1740, la Tamise fut entièrement gelée et le mouvement commercial de Londres fut forcément suspendu. L'originalité du peuple anglais et le trait le plus saillant du caractère national se révélèrent à cette occasion. On construisit sur la glace une vaste cuisine, dans laquelle on fit rôtir un bœuf entier. Pendant la même année, à Saint-Pétersbourg, on construisit un palais de glace au sommet duquel furent ménagées six embrasures. On y plaça des canons également taillés dans la glace; on les chargea d'un quarteron de poudre et d'un boulet. On put les tirer sans faire éclater la glace.

L'hiver de 1776 eut de moins douloureuses conséquences que celui de 1709, mais il fut plus rigoureux peut-être. Toutes les cuisines du palais de Versailles furent ouvertes au peuple par ordre du roi, et Louis XVI fit supprimer tous les postes de sentinelles extérieures. On allumait de grands feux dans les rues de Paris, pour que les pauvres vinssent s'y chauffer. Le froid était si intense, que plusieurs cloches se cassèrent en sonnant. Dans l'intérieur des appartements, les pendules s'arrêtaient; le vin gelait dans les caves. Chaque jour on signalait des sinistres dans les quartiers populeux, où des femmes et de pauvres enfants demi-nus étaient trouvés morts de froid.

En 1784, ces rigueurs recommencèrent avec presque autant d'intensité. Paris était illuminé tous les soirs par des feux publics, triste illumination qui éclairait les plus profondes misères. Louis XVI fit des prodiges de bienfaisance; il fit distribuer des secours à domicile, et le peuple reconnaissant éleva sur la place du Trône une statue de neige représentant grossièrement la physionomie du roi.

Quelques années plus tard, à la veille de la Révolution, pendant l'hiver de 1788 à 1789, des calamités sans nombre affligèrent la population parisienne. Le thermomètre descendit à plus de dix-huit degrés au-dessous de glace. La famine vint s'ajouter à ce fléau terrible. La détresse du peuple n'avait jamais été plus grande que pendant cette saison cruelle.

Le premier hiver célèbre de notre siècle est celui de 1812, qui sera inscrit en lettres de sang et de deuil dans notre histoire. La désastreuse retraite de Moscou rendra cet hiver à jamais mémorable.

En 1820, la France souffrit cruellement encore des désastres qui rappelèrent ceux de 1709, 1776, 1789. Les populations pauvres furent décimées par le froid. Toutes les récoltes, et notamment tous les oliviers du midi de la France, furent gelés. Il faut aller en 1829 pour retrouver autant de souffrances privées, autant de malheurs publics.

Nos lecteurs n'ont pas oublié encore le rigoureux hiver de 1838, qui fut suivi de plusieurs hivers très-rudes aussi, notamment celui de 1841 à 1842.

Les jours de gelée que nous venons de traverser (en 1852) ne sont rien, Dieu merci! auprès des saisons violentes dont nous avons retracé le souvenir. L'organisation de la bienfaisance publique et l'élan de la charité privée permettent d'espérer que la France, quelle que puisse être l'inclémence de son ciel, ne reverra plus les affligeantes misères qui ont si souvent attristé la capitale. Ne nous le dissimulons pas, cependant, il reste encore, sous ce rapport, beaucoup à faire.

22. ÉQUIPAGE DÉVORÉ PAR DES REQUINS.

En 1833, un cutter américain, *l'Aigle*, échoua sur des récifs, auprès des îles Barbades. La chaloupe fut aussitôt mise à la mer, et tous les matelots, s'étant jetés à la nage, se disposèrent à monter dans la frêle embarcation. Leur précipitation fut si grande que la chaloupe chavira, et il fallut que le lieutenant Smith, commandant de *l'Aigle*, ordonnât à ses hommes de se tenir aux sabords, afin que tous pussent monter les uns après les autres. Son ordre commençait à s'exécuter, lorsqu'un cri terrible se fit entendre : « Les requins ! » En effet, quinze de ces monstres s'étaient avancés vers la chaloupe. Aussitôt les matelots s'empressent d'y monter; mais elle chavire de nouveau, et les requins s'approchent pour se saisir de leur proie. L'un d'eux saisit et coupe la jambe d'un matelot: la vue du sang allume leur voracité. Le lieutenant Smith conseille à ses hommes d'agiter l'eau avec leurs jambes pour faire fuir les monstres. Mais lui-même, oubliant le conseil qu'il vient de donner, a les jambes emportées et tombe au fond de la mer. Sur près de quatre-vingts matelots dont se composait l'équipage, deux seulement s'échappèrent, montés sur la quille de la chaloupe. Ils passèrent trente-six heures en proie aux horreurs de la soif et de la faim. Au bout de cet intervalle, ils aperçurent un navire. Leurs signaux furent inutiles : on ne les vit pas. Enfin le plus fort des deux matelots se jeta à la nage, et, après des efforts inouïs, il parvint à ce vaisseau, y fut recueilli, et lui et son compagnon furent sauvés.

23. ENLÈVEMENT D'UN AÉROSTAT.

Un aérostat d'une grande dimension avait été gonflé sur la terrasse de l'Observatoire, avec le gaz hydrogène pur, par les soins d'un habile aéronaute. Deux savants devaient y prendre place. L'objet du voyage qu'ils s'étaient hasardés à entreprendre était de s'élever à douze mille mètres, de faire des expériences sur la décroissance de la température et de la densité de l'air; de recueillir des observations hygrométriques, barométriques et thermométriques; de puiser de l'air à diverses hauteurs et de le rapporter. Le ballon n'avait été gonflé qu'aux deux tiers, suivant l'usage, dans la prévision de la dilatation qui s'opère à mesure qu'on s'élève et que la pression atmosphérique diminue. Mais le filet s'étant trouvé trop étroit, il n'est pas étonnant qu'il en soit résulté tous les accidents qu'il y a eu. A dix heures du matin, tous les préparatifs étant faits, les deux voyageurs sont montés dans leur nacelle; les cordes de rétention ont été lâchées; alors l'aérostat s'est élevé majestueusement du milieu d'un cercle de savants et d'amateurs, avec une rapidité extrême et telle qu'en une minute trente secondes et demie il avait disparu dans les nuages. Cette grande rapidité ascensionnelle a commencé à indisposer les voyageurs; mais cela n'a rien été comparativement aux autres accidents qui se sont succédé. Lorsqu'il fut parvenu à la hauteur de deux ou trois mille mètres, la dilatation du gaz a été plus considérable qu'on ne l'avait prévu. Cela allait bien tant que le filet qui enveloppait le ballon a pu suffire; mais la dilatation continuant et le filet devenant trop petit, le ballon s'est allongé et est arrivé successivement à englober les deux voyageurs dans leur nacelle. Alors il en est résulté pour eux une sorte de suffocation et d'asphyxie. Dans ce moment, l'idée est venue à l'un d'eux de saisir son couteau et de faire une large ouverture dans le bas du ballon. Cette opération ouvrit un passage au gaz; mais il paraît que l'ouverture avait été faite un peu trop large, car non-seulement le ballon cessa de monter, mais il commença à descendre avec une très-grande rapidité jusque dans la région des nuages. On jeta alors les sacs de lest qui étaient dans la nacelle; mais il n'y en avait pas assez, et ce fut en vain que les voyageurs se débarrassèrent de leurs vêtements, des couvertures qu'ils avaient emportées pour se protéger contre le froid, et ôtèrent jusqu'à leurs souliers mêmes. Bientôt il fallut se préparer à toucher. On les a vus tomber dans une vigne, et l'un d'eux eut la figure labourée par un échalas, et cette blessure, toute légère qu'elle était, ne laissa pas de l'effrayer. Cependant, malgré le peu de succès qu'ils ont obtenu, ils ne se sont pas laissé décourager, et l'on annonce que bientôt ils recommenceront leur périlleux voyage.

24. COMBAT DE DOUZE RATS CONTRE DEUX HIBOUX.

Le 28 octobre 1851, à minuit, a eu lieu, au Jockey-Club, le fameux combat des deux hiboux Bec-de-Fer et Young contre douze rats. Tout ce que Paris renferme de distingué dans la mode, la littérature et les arts, avait été convoqué à cette solennité. Les paris, du côté des rats, s'élevaient à 33 000 francs. Lord H... les a tous tenus en faveur de ses deux champions, Young et Bec-de-Fer.

A onze heures et demie, Victor Couturier a apporté sa grande cage à douze compartiments, et l'a placée sur une table qui occupait pour le moment l'intérieur de l'arène où le combat devait se livrer. Il a procédé immédiatement à la nourriture des douze champions.

Comme les rats n'avaient rien mangé depuis vingt-quatre heures, ils sautaient dans leur cage comme des convulsionnaires de Tanger.

Le chef du club avait composé la pâtée d'une manière remarquable : au lieu de ratissures de truffes, il avait choisi des truffes du Périgord que les rats ont dévorées en trois minutes avec une volupté qu'on n'aurait pas soupçonnée à ses animaux.

Lorsque tout a été avalé, lord H... a fait signe à son fauconnier d'apporter les hiboux. Cet ordre a été exécuté à l'instant, et l'on a pu juger alors des deux terribles antagonistes.

Young et Bec-de-Fer sont nés en Écosse, dans une propriété de lord H... Ils ont vécu pendant deux ans dans une des tours du manoir, où ils furent surpris un jour par Williams Perkes, le fauconnier de lord H..., non pas sans avoir les mains écorchées par ces deux oiseaux de nuit. Bec-de-Fer et Young sont des hiboux de la plus forte espèce. Ils ont deux pieds anglais de hauteur; leurs yeux sont d'une transparence funèbre, leurs plumes sont un mélange de gris blanc, de gris-perle et de petit-gris; leurs serres sont remarquables par la force de leur constitution et de leur courbure; elles sont aussi fermes que des tringles en fer.

A minuit sonnant, les juges ont donné le signal du combat. Victor Couturier a lancé ses douze rats dans l'arène; c'était juste le moment où s'opérait la digestion. Ces animaux allaient s'élancer avec fureur les uns contre les autres, lorsque Williams Perkes, le fauconnier, a lâché ses deux hiboux. Les douze rats, au lieu de s'entre-déchirer, ont tourné leur rage contre leurs nouveaux ennemis. A ce moment, un silence religieux régnait dans le salon du club, et l'on n'entendait que les cris aigus des douze rats et les grincements de bec des deux hiboux.

Bec-de-Fer s'est élancé d'abord sur Robert-Macaire, dit le Grec, et, le saisissant par le train de derrière, il l'a trituré comme fait un boa lorsqu'il s'empare d'un veau ou d'un jeune cheval. De son côté, Young en faisait autant au malheureux Lossard, dit le Teneur-de-Livres.

Le prince Pétulant, dit Chamouski, Rodilard, dit le Vagabond, Brisquet, dit le Coupe-Jarrets, sont tombés sur Young et se sont accrochés à ses pattes. Après avoir étranglé Lossard, Young a fait mordre la poussière à Rodilard, dit le Vagabond, et à Brisquet, dit le Coupe-Jarrets. Le prince Pétulant, dit Chamouski, survivait seul, s'acharnant de plus en plus aux jarrets de Young, qu'il a cassés de deux coups de crocs.

Bec-de-Fer, de son côté, avait tué Voltaire, dit l'Ennemi de l'obscurité, le brave Rat-à-Poil, dit l'Agaçant, et Ténèbres, dit le Mangeur de crêpes. Mais il avait eu de son côté une patte cassée, celle précisément qui avait été si fortement endommagée en Angleterre.

Les chances étaient encore égales. Les deux hiboux étaient dangereusement blessés, mais ils n'avaient plus contre eux que cinq rats plus ou moins valides. En ce moment, l'attention des spectateurs était à son comble. Poulastrol, dit le Perruquier qui était demeuré dans un coin et comme honteux de lui-même, saute sur Young, couché sur le flanc, et lui mange les yeux. Le hibou pousse un cri terrible et répond par un coup de bec qui ouvre les entrailles à Poulastrol. Les deux ennemis expirent l'un près de l'autre.

Bec-de-Fer avait maille à partir avec Tourlourou, dit le Brosseur, le Marquis, dit Couvre-Amour, le Parisien, dit l'Argotier, et le prince Pétulant, dit Chamouski. Ce dernier surtout, qui s'était gorgé de truffes, était d'une fureur impossible à décrire. S'étant accroché à la patte valide de Bec-de-Fer, il la rongeait, tandis que le hibou étranglait successivement tous les autres rats. Il ne restait donc plus que Bec-de-Fer et le prince Pétulant, dit Chamouski, l'un les deux pattes cassées, l'autre éventré, mais respirant encore tous les deux et se menaçant de l'œil.

Les paris n'étaient gagnés ni d'un côté ni d'autre; il a été décidé, en conséquence, que les enjeux ne seraient délivrés qu'aux parieurs de l'animal survivant. Victor Couturier, après le combat, a emporté le prince Pétulant, dit Chamouski, pour lui donner des soins; Williams Perkes en a fait autant de Bec-de-Fer. La question n'est plus, à l'heure qu'il est, qu'une question médicale dont la mort sera le grand juge.

25. UNE GUERRE D'ENFANTS.

Jamais, entre les Grecs et les Troyens, on ne vit un acharnement pareil à celui que mettent à se guerroyer, aux portes mêmes de Paris, depuis un temps immémorial, deux ou plutôt trois armées dont les combats ne laissent pas d'être sanglants quelquefois. Seulement, au lieu de lances, on s'y sert de bâtons; les pierres remplacent les javelots, et les guerriers, imberbes et criards, sont des enfants dont les plus âgés n'ont guère plus de treize ans. Le champ de bataille est tantôt dans des carrières, tantôt dans la plaine : quelquefois, on a choisi le clos Saint-Lazare. Les armées se composent des jeunes et turbulentes générations de la Villette, de la Chapelle Saint-Denis et de Montmartre.

L'origine de cette guerre fameuse se perd dans la nuit des temps. Les anciens du pays prétendent pourtant qu'elle remonte à l'époque où le Mont des Martyrs (Montmartre) était exclusivement occupé par des meuniers, des moulins à vent et des ânes, tandis qu'à la Villette il y avait des bois sombres qui renfermaient des loups. Or, il arriva qu'un jour, selon la tradition, un loup, nouveau Pâris, se jeta sur un des ânes de la butte; mais il intervint un gros mâtin de la Chapelle, lequel, après avoir combattu un instant en faveur de la pauvre bête à Martin, eut la félonie de se tourner du côté du plus fort, pour avoir sa part du butin et dévorer l'âne en compagnie du loup.

Cette légende nous paraît fort admissible; car les trois armées portent encore aujourd'hui les noms de ces animaux, et celle du centre, c'est-à-dire des *Chiens de la Chapelle*, a effectivement l'habitude de se mettre tantôt d'un côté, tantôt de l'autre, selon que la chance tourne. De là aussi ce proverbe populaire bien connu au delà des barrières : « Les Chiens de la Chapelle empêchent les loups de la Villette de manger les ânes de Montmartre; » proverbe menteur comme tant d'autres, s'il faut en croire la légende. Jamais, à ce qu'il paraît, il n'y eut de victoire décisive, puisque la guerre continue toujours. On fait des trêves quelquefois; il n'y a jamais de paix, et lorsque l'armistice est dénoncé, on voit, de dimanche en dimanche, se succéder les combats.

Le dimanche, vingt-cinq janvier mil huit cent cinquante-deux, fut un jour de grande bataille. Les deux armées, composées l'une des *chiens* et des *loups*, l'autre des *ânes* de Montmartre, se rencontrèrent, vers midi, sur le versant du plateau oriental des buttes. Plus de trois cents combattants se trouvaient en présence; la lutte dura plusieurs heures. Après de nombreuses escarmouches, des évolutions plus ou moins savantes, tantôt à travers les rues naissantes de ce quartier, tantôt sur la pente rapide de la montagne ou par les escaliers qui mènent au télégraphe; après maints combats singuliers où, pareils à Achille et à Hector, les champions se défiaient en enflant leur voix et luttaient corps à corps; après des prisonniers faits et délivrés; après des horions et des blessures reçus de part et d'autre, le champ de bataille fut transporté insensiblement sur la chaussée Clignancourt, la principale rue de la commune de Montmartre, ce qui dénotait évidemment un mouvement de retraite de l'armée alliée. Mais, ô prodige! sur cette chaussée, la scène change tout à coup : c'est une déroute générale de part et d'autre; vainqueurs et vaincus se tournent le dos, non pas toutefois sans s'être montré le poing et s'être promis de se retrouver en présence, avec des levées nouvelles et des munitions fraîches, le dimanche suivant.

Voici ce qui était arrivé : des projectiles mal dirigés avaient fait voler en éclats plusieurs vitres des maisons situées sur la chaussée; un passant avait été atteint d'une pierre grosse comme le poing; les voisins s'étaient élancés au milieu de la mêlée, et, de plus, la nouvelle de l'affreux combat avait fait arriver papas et mamans, qui commençaient à faire pleuvoir sur les petits héros une grêle de soufflets, et à les enlever comme faisaient jadis Pallas et Junon sous les murs de Troie. Mais dimanche, et les dimanches suivants, qui mettra le holà assez à temps pour que les vitres ne soient pas cassées, que les passants et les combattants eux-mêmes ne soient pas grièvement blessés? Les habitants de Montmartre, de la Chapelle Saint-Denis et de la Villette seraient très-heureux de voir la police prendre des mesures pour pacifier enfin ces communes depuis si longtemps en proie à la guerre civile.

26. LES COMBATS DE TAUREAUX.

Les combats de taureaux sont encore aujourd'hui un des passe-temps les plus recherchés du peuple espagnol. Quelques descriptions que nous en ayons entendu faire, quelque chose qu'on nous en ait raconté, il n'est rien que nous croyions plus digne d'intéresser votre curiosité, et celui qui a eu lieu tout récemment à Madrid a été une des fêtes les plus solennelles qu'il y ait jamais eu. A trois heures et demie, alors qu'une foule immense, attirée par l'appât d'un tel spectacle, et toute frémissante d'impatience, était tout yeux et tout oreilles, on vit entrer dans l'hippodrome quatre élégantes voitures, accompagnées chacune de ses parrains à cheval, vêtus à l'ancienne mode espagnole. Ces voitures se sont rangées sous la loge royale. La première était attelée de quatre chevaux bais, portant de magnifiques harnais rouges et des panaches blancs; la deuxième était traînée par six chevaux bai clair, et les deux autres, tout éblouissantes par leur richesse, excitèrent mille bravos parmi les spectateurs. Quatre quadrilles, disposés par ordre, entouraient ces voitures. Au moment où chacun de ces carrosses passait devant la loge du pavillon royal, chaque parrain mettait pied à terre, présentait son filleul ou champion à la reine, puis tous deux remontaient en voiture après s'être inclinés profondément devant

Sa Majesté. Derrière les carrosses venaient vingt-huit magnifiques chevaux de selle, conduits par autant de laquais des parrains, et que ceux-ci s'étaient plu à vêtir de riches livrées. Bientôt les cavaliers armés de leurs lances furent à leur poste ; Sa Majesté donna la clef de la loge aux taureaux, et quand elle eut été ouverte par un alguazil, c'est alors que commença la course. Au moment où parut le premier taureau, un essaim de colombes s'étant envolé, se répandit dans tout le cirque. Au bout de quelques instants, deux cavaliers s'étaient déjà laissé désarçonner, et il ne resta bientôt plus à cheval qu'un champion, celui du duc d'Abrantès. Celui-ci étonna tout le monde par un courage, une intrépidité admirable, par la merveilleuse adresse avec laquelle il piquait et tuait les taureaux. Plusieurs fois, la foule tout entière le salua de ses cris enthousiastes. La mort du quatrième taureau, frappé par ce hardi picador, offrit un des spectacles les plus curieux qu'on ait jamais vus. Le fier animal, les naseaux fumants, avait renversé le cheval et son cavalier ; mais le picador se releva, se remit en selle, pendant que le taureau tombait atteint d'un coup mortel, et reçut de la reine la récompense qu'il avait si bien méritée.

27. MORT DE L'AÉRONAUTE HARRIS.

Déjà le peuple est rassemblé ; la foule des spectateurs se presse, avide de voir l'aérostat s'élever dans les airs. Quelques grands dangers qu'il ait fallu courir, deux personnes se sont présentées pour les affronter : c'est Harris, ancien officier de marine, et une jeune fille, miss Jeanne Storcks, qui, bien que toute tremblante, s'assied à côté de son conducteur. Bientôt les câbles sont coupés, et les voyageurs que les spectateurs ont vus s'élever dans les airs, respirant un air plus pur, se sont imaginé qu'ils montaient vers les cieux. L'âme tout occupée du spectacle qui se déroule à leurs regards, ils ne se sont pas inquiétés du péril qui déjà les a menacés. Mais, quelle que soit leur sécurité, ils ne tardent pas à s'apercevoir qu'un bruit extraordinaire s'est fait entendre, et que le ballon commence à descendre avec la rapidité de la flèche. « Nous sommes perdus ! » s'écrie Harris. En effet, le peu d'ouverture qu'ils avaient laissée avait fait échapper le fluide subtil qui les soutenait. Toutefois, quelle que fût la gravité du danger, tout horrible qu'était cette situation, l'âme héroïque du marin n'en fut pas découragée ; mais, malgré tous ses efforts, il ne put arrêter le ballon, qui, emporté par son propre poids, se précipitait avec une effrayante vélocité. La jeune fille, à cette vue, s'est livrée au désespoir ; elle s'est attachée aux câbles, et les gémissements convulsifs qu'Harris l'a entendue pousser ont brisé son cœur intrépide. Arrivé près de la terre, le ballon tombe avec une rapidité nouvelle, et pendant que la nacelle s'est brisée contre les branches d'un arbre élevé, l'infortuné marin, les membres sanglants et encore palpitants, paye de sa vie son audacieuse entreprise. Sa compagne, que la terreur a privée de sentiment, s'est laissée tomber avec les débris de la nacelle, et sa chute, que ses vêtements ont rendue plus légère, la ravit à une mort certaine.

28. LES TUILERIES.

Depuis bientôt cinq siècles, les Tuileries ont subi bien des métamorphoses. En mil trois cent soixante-douze, on comptait à cet endroit trois tuileries. Près de ces fabriques, et à côté des Quinze-Vingts, Pierre des Essarts et sa femme occupaient, en mil trois cent quarante-trois, une maison nommée l'hôtel des Tuileries, qu'ils cédèrent à cet hôpital avec un grand terrain qui dépendait de leur propriété. Nicolas Neuville de Villeroy, secrétaire des finances et audiencier de France, possédait en cet endroit, au commencement du quinzième siècle, une grande habitation avec cour et jardins clos de murs. Louise de Savoie, mère de François Ier, se trouvant incommodée du séjour de son palais des Tournelles, environné d'eaux stagnantes, résolut de changer d'air. Elle jeta les yeux sur la maison de M. de Neuville, qu'elle vint habiter.

La santé de Louise de Savoie ne tarda pas à se rétablir. Cette heureuse circonstance engagea François Ier à faire l'acquisition de cet hôtel. Le propriétaire reçut en dédommagement la terre de Chanteloup, près Montlhéry. Le contrat d'échange porte la date du douze février mil cinq cent dix-huit. Louise de Savoie, s'ennuyant bientôt dans sa nouvelle habitation, en fit don à Jean Tiercoun, maître d'hôtel du Dauphin, et à Julie Dutrot, son épouse. Les lettres qui constatent cette donation ont été enregistrées à la chambre des comptes le vingt-trois septembre mil cinq cent vingt-sept.

Henri II, blessé dans un tournoi par le comte de Montgomery

mourut à l'hôtel des Tournelles le quinze juillet mil cinq cent cinquante-neuf. A dater de sa mort, ce palais devint comme un lieu de malédiction, et fut abandonné par Catherine de Médicis. Charles IX, par lettres patentes du vingt-huit janvier mil cinq cent soixante-trois, en ordonna la démolition. Vers cette époque, la veuve de Henri II fit l'acquisition de la maison des Tuileries, de plusieurs propriétés voisines, et d'un grand terrain qui appartenait à l'hôpital des Quinze-Vingts. Les jardins furent environnés d'un mur, à l'extrémité duquel on fit commencer les fortifications, du côté de la rivière, par un bastion dont le roi posa la première pierre le onze juillet mil cinq cent soixante-six. La reine mère avait chargé Philibert Delorme de la construction de son nouveau palais. Catherine ne se contentait pas de protéger et d'encourager les arts, souvent encore elle traçait elle-même les plans des bâtiments et surveillait leur exécution.

La demeure que Catherine de Médicis fit élever consistait en un bâtiment avec un pavillon au centre, et deux aux extrémités; ces constructions étaient composées d'un rez-de-chaussée et d'un premier étage. Le pavillon du milieu, dans lequel fut pratiqué le grand escalier, était couvert d'une coupole.

Par sa forme, ses dimensions et les détails de son architecture, cette coupole était beaucoup plus en harmonie avec les corps des bâtiments adjacents que la toiture actuelle. L'ensemble de la façade, du côté du jardin, telle qu'elle fut exécutée par Philibert Delorme, se composait du pavillon central, de deux portiques couverts de terrasses et surmontés d'un étage en mansardes, et se terminait par deux corps de bâtiments percés de trois fenêtres à chaque étage, et décorés de deux ordres d'architecture. Tel était le château des Tuileries dont Catherine de Médicis fit son habitation ordinaire. Les troubles qui agitèrent a France, sous le règne de Henri III, ne permirent pas de continuer les constructions des Tuileries.

Henri IV, devenu paisible possesseur du trône, crut sa gloire intéressée à faire terminer les Tuileries. On construisit d'abord, de chaque côté des bâtiments achevés par Delorme, et sur le même alignement, deux autres corps de logis avec deux grands pavillons, et l'on commença vers l'année seize cent la superbe galerie qui joint les Tuileries au Louvre, du côté de la rivière, et que le gouvernement vient de faire restaurer dans plusieurs parties.

Les deux nouveaux corps de logis et les deux grands pavillons ne furent achevés que sous le règne de Louis XIII, sur les dessins de l'architecte du Cerceau, qui en changea la décoration primitive. Cette réunion de bâtiments de styles différents devait produire des défauts d'ensemble et de proportion.

Louis XIV, choqué de ces disparates, voulut les dissimuler en mettant de l'accord entre ces cinq parties. Levau, architecte du roi, fut chargé de cette restauration; on lui adjoignit Dorbay comme constructeur. Levau supprima d'abord le magnifique escalier bâti par Philibert Delorme, et qui occupait le vestibule actuel. Jusqu'à l'époque de la sanglante révolution de quatre-vingt-treize, le château des Tuileries ne fut le théâtre d'aucun événement important. Louis XIV avait abandonné cette habitation pour aller résider à Saint-Germain, puis à Versailles.

L'infortuné Louis XVI habitait Versailles lorsque la populace de Paris alla l'y chercher. Le roi vint occuper les Tuileries le six octobre mil sept cent quatre-vingt-neuf. Le vingt juin mil sept cent quatre-vingt-douze, le peuple envahit les Tuileries, sous prétexte de présenter lui-même des pétitions au roi. Cette désastreuse journée servit de prélude à la sanglante révolution du 10 août.

Comme en mil huit cent quarante-huit, les révolutionnaires de quatre-vingt-treize pénétrèrent dans le palais le fer et le feu à la main. Les défenseurs du roi furent impitoyablement massacrés; tout fut pillé et saccagé. Quelques membres du département, voyant le désordre qui régnait dans le château, conseillèrent au roi de se rendre au milieu de l'Assemblée. Louis XVI eut la faiblesse de s'y rendre avec sa famille. Quelques heures après fut rendu ce décret célèbre : « Louis XVI est provisoirement suspendu de la royauté, un plan d'éducation sera donné pour le prince royal ; une Convention est ordonnée. » Tout cela finit par l'horrible guillotine.

Sous la République, les Tuileries prirent le nom de Palais-National. Sur l'emplacement du théâtre, connu sous le nom de salle des Machines, on construisit la salle de la Convention. On y entrait par un perron qui donnait sur la terrasse des Feuillants.

Le Conseil des Anciens remplaça la Convention aux Tuileries, tandis que celui des Cinq-Cents alla s'installer dans la salle du Manége jusqu'à l'époque du dix-huit fructidor. Napoléon consul et empereur habita les Tuileries ; la famille des Bourbons y demeura également pendant la Restauration. Louis-Philippe, pendant son règne de dix-huit ans, y a fait exécuter de grands travaux. Le Président de la République veut aujourd'hui (1852) terminer cette magnifique résidence, et la joindre par de grands et splendides travaux au palais du Louvre.

29. LA CHASSE AU LION.

Dans la relation que je vous ai adressée au mois d'août 1850, je vous parlais d'un vieux lion que je n'avais pu rencontrer, et sur l'âge et le sexe duquel j'avais été fixé par ses rugissements. Après la rentrée de la colonne expéditionnaire de la Kabylie, je demandai à mon général la permission d'aller parcourir les beaux repaires situés sur le versant nord de l'Aurès, aux environs de Klenchéla, où j'avais laissé ma bête. Après une mission qui me fut donnée, j'allai, vers la mi-septembre, planter ma tente au milieu du pays parcouru par le lion, et je procédai à mes recherches autour des douars qu'il visitait le plus fréquemment. J'avais passé ainsi plus d'une nuit à la belle étoile sans résultat aucun, lorsque, le seize au matin, après une forte pluie qui avait duré jusqu'à minuit passé, des indigènes vinrent me dire que le lion était à une demi-lieue de ma tente. Je partis vers trois heures et demie, emmenant trois Arabes, l'un pour garder mon cheval, le second chargé de mes armes, le troisième porteur d'une chèvre qui, certes, ne se doutait pas de l'importance de son rôle. Ayant mis pied à terre sur la lisière du bois, je me portai vers une clairière située au milieu du repaire, où je trouvai un arbrisseau pour attacher la chèvre et quelques herbes pour m'asseoir. Les aides que j'avais emmenés avec moi allèrent se blottir à quatre-vingts pas sous le bois. Il y avait environ un quart d'heure que j'étais là, et la chèvre criait de toutes ses forces, lorsqu'une compagnie de perdreaux s'envola derrière moi, poussant le cri qui leur est habituel quand ils se sont laissé surprendre. La chèvre s'était tue, et ses regards s'étaient fixés sur moi. Elle fit un effort pour briser les liens qui la retenaient, puis elle se mit à trembler de tous ses membres. A ce symptôme de frayeur, je me retournai de nouveau, et j'aperçus derrière moi, à quinze pas environ, le lion couché au pied d'un genévrier, à travers les branches duquel il nous regardait.

en grimaçant. Dans ma position, il m'était impossible de tirer sans faire volte-face, J'essayai d'épauler à gauche, et je me trouvai maladroit. Je me retournai doucement et je pris une bonne position. Au moment où je l'ajustai, le lion se leva ; il se mit à me montrer toutes ses dents en secouant la tête d'un air qui voulait dire : « Que diable fais-tu là? » Je n'hésitai pas un instant et je tirai dans la gueule : l'animal tomba sur place, comme foudroyé. Mes hommes accoururent au coup de feu ; et comme ils étaient impatients de toucher le lion, je lui tirai un second coup entre les deux yeux, afin de le rendre tout à fait immobile. Cet animal, qui était noir et des plus vieux que j'aïe tués, a fait bouillir les marmites de quatre compagnies d'infanterie qui se trouvaient à Klenchéla.

30. UN CERCUEIL POUR ÉTRENNES.

On lit dans une lettre de Mgr Masson, évêque de Laranda, dans le Tong-King méridional :

« A mon récent voyage sur les montagnes anamites, les prêtres indigènes qui avaient étudié sous moi la théologie vinrent me trouver à l'occasion de la nouvelle année. Outre les présents qu'ils ont coutume d'offrir en ces circonstances, ils voulurent me donner un témoignage plus solennel de l'affection et du respect qu'ils me portent, en me gratifiant d'un cadeau particulier. Or, vous ne devineriez jamais le singulier hommage que je reçus de mes élèves. Après s'être concertés ensemble, ils jugèrent à propos de m'offrir un cercueil, en me faisant observer que je commençais à me faire vieux, et que jamais ils ne trouveraient une plus belle occasion de me procurer ce meuble nécessaire. Ils eurent bien soin d'appeler mon attention sur l'excellente qualité du bois et la beauté du travail. Ainsi, voilà que je puis mourir en paix ; ma bière est prête.

« Vous trouvez cela étrange, n'est-ce pas ? Mais, pour nos prêtres et pour nos chrétiens, c'est la chose la plus simple du monde. Il y a ici peu de personnes âgées de cinquante ans qui n'aient leur cercueil tout confectionné. Que de fois il m'est arrivé d'avoir pour lit ou pour table à écrire les planches préparées pour une sépulture ! Très-souvent les enfants des familles aisées se réunissent pour offrir un cercueil à leur père ou à leur mère. Les disciples en font autant pour leurs maîtres. C'est là une très-grande marque de piété filiale. Ce jour-là, on fait une grande fête et tous les amis y sont invités.

« Au reste, un cercueil est ici d'un très-haut prix moral. Les personnes bien élevées ne se permettent pas de l'appeler simplement *quan-tai*, qui signifie *bière*, mais elles le désignent sous différents noms honorifiques, comme *tràms-tho* (*immortalité*), *han su* (*chose d'après*), ou bien *ao dâix* (*habit épais*). Aussi personne n'en a horreur. On le regarde même avec complaisance. Un homme veuf, pauvre, et avec des enfants en bas âge, se trouvait gravement malade. Son beau-père vint lui dire qu'il avait pu emprunter pour lui un cercueil. A cette nouvelle, le malade tressaillit de joie et demanda la consolation de voir ce *tràms-tho*. Quand il l'eut contemplé, il fut si content qu'il ne voulait plus prendre aucune nourriture, pour se hâter de mourir. Son raisonnement était bien simple : « Si je meurs à « présent, disait-il, je suis sûr d'avoir une bière ; au lieu que « si je guéris il faudra la rendre, et je ne sais pas si, par la suite, « on pourra m'en procurer une autre. » Malheureusement il revint en santé, et fut ainsi privé du plaisir de se servir du cercueil.

« Ce qui tient à la mort n'a rien ici d'effrayant pour personne. On parle devant un malade de sa fin prochaine et de ses funérailles comme de toute autre chose. Aussi n'avons-nous jamais besoin de la moindre précaution oratoire pour avertir les infirmes de se préparer à la réception des derniers sacrements. Il y a quelque temps, je fus appelé auprès d'un néophyte dont la mort, quoique certaine, était encore éloignée. En entrant, je trouvai une femme assise à côté de son lit et occupée à coudre les habits de deuil de la famille. De plus, le charpentier ajustait les planches du cercueil tout près de la porte de la maison, de manière que le moribond pouvait tout voir de son lit. Le bonhomme présidait lui-même à tous ces détails, et donnait ses ordres pour chacune de ces opérations ; il avait même pour oreiller une partie des habits de deuil qui étaient déjà cousus. Je pourrais encore vous raconter une foule d'histoires à peu près semblables ; mais en voici déjà bien assez au sujet des cercueils. »

31. UN INCENDIE EN MER.

Le deux janvier mil huit cent cinquante-deux, un bâtiment

neuf, *l'Amazone*, appareillait de Southampton pour Chagres, sur l'isthme de Panama, avec la malle des Antilles et la malle du Mexique, et devait toucher à l'île Saint-Thomas ; les douze cents lieues qui séparent Southampton de Saint-Thomas devaient être franchies en treize ou quatorze jours. *L'Amazone* sortait des chantiers ; un des meilleurs constructeurs de l'Angleterre avait épuisé toutes les ressources de son art pour en faire un des plus beaux navires qui eussent porté le pavillon de l'Angleterre. Elle tirait vingt et un pieds d'eau, et, outre douze cents tonneaux de charbon, elle portait un approvisionnement considérable et une cargaison complète. Les passagers étaient au nombre de quatre-vingts, et l'équipage, en y comprenant les mécaniciens et les chauffeurs, se composait de cent douze personnes. Le lendemain de son départ, à minuit, *l'Amazone* avait dépassé les îles de Scilly, et avait déjà fait quarante lieues dans la direction sud-ouest. Un peu avant une heure du matin, l'officier de service, le midshipman Vincent, vit des flammes sortir d'une des écoutilles de l'avant. Il supposa que quelques sacs de charbon placés dans le voisinage de la machine, entre les chambres des chauffeurs et le magasin, avaient pris feu par l'excès de la chaleur. L'officier donna aussitôt l'alarme et le capitaine accourut, à demi vêtu, sur le pont ; il essaya d'arrêter les machines ; mais, quels que fussent ses efforts, il ne put y réussir. La cloche d'alarme fut en même temps sonnée, et beaucoup de passagers et de marins ne montèrent pas sur le pont ; on doit croire qu'ils avaient déjà été asphyxiés ou brûlés dans les cabines. Des efforts furent tentés pour arrêter le feu ; mais les progrès de l'incendie étaient si rapides, qu'il fallut renoncer immédiatement à tout espoir. Vingt minutes allaient suffire à consommer l'œuvre de destruction. On courut alors aux chaloupes, et le bateau des malles fut mis à la mer le premier ; vingt-quatre ou vingt-cinq des passagers y avaient pris place, lorsqu'il sombra tout à coup. On descendit le premier cutter, et pendant qu'on essayait de détacher l'amarre qui le retenait encore, ce bateau chavira. On descendit le second cutter : une lame le souleva à l'avant et le fit tomber perpendiculairement ; tous les hommes qu'il contenait furent lancés au loin, à l'exception de deux qui s'accrochèrent aux attaches des avirons et dont le sort est demeuré inconnu. Au même moment, on réussissait à mettre à l'eau la chaloupe de sauvetage, avec quatorze matelots et deux passagers. Cette chaloupe prit le large et aperçut un brick qui faisait route vers l'Amérique, et les personnnes qui la montaient hélèrent le bâtiment de toutes leurs forces. On répondit à leurs cris et à leurs signaux; mais, quoique *l'Amazone* fût en vue, ceux qui montaient le brick eurent l'inhumanité de se refuser à tout effort pour sauver la vie de leurs semblables.

32. CHASSE AU FAUCON DANS L'AMÉRIQUE DU NORD.

Les faucons américains ressemblent tout à fait à ceux d'Europe; ils sont de la même grosseur, de la même force : la seule chose qui les fasse différer des oiseaux de notre continent, c'est la couleur de leurs plumes, qui sont plus foncées. Quant à l'éducation qui les rend propres à la chasse et obéissants au rappel de l'homme, mon ignorance de la langue indienne m'a toujours empêché de connaître quels étaient les moyens employés par les Peaux-Rouges pour obtenir ces résultats.

Le lendemain de l'arrivée des Pieds-Noirs à notre camp, nous nous dirigeâmes vers un marais formé par des sources d'eaux vives, en observant le plus profond silence. Deux chiens, s'élançant au milieu des joncs qui croissaient sur les bords, firent aussitôt lever un énorme héron gris, d'une immense envergure, qui, prenant son vol et se livrant au vent, monta devant nous, comme s'il eût voulu se perdre dans l'espace. En dix secondes, il n'était déjà plus qu'un point noir dans le clair azur du ciel.

Mais à peine avait-il parcouru la moitié de son vol, que l'un des cinq faucons que portaient les Peaux-Rouges dans de petites cages de jonc fut lâché contre lui. D'abord l'oiseau resta immobile sur le bord de sa sombre boîte, qui lui cachait la lumière; mais tout à coup, son regard ayant embrassé l'horizon, il aperçut le volatile *au long bec emmanché d'un long cou*, poussa deux ou trois cris de colère, et, d'un vol rapide comme une flèche, il s'élança à son tour dans la direction perpendiculaire.

Cependant le héron montait toujours, et semblait disparaître à nos regards; nous n'apercevions plus que deux points noirs qui paraissaient se heurter l'un contre l'autre, se rapprocher et tourbillonner. Tout à coup ces deux points noirs devinrent plus visibles : les oiseaux reprenaient leurs formes à nos yeux;

le héron regagnait son marais, poursuivi par son ennemi, et les jambes allongées, le cou droit, la tête roide, les ailes miployées, on l'aurait pris pour un aérolithe détaché de l'un des mondes inconnus.

En limier habile, le faucon avait rabattu le gibier de notre côté; mais celui-ci, puisant de nouvelles forces dans le danger qui le menaçait, fit un rapide mouvement qui trompa le coup d'œil du faucon et l'entraîna à vingt pieds plus loin.

Cet espace fut bientôt franchi de nouveau, et, par un brusque soubresaut, il saisit le héron à la gorge, et la bataille corps à corps commença. Le héron, à bout de ressources, se renversa en arrière, et rendit coup de bec pour coup de bec, attaque pour attaque.

Tout à coup une large penne, empourprée de sang, se détacha de l'un des deux oiseaux, et tomba au milieu de nous; le faucon, car cette plume était la sienne, roula sur lui-même, comme l'oiseau atteint par un plomb meurtrier.

Nous pensions que tout était fini; mais ce n'était qu'un étourdissement, et non une défaite. Plus irrité qu'auparavant, le faucon se précipita sur son ennemi, et la bataille qui se livra sous nos yeux est impossible à décrire; c'était une lutte folle, une fuite éperdue.

Les deux oiseaux décrivaient des orbes immenses, tantôt ronds, tantôt ovales et sillonnés. Enfin, après maintes ruses inutiles et mille détours sans espoir, le héron, enlacé dans les serres puissantes de l'oiseau de proie, l'estomac déchiré par son bec crochu comme une faux, tomba violemment sur les rives du marais. Mais il ne fit que toucher le sol; le faucon se releva de nouveau et à pic, emportant le héron, masse inerte qui, lâchée tout à coup, vint choir lourdement à terre, sans vie et sans mouvement.

SECTION III.

DÉFINITIONS, DESCRIPTIONS D'OBJETS D'ART, NOTIONS ÉLÉMENTAIRES SUR LES SCIENCES.

1. LA GRAMMAIRE ET LA LANGUE FRANÇAISE.

L'étude de la grammaire n'est pas aussi stérile que se le sont imaginé beaucoup de personnes peu éclairées. S'il est des esprits superficiels, des demi-savants qui se sont plu à la frapper d'anathème, il s'est trouvé des juges plus compétents à qui un examen plus attentif a inspire une tout autre opinion. Témoin tant d'hommes utiles qui ont fait de cette étude l'objet de leur prédilection, malgré les travaux pénibles, les veilles même qu'il leur en a coûté. Quelles gens seraient assez peu sensés pour refuser leur reconnaissance à une science qui est la mère de toutes les autres, et qui, après avoir reçu l'enfant aux portes de la vie, le suit depuis le moment où il bégaye ses premières paroles, et contribue d'une manière si puissante au développement de toutes ses facultés? Quelques grands poëtes qu'aient été Racine, Boileau et Voltaire, quelques rares talents que la nature leur eût départis, croyez-vous qu'ils eussent acquis cette perfection de style à laquelle nous les avons vus arriver, sans l'étude attentive et minutieuse des secrets les plus cachés de notre langue? Qu'auraient-ils pensé s'ils avaient été témoins des barbarismes sauvages, des néologismes étranges, des monstrueux galimatias qu'on rencontre chez les auteurs les plus admirés de notre temps! Heureusement une révolution s'est opérée dans les esprits contre ces hardis novateurs; beaucoup de gens se sont aperçus des erreurs auxquelles ils s'étaient laissé entraîner, et se sont juré de ne jamais retomber dans de pareilles séductions. Ces auteurs, ces génies superbes qu'un instant de caprice et de vogue avait faits si grands, se sont vu précipiter de ce faîte où la faveur publique les avait élevés. Si on les eût laissés faire, que de ruines ils auraient amassées autour d'eux, que d'antiques idoles ils auraient renversées, et comme ils auraient détruit ce peu d'admiration qui était encore restée au fond de nos cœurs pour tous ces poëtes, ces orateurs, les Corneille, les Racine, les Fénelon, les Bossuet, gloire éternelle de notre France! Si les chefs-d'œuvre de ces grands hommes ont été traduits dans toutes les langues, si les nations de l'Europe se les sont proposés pour modèles, c'est que ces écrivains incomparables se sont inspirés aux sources toujours pures du goût et de la raison. Toute autre route les eût égarés, et au lieu de ces merveilleux trésors si riches, si abondants qu'aucune littérature n'en a jamais autant compté, nous ne posséderions que des ouvrages dont la gloire éphémère se fût évanouie avec la vie de leurs auteurs.

2. LE ZÈBRE.

Le zèbre est peut-être, de tous les animaux quadrupèdes, le mieux fait et le plus élégamment vêtu; il a la figure et les grâces du cheval, la légèreté du cerf, et la robe rayée de rubans noirs et blancs, disposés alternativement avec tant de régularité et de symétrie, qu'il semble que la nature ait employé la règle et le compas pour la peindre : ces bandes alternatives de noir et de blanc sont d'autant plus singulières, qu'elles sont étroites, parallèles, et très-exactement séparées, comme dans une étoffe rayée; que d'ailleurs elles s'étendent non-seulement sur le corps, mais sur la tête, sur les cuisses et les jambes, et jusque sur les oreilles et la queue; en sorte que de loin cet animal paraît comme s'il était environné partout de bandelettes qu'on aurait pris plaisir et employé beaucoup d'art à disposer régulièrement sur toutes les parties de son corps; elles en suivent les contours, et en marquent si avantageusement la forme, qu'elles en dessinent les muscles en s'élargissant plus ou moins sur les parties plus ou moins charnues et plus ou moins arrondies. Dans la femelle, ces bandes sont alternativement noires et blanches; dans le mâle, elles sont noires et jaunes, mais toujours d'une nuance vive et brillante sur un poil court, fin et fourni, dont le lustre augmente encore la beauté des couleurs. Le zèbre est, en général, plus petit que le cheval et plus grand que l'âne; et quoiqu'on l'ait souvent comparé à ces deux animaux, qu'on l'ait même appelé *cheval sauvage* et *âne rayé*, il n'est la copie ni de l'un ni de l'autre, et serait plutôt leur modèle, si dans la nature tout n'était pas également original, et si chaque espèce n'avait pas un droit égal à notre admiration.

3. IMPORTANCE D'UNE BONNE ÉDUCATION.

S'il est une vérité que tous les hommes se sont plu à reconnaître, c'est celle qui proclame les avantages d'une bonne éducation. Les plus grands philosophes, les plus sages législateurs qu'il y ait jamais eu, depuis les temps les plus reculés jusqu'à nos jours, ont attaché à cette question l'importance qu'elle mérite, et je pense qu'il n'a existé personne qui ne crût que l'éducation de la jeunesse est une des choses qui contribuent le plus à la prospérité des États. Quels que soient les talents qu'on a reçus de la nature, il ne faut pas croire qu'on puisse se distinguer dans le monde, si la culture et l'exercice ne viennent les développer. Combien d'hommes se sont rencontrés, qui, privés de ce trésor inappréciable, se sont vus en butte à la misère, sans pouvoir trouver des ressources pour sortir de la position embarrassante où leur ignorance les avait jetés! Combien d'autres encore se seraient élevés aux postes les plus éminents, se seraient fait peut-être un nom immortel, si leurs parents s'étaient imposé quelques sacrifices pour féconder dans l'esprit de leurs enfants les germes que la nature y avait déposés! Quels puissants instruments l'instruction n'a-t-elle pas fournis aux hommes que leur peu de dispositions naturelles semblait avoir destinés à une condition tout autre que celle qu'ils se sont créée! En effet, quelques patients efforts qu'ils eussent faits, ils ne seraient jamais arrivés au but qu'ils se sont efforcés d'atteindre, si leur intelligence n'eût été développée et comme agrandie par les connaissances qu'on leur a enseignées. Quant à vous que la nature a favorisés, et qui pouvez enrichir votre esprit de connaissances devenues chaque jour plus nécessaires, songez à bien user des instants précieux qu'on vous a donnés pour les acquérir. C'est à vous qu'il importe de dédommager vos parents des soins que leur a coûté votre enfance, afin qu'ils n'aient point à se repentir de tous les sacrifices qu'ils se sont imposés pour votre instruction. Si la chose était tout autre, quelle peine ils en éprouveraient, et combien vous-mêmes vous auriez à vous reprocher peu d'application que vous auriez montré! Mais j'aime à croire que vous agirez différemment. La meilleure, la plus douce récompense que vos parents aient le droit d'attendre de vous, c'est que vous justifiiez plus tard les espérances qu'ils ont conçues, c'est que vous acquériez pour les années à venir un fonds de science et d'instruction qui ne se perd et ne s'épuise jamais.

4. LE DIABLE CARTÉSIEN.

On a donné le nom de *diable cartésien* à un petit instrument de physique connu aussi sous le nom de *ludion;* la description de l'instrument expliquera suffisamment ces deux noms. — Imaginons un vase cylindrique en verre rempli d'eau et fermé à sa partie supérieure par une vessie sur laquelle on peut appuyer le doigt, de manière à communiquer à l'eau une légère pression. Supposons que dans l'eau de ce vase soit une ampoule de verre remplie d'air, percée d'un petit trou à sa partie inférieure, et lestée cependant de manière à n'être que de très-peu plus légère que le liquide qui l'environne. Dans ces conditions l'ampoule montera lentement à la partie supérieure de l'eau. Si l'on appuie le doigt sur la vessie qui bouche le bocal, on exerce une pression sur l'eau; cette pression se communique jusqu'à l'ampoule, comprime un peu l'air qui y est contenu, et fait même entrer en son lieu une petite goutte d'eau dont le poids, s'ajoutant à celui de l'ampoule, suffit pour la rendre plus pesante que le liquide, et, par conséquent, elle descend lentement comme elle avait monté d'abord. Si l'on ôte le doigt de dessus la vessie, la pression cessant aussitôt, l'air de l'ampoule réagit en vertu de son ressort: il chasse la gouttelette d'eau qui était entrée tout à l'heure; l'ampoule devient ainsi plus légère que le liquide, et remonte comme je l'ai dit en commençant. Ainsi, une petite pression exercée immédiatement ou médiatement sur l'eau, fait descendre l'ampoule; la cessation de cette pression la fait remonter, et si régulièrement, qu'elle a l'air d'être aux ordres de l'opérateur, et que celui-ci, qui peut facilement dissimuler le mouvement de son doigt, paraît exercer un pouvoir magique sur un être inanimé, et étonne beaucoup ceux qui sont pour la première fois témoins de ce phénomène. Maintenant, pour augmenter encore le merveilleux, au lieu de prendre une simple ampoule de verre, on emploie une petite figure en émail, un petit magicien ou un diablotin; la forme n'y fait rien; l'important, c'est que l'appareil soit de très-peu moins lourd que l'eau, et qu'il puisse devenir plus lourd par une petite pression extérieure; et c'est la condition qu'on a soin de remplir dans la construction de ces petits jouets. Le nom de *cartésien* qu'on donne à ce diablotin indique assez que c'est dans l'école de Descartes qu'il a été imaginé.

5. LE BOUQUET POÉTIQUE.

On nomme *bouquet* une petite pièce de vers adressée à une personne le jour de sa fête ou de son anniversaire. C'est le plus souvent un madrigal ou une chanson. Le caractère de cette sorte de poésie est la délicatesse ou la gaieté. La fadeur en est le défaut le plus ordinaire, comme de toute espèce de louange.

Le bouquet suivant, adressé, en 1668, par Mlle Deshoulières à Mlle Harlay de Chanvalon, abbesse de Port-Royal, est un exemple entre mille de la pauvreté des idées et de la pâleur du style dont on se contente souvent dans cette sorte d'ouvrage :

Vous en qui l'on trouve à la fois
Des plus hautes vertus le parfait assemblage,
Illustre Chanvalon, dont le ciel a fait choix
Pour dispenser ici ses lois,
Recevez ces fleurs pour hommage.
Les neuf savantes Sœurs viennent de les cueillir;
L'haleine des zéphyrs a répandu sur elles
Une aimable fraîcheur et des grâces nouvelles;
Et s'il est rien qui puisse encor les embellir,
Dans le jour fortuné d'une si belle fête,
C'est l'éclatant honneur de parer votre tête.

Il n'y a dans ces vers que des syllabes et des rimes; point de pensée ingénieuse; à la fin, une hyperbole fade et ridicule qui était dans le goût des petits poëtes du temps de Louis XIV.

Tous les bouquets ne sont pas, il faut le dire, aussi mauvais que celui-là; le poëte cherche ordinairement à tirer parti de quelque rapprochement entre le nom de la personne et celui du saint ou du jour que l'on célèbre, ou bien il trouve dans l'objet même qu'il envoie une particularité nouvelle dont l'observation fournit une pensée agréable; quelquefois on joue sur les mots.

Tout est permis dans ce genre léger et facile, pourvu qu'on sorte du commun et qu'on ne sorte pas de la décence.

6. LES ANIMAUX ANTÉDILUVIENS.

Les témoignages que les naturalistes ont recueillis de toutes parts nous apprennent d'une manière positive qu'il s'est trouvé dans les mers de la France, à des temps très-reculés, des animaux différant totalement de ceux qui peuplent aujourd'hui l'Océan. C'étaient, entre autres, ces grands reptiles montrant le singulier assemblage d'une tête à museau de dauphin, à dents de crocodile, placée à l'extrémité d'un long cou composé de quatre-vingts vertèbres, et tenant au corps d'un lézard. Ces reptiles marins, quelque étonnants qu'ils nous paraissent, ne sont pas des monstres enfantés par l'imagination; car il s'en est retrouvé des débris dans les marnes bleuâtres des environs de Honfleur. C'était encore ce grand lézard de neuf pieds et demi dont les restes ont été recueillis auprès de Boulogne et d'Auxonne. Sur les couches calcaires des deux bassins de Paris et d'Avignon se sont déposés des gypses qu'on appelle vulgairement *pierres à plâtre*, et ces pierres paraissent s'être formées au fond des eaux douces qui ont succédé à celles de la mer. Les bords des lacs qu'elles ont remplacés étaient habités par des quadrupèdes herbivores d'une constitution tout autre que ceux qui habitent aujoud'hui la surface de la terre. Leurs ossements, qu'un savant célèbre a rassemblés, étudiés et comparés, ont été restitués dans leurs formes, et eux-mêmes ont été, pour ainsi dire, observés dans leurs mœurs. Sur le plateau le plus élevé de la France, au milieu des montagnes du Puy-de-Dôme, du Cantal et de la Lozère, il a existé des lacs d'une vaste étendue qui renfermaient de grands animaux parmi lesquels on est certain qu'il s'est trouvé des lions, des hippopotames, des rhinocéros. C'est au-dessus de ces antiques bassins d'eau douce que reposent ces laves et ces basaltes vomis autrefois par des volcans à jamais éteints, mais dont la hauteur et les cratères sont encore admirés. Lorsqu'ils étendaient au loin leurs ravages, il y avait alors des animaux dont plusieurs ne sont vivants aujourd'hui que dans les climats les plus brûlants du globe. C'étaient des éléphants, des hyènes et des cerfs d'une taille gigantesque, c'étaient des mastodontes, grands quadrupèdes dont les débris fossiles se sont retrouvés dans les deux Amériques, mais qu'on a vus peu à peu disparaître de la surface de la terre. Ainsi les animaux qu'il y a eu autrefois en France, ne s'y retrouvent plus aujourd'hui, et il est hors de doute que cette contrée a maintenant une tout autre température, et que le climat était beaucoup plus chaud qu'à notre époque.

7. LA CHAUVE-SOURIS.

Quoique tout soit également parfait en soi, puisque tout est sorti des mains du Créateur, il est cependant, relativement à nous, des êtres accomplis et d'autres qui semblent être imparfaits ou difformes. Les premiers sont ceux dont la figure nous paraît agréable et complète, parce que toutes les parties sont bien ensemble, que le corps et les membres sont proportionnés, les mouvements assortis, toutes les fonctions faciles et naturelles. Les autres, qui nous paraissent hideux, sont ceux dont les qualités nous sont nuisibles, ceux dont la nature s'éloigne de la nature commune, et dont la forme est trop différente des formes ordinaires desquelles nous avons reçu les premières sensations et tiré les idées qui nous servent de modèle pour juger. Une tête humaine sur un cou de cheval, le corps couvert de plumes et terminé par une queue de poisson, n'offrent un tableau d'une énorme difformité que parce qu'on y réunit ce que la nature a de plus éloigné. Un animal qui, comme la chauve-souris, est à demi quadrupède, à demi volatile, et qui n'est en tout ni l'un ni l'autre, est, pour ainsi dire, un être monstre en ce que, réunissant les attributs des deux genres si différents, il ne ressemble à aucun des modèles que nous offrent les grandes classes de la nature. Il n'est qu'imparfaitement quadrupède, et il est encore plus imparfaitement oiseau. Un quadrupède doit avoir quatre pieds, un oiseau a des plumes et des ailes; dans la chauve-souris, les pieds de devant ne sont ni des pieds ni des ailes, quoiqu'elle s'en serve pour voler et qu'elle puisse aussi s'en servir pour se traîner : ce sont, en effet, des extrémités difformes, dont les os sont monstrueusement allongés, et réunis par une membrane qui n'est couverte ni de plumes, ni même de poils, comme le reste du corps : ce sont des espèces d'ailerons, ou, si l'on veut, des pattes ailées où l'on ne voit que l'ongle d'un pouce court, et dont les quatre autres doigts, très-longs, ne peuvent agir qu'ensemble et n'ont point de mouvements propres ni de fonctions séparées : ce sont des espèces de mains dix fois plus grandes que les pieds, et en tout quatre fois plus longues que le corps entier de l'animal ; ce sont, en un mot, des parties qui ont plutôt l'air d'un caprice que d'une production régulière. (Buffon.)

8. LA LOTERIE.

Comme toutes les choses humaines qui se sont succédé ici-bas, la loterie a eu sa bonne et sa mauvaise fortune. Établie par François Ier, elle fut défendue sous la minorité de Charles IX, autorisée par Mazarin, protégée par Louis XIV, supprimée par la Révolution, rétablie par le Directoire et abolie par la Chambre des députés en mil huit cent trente-huit. Dans son cours, elle a donné lieu à des histoires qui, tout étranges qu'elles sont, passent pour vraies, et dont voici quelques exemples :

Un pauvre artisan vétérinaire d'un régiment de cuirassiers s'avisa de prendre note de quatre numéros d'ordre imprimés, selon l'usage, avec un fer rouge sur la cuisse des chevaux de remonte ; il prit un numéro à la loterie de Francfort, et faillit devenir fou de joie en gagnant cent cinquante mille florins. Le premier et singulier usage qu'il fit de sa nouvelle opulence fut d'acheter autant de pantalons qu'il y a de jours dans l'année ; aussi la plupart de ses camarades l'appelaient l'*homme aux trois cent soixante-cinq culottes*.

Nombre d'autres anecdotes aussi extraordinaires existent dans les recueils consacrés à la loterie.

Une femme s'étant avisée de rêver dix numéros, les écrivit sur dix petits morceaux de papier, mit chacune de ces étiquettes au bout d'un bâtonnet et les plaça au-dessus de haricots plantés à distance égale dans les plates-bandes de son modeste jardin. « Je prendrai, se dit-elle, les numéros des cinq premiers haricots que j'aurai vu germer, et je les mettrai à la loterie. » Cinq haricots sortent. Elle transcrit les numéros et donne à son fils dix francs, son unique avoir, en lui disant : « Va tout de suite me prendre ce *quine* au bureau voisin. » Le fils, au lieu d'obéir aux ordres qu'on lui avait donnés, dissipe la somme, revient, et affirme qu'il s'est acquitté de sa commission. Il est impossible de décrire la douleur qui s'empara de cette pauvre femme quand elle apprit la vérité. Elle devint folle, et quelques années s'étaient à peine écoulées que son fils se brûlait la cervelle.

Au dernier tirage de la loterie de quatre-vingt-treize, il se passa un fait dont la bizarrerie mérite d'être citée. Un jeune sergent d'artillerie prit les numéros *neuf*, *dix-huit* et *trente et un*. Il gagna, et ceci n'offre rien d'extraordinaire; mais voici le côté remarquable de l'aventure : condamné à mort par le tribunal révolutionnaire, il dut la vie au *neuf* thermidor, dans ce jour mémorable où une foule de prisonniers sortaient de leurs cachots et recouvraient en même temps l'espérance et la liberté. Le *dix-huit* brumaire, il partagea les dangers du général Bonaparte, qui força les députés des deux conseils de se séparer en tumulte à Saint-Cloud, et de le reconnaître ensuite pour l'arbitre de la France. C'est un *trente et un* juillet qu'il fut créé maréchal de l'empire et reçut avec la couronne de duc le nom d'une des victoires qu'il avait gagnées.

Il serait facile d'allonger cette nomenclature en citant une multitude d'autres faits plus ou moins vrais, qui n'empêchent pas, cependant, que la plupart des gens qui ont eu la passion de la loterie ne se soient ruinés après des tentatives infructueuses de faire fortune.

9. LA CACOPHONIE.

Le mot *cacophonie* signifie littéralement *son désagréable :* c'est un vice d'élocution qui consiste à rassembler des mots dont le son est désagréable à l'oreille. La cacophonie se forme surtout par le retour des mêmes sons prononcés sans séparation ; en français, le retour des voix nasales, *an*, *ein*, *on*, *un*, est surtout insupportable.

On raconte que, pendant les guerres de la Fronde, un magistrat, trouvant qu'on ne tendait pas assez vite la chaîne qui devait fermer le passage d'une rue, s'écria : « Qu'attend-on donc tant? que ne la tend-on donc tôt? » C'est un des plus riches exemples de cette faute de langage.

Lhomond, parlant dans sa *Grammaire française* de la formation du subjonctif, dit qu'il se forme du participe *présent en changeant ant en* e muet. Cet exemple, où le même son nasal revient six fois sans interruption, est d'autant plus remarquable qu'il parait fort difficile d'exprimer la pensée autrement, et cela prouve qu'il y a des cas où la cacophonie doit être regardée comme un défaut de la langue, plutôt que comme un vice d'élocution; car, avant tout, il faut exprimer sa pensée : l'agrément de l'expression ne vient qu'en seconde ligne.

Nous sommes sévères, en France, sur ce genre de défaut, nous ne voulons pas des rencontres de la même voyelle, comme dans : *Il alla à Athènes*, ou : *On demanda à Aaron*, ni des mêmes syllabes entendues à la fin des mots, comme dans : *Sylla la pilla;* mais il ne faut pas pousser à l'excès cette délicatesse, sans quoi l'on énerverait son style : on se mettrait même hors d'état d'exprimer ce qu'on pense.

Ajoutons que la manière de prononcer rend les mêmes sons cacophoniques ou euphoniques. On a relevé, dans Boileau même, le son très-ridicule *traçatapata :* y a-t-il pourtant rien de plus doucement mélodieux que ces vers d'où ces syllabes sont tirées :

> Le blé, pour se donner, sans peine ouvrant la terre,
> N'attendait pas qu'un bœuf, poussé par l'aiguillon,
> *Traçât à pas tardifs* un pénible sillon. (*Lutrin.*)

Mais c'est surtout dans les règles des vers qu'on a poussé bien loin la crainte de la cacophonie; on y a absolument interdit la rencontre de deux voyelles, si bien que nous ne pouvons dire en vers : *Il y a, il y avait, il y aura,* qui sont certainement au nombre des expressions les plus douces de la langue française, et qui, mises sous la forme absolument homophone : *Ilia*, *Iliavè*, *Iliora*, nous paraîtraient des noms propres fort mélodieux. Cette dernière observation montre que ce qu'on nomme *hiatus*, c'est-à-dire la rencontre de deux voyelles, n'aurait dû être banni de la poésie que lorsqu'il aurait été vraiment cacophonique, et non pas seulement parce qu'il se trouve à la fin d'un mot et au commencement du mot suivant, deux de ces caractères par lesquels nous représentons les voix.

10. LA BOUSSOLE.

Le mot *boussole* semble venir de l'italien *bossolo,* qui signifie une boîte. On a donné ce nom par excellence à la boîte qui contient l'aiguille aimantée : il fut d'abord uniquement réservé à la boussole marine ou compas de mer ; mais depuis on l'a étendu à divers instruments en même temps que les usages de l'aiguille magnétique se sont multipliés. La boussole marine est une aiguille de déclinaison ordinaire, moins parfaite que les aiguilles destinées aux observations des physiciens, mais qui suffit aux marins pour les diriger sur la mer, lors même que la vue des étoiles leur manque. On voit par là quelle a été, dès le premier moment, l'importance de cet instrument, et quels progrès il a dû faire faire à la navigation.

Aussi toutes les nations de l'Europe s'en sont disputé l'invention. Buffon a voulu la faire remonter aux Grecs anciens; il cite Homère comme disant que les Grecs s'étaient servis de l'aimant pour diriger leur navigation lors du siége de Troie. Mais c'est un mot que Buffon avait sans doute entendu prononcer, et qu'il ne s'est pas donné la peine de vérifier ; il n'aurait rien trouvé, dans Homère, qui fasse à l'aimant la moindre allusion.

La boussole est certainement une invention des modernes, au moins dans l'Europe et dans l'Asie occidentale. Les Italiens disent qu'elle fut imaginée par Jean Gioia d'Amalfi, et que c'est en mémoire de cette découverte que cette ville porte une boussole dans ses armes. D'autres veulent que Marc-Paul, Vénitien, l'ait rapportée, vers mil deux cent soixante, de son voyage à la Chine, où elle était connue depuis longtemps. Les Anglais prétendent, de leur côté, l'avoir inventée ou perfectionnée. Il en est sans doute de cette invention comme de celle des horloges, où chacun, ayant mis un peu du sien, méconnaît volontiers les droits des autres.

Faisons connaître les titres de la France à la gloire de cette invention ou de cette importation : c'est d'abord l'accord de toutes les nations à représenter le nord, c'est-à-dire le point principal, par une fleur de lis; mais surtout la plus ancienne description d'une boussole encore dans l'enfance se trouve dans un ouvrage français. Guyot de Provins, qui vivait sous Philippe Auguste, met dans sa Bible, en parlant de l'étoile polaire, des vers dont voici le sens :

« Bien la voient (cette étoile) les marins qui se mettent en route. Ils vont et viennent par cette étoile, et tiennent leur sens et leur direction. Ils font un art qui ne peut les tromper par la vertu de cette manière. Ils ont une pierre laide et noirâtre, où le fer se joint volontiers. Ils la regardent de droit point; puis ils y frottent une aiguille qu'ils couchent sur un fétu de paille; ils la mettent ensuite sur l'eau, et le fétu la tient dessus. Puis la pointe se tourne vers l'étoile si sûrement, que personne n'en doute, et que personne ne se trompera en cela. Quand la nuit est obscure et brune, qu'on ne voit étoile ni lune, ils font allumer auprès de l'aiguille; et alors, ils ne peuvent plus s'égarer : la pointe va vers l'étoile (le nord). »

Ce témoignage précieux nous montre d'abord où en était la boussole à la fin du douzième ou au commencement du treizième siècle; il nous fait surtout voir quel moyen ingénieux on avait trouvé pour soustraire l'aiguille aimantée aux mouvements oscillatoires du vaisseau. On la faisait flotter sur l'eau, qui conserve, en effet, ou tend au moins à conserver son niveau : ce point est important, car c'est surtout par la suspension de la boîte et du support de l'aiguille que le compas de mer diffère des boussoles de déclinaison ordinaires. Il faut, en effet, que l'aiguille reste horizontale, et, par conséquent, que son support soit vertical, malgré les mouvements du vaisseau à droite et à gauche, en avant et en arrière.

On obtient ce résultat aujourd'hui sans employer de liquide, au moyen d'un double châssis ayant, selon la suspension du cadran, deux mouvements autour de deux axes perpendiculaires entre eux.

11. LE STYLE BURLESQUE.

Le style burlesque est une nuance du style gai ou plaisant : mais c'en est la plus mauvaise espèce; car c'est le plaisant sans aucun choix, et où l'auteur accumule, sans les distinguer, le bon et le mauvais, et plus souvent le mauvais que le bon.

Marmontel a donné du burlesque une autre définition : « C'est, dit-il, un genre de style où l'on travestit les choses les plus nobles et les plus sérieuses en plaisanteries bouffonnes. » Cette définition est évidemment trop restreinte, puisqu'elle ne s'applique qu'au travestissement d'un ouvrage sérieux, et qu'ainsi un ouvrage original ou roulant sur un sujet trivial ne serait jamais, selon l'auteur, écrit en style burlesque.

Ce qu'il y a de vrai, c'est que les poëtes burlesques se sont *souvent*, mais non pas *toujours*, exercés sur des sujets élevés, ou sur des ouvrages sérieux dont ils changeaient la figure. Ainsi Scarron, après avoir chanté d'*un style qu'on trouva bouffon*, comme il le dit lui-même, la guerre des géants contre les dieux, traduisit dans la même forme les huit premiers livres de l'*Énéide*, sous le titre de *Virgile travesti*. Lalli a aussi travesti l'*Énéide;* Loredan quelques chants de l'*Iliade;* un anonyme anglais l'*Iliade* entière; Richer et d'Assouci les *Métamorphoses* d'Ovide, sous le titre d'*Ovide en belle humeur*. Il parut même en 1649, et cet exemple montre à quel point cette manie fut poussée à cette époque, un livre intitulé la *Passion de Notre-Seigneur en vers burlesques*.

Cette mode est aujourd'hui bien tombée; cependant on a, dans le siècle dernier, travesti la *Henriade*, et de nos jours nous avons vu publier le *Télémaque travesti;* l'auteur avait seulement évité avec soin les expressions ordurières qu'on entasse ordinairement dans ce style; mais l'ouvrage n'en vaut pas beaucoup mieux, et il y a peu de personnes qui aient aujourd'hui le courage de lire un volume entier de plaisanteries si froides, ou tirées de si loin.

En somme, aucun ouvrage écrit en style burlesque n'a jamais eu l'approbation des hommes de goût; et l'on ne doit pas être étonné de nous voir applaudir à l'arrêt que Boileau a porté contre ce style dans son *Art poétique*.

12. COMPARAISON DES ANIMAUX ET DES VÉGÉTAUX.

Dans la foule d'objets que nous présente ce vaste globe, dans le nombre infini des différentes productions dont sa surface est couverte et peuplée, les animaux tiennent le premier rang, tant par la conformité qu'ils ont avec nous, que par la supériorité que nous leur connaissons sur les êtres végétants ou inanimés. Les animaux ont par leurs sens, par leur forme, par leur mouvement, beaucoup plus de rapports avec les choses qui les environnent que n'en ont les végétaux. Ceux-ci, par leur développement, par leur figure, par leur accroissement et par leurs différentes parties, ont aussi un plus grand nombre de rapports avec les objets extérieurs que n'en ont les minéraux ou les pierres, qui n'ont aucune sorte de vie ou de mouvement; et c'est par ce plus grand nombre de rapports que l'animal est réellement au-dessus du végétal, et le végétal au-dessus du minéral. Nous-mêmes, à ne considérer que la partie matérielle de notre être, nous ne sommes au-dessus des animaux que par quelques rapports de plus, tels que ceux que nous donnent la langue et la main, et quoique les ouvrages du

Créateur soient en eux-mêmes tous également parfaits, l'animal est, selon notre façon d'apercevoir, l'ouvrage le plus complet de la nature, et l'homme en est le chef-d'œuvre.

En effet, que de ressorts, que de forces, que de machines et de mouvements sont renfermés dans cette petite partie de matière qui compose le corps d'un animal! que de rapports, que d'harmonie, que de correspondance entre les parties! combien de combinaisons, d'arrangements, de causes, d'effets, de principes, qui tous concourent au même but, et que nous ne connaissons que par des résultats si difficiles à comprendre qu'ils n'ont cessé d'être des merveilles que par l'habitude que nous avons prise de n'y point réfléchir! (Buffon.)

13. LE CAPUT MORTUUM.

Les anciens chimistes, imbus d'idées très-fausses sur la véritable nature des éléments, dénués d'instruments précis pour leurs observations, peu habiles d'ailleurs à faire les expériences délicates, avaient cru pouvoir séparer, à l'aide du feu et de l'alambic, et déterminer toutes les substances primitives que contient la nature. Ils notaient donc avec soin les divers degrés d'évaporation qu'ils croyaient reconnaître, et supposaient que ces degrés divers indiquaient des substances essentiellement différentes. C'est ainsi qu'ils avaient nommé *esprit* ou *mercure* la partie la plus volatile d'un corps soumis à la distillation, tel qu'est l'*esprit-de-vin*, par exemple; et quelle que fût la substance observée, quelle que fût la différence de la composition chimique, comme ils ne pouvaient la reconnaître dans sa nature intime, ils s'attachaient à cette seule circonstance de l'évaporation; l'esprit ou le mercure était pour eux ce qui se mettait en vapeur, et ils supposaient que tous les esprits étaient de même nature.

Après l'*esprit*, ils trouvaient souvent un liquide aqueux: c'était pour eux l'*eau* ou le *flegme* ; une substance oléagineuse ou inflammable : c'était l'*huile* ou le *soufre;* une substance saline, ayant un goût acide ou salé, ou affectant des formes analogues à celles du sel : c'était le *sel ;* enfin, un résidu qui ne présentait aucun des caractères précédents, et le plus souvent était une substance sèche, sans forme ni couleur déterminée : c'était pour eux la *terre;* ou plutôt, parce qu'après elle ils ne pouvaient plus rien tirer de leurs opérations, ils lui avaient donné ces noms tout à fait expressifs de *terre damnée* (*terra damnata*), *tête morte* (*caput mortuum*).

Ainsi le *caput mortuum* ne serait pour nous que le résidu d'une évaporation poussée aussi loin qu'il est possible; pour les anciens chimistes, c'était un *élément;* mais en fait on ne le prend aujourd'hui ni dans l'un ni dans l'autre de ces sens. *Caput mortuum* ne s'emploie guère que dans le style de la conversation, pour indiquer un résidu dont il est impossible de tirer parti.

14. LES NAINS ET LES GÉANTS.

On ne doit pas croire à l'existence des races et des peuplades entières de pygmées ou de nains et de géants. Ces espèces si opposées dans la race humaine sont également des écarts de la nature. L'esprit, chez les uns et les autres, est ordinairement borné : leur faiblesse physique est égale à leur imbécillité; cette faiblesse est évidente chez les nains, dans lesquels toutes les facultés semblent décroître dans la même proportion que la taille, mais sans jamais s'anéantir. Les géants participent des nains en ce qu'ils sont comme eux dépourvus du libre exercice de leurs facultés ou n'en possèdent qu'une partie. Il ne faut pas que la taille des géants nous impose : les géants, bien loin d'être en état d'escalader les cieux et d'entasser Ossa sur Pélion, sont presque toujours d'une lâcheté extraordinaire. Ils se plaignent souvent de ce qu'on fait à leur égard, loin de vouloir s'en venger par la force, et ils ne sont guère plus à craindre que les nains. Gui Patin rapporte qu'à Vienne, Leurs Majestés Impériales ont eu en même temps des nains et des géants ; que, quelquefois les nains se moquaient des géants et les insultaient. On avertit un jour l'empereur qu'un de ses nains avait combattu avec avantage un géant ; l'empereur voulut être et fut, en effet témoin de ce singulier combat; ce qui fit dire à quelqu'un que les grands hommes ne se mesurent pas à la taille. Une taille excessivement grande ne sert de rien à ceux qui la possèdent : c'est même un désordre dans l'organisation, et ce vice a à peu près les mêmes suites que le défaut opposé. En supposant que le prototype de la taille humaine, à l'âge de la maturité, soit de cinq pieds et demi, celle du plus petit nain de deux pieds huit pouces, et celle du plus grand géant de huit pieds et demi, il résulte que deux ou trois pieds soit au-dessus, soit au-dessous de la taille ordinaire, paraissent être les bornes que la nature ne franchit jamais. Il est sûr que les hommes, dans les deux extrêmes, seront également disproportionnés, et que rien ne pourra suppléer au défaut de proportions qu'on remarque en eux. Enfin, les observations faites sur les hommes d'une grandeur et d'une petitesse extraordinaires, prouvent que ces êtres sont également imparfaits et contraires au plan primitif et en quelque sorte aux vues de la nature. Quant aux nations entières de pareils hommes, on peut assurer que s'il est réellement des peuples entiers qui diffèrent par la taille, les voyageurs qui ont soutenu que cette différence était considérable nous en ont imposé.

15. LES POËTES BUCOLIQUES FRANÇAIS.

La poésie bucolique ou pastorale comprend les idylles, les églogues, les pastorales, et en général tous les poëmes qui se rattachent de près ou de loin aux idées champêtres. La plupart du temps on y fait agir ou converser des bergers ; mais Théocrite y a introduit des pêcheurs ; il y a mis une scène d'enchantement que Virgile a imitée ; celui-ci même n'a pas craint, dans sa quatrième églogue, d'annoncer le retour de l'âge d'or, d'introduire les dieux et les héros, et probablement quelques membres de la famille impériale. Ainsi c'est le ton, le caractère de la poésie, plutôt que la qualité absolue des personnes, qui déterminent le genre de ces poëmes.

La France a produit plusieurs poëtes bucoliques. Si parmi eux on n'en trouve pas qui s'élèvent aussi haut que les anciens, que Théocrite et Virgile surtout, il ne faut pourtant pas les mépriser, ni les croire tout à fait dépourvus de mérite.

Honorat de Bueil, marquis de Racan, disciple de Malherbe, mort en 1670, releva en France la gloire de la pastorale. Il avait un génie aisé et fecond, un caractère doux et simple ; il sentait l'harmonie poétique et trouvait facilement cette douceur dans les mots et le style qui conviennent aux images champêtres.

Ségrais, né en 1624, est, selon Fontenelle, le meilleur modèle que nous ayons de la poésie bucolique ; Fontenelle est en cela d'accord avec Boileau, qui a dit ;

Que Ségrais dans l'églogue enchante les forêts,

Ce poëte a, en effet, une grande douceur de style, un heureux choix de mots, une grande fécondité de pensées et de tournures champêtres ; mais il s'élève peu, et n'a pas beaucoup de variété dans ses compositions.

La Fontaine a fait quelques églogues ; mais elles ne l'ont pas rendu célèbre, si l'on excepte toutefois son élégie sur la disgrâce de Fouquet, qui se rapporte à la poésie pastorale par le sujet même, puisque le poëte s'adresse aux nymphes de Vaux, et les invite à porter leurs prières aux pieds de Louis XIV, et à ne pas oublier leur bienfaiteur.

Mme Deshoulières, née en 1633, a fait plusieurs idylles : les *Moutons*, les *Oiseaux*, le *Ruisseau*, etc. Elle se distingue par une grande douceur d'idées et de style ; mais l'action et la pensée manquent presque toujours; la pièce se réduit alors à des lieux communs de morale ou de sentiment dont le lecteur se lasse promptement. On ne se rappelle guère parmi les idylles de Mme Deshoulières que celle qu'elle a faite pour recommander ses filles à Louis XIV après la mort de son mari, et qui commence par ces mots :

> Dans ces prés fleuris
> Qu'arrose la Seine,
> Cherchez qui vous mène,
> Mes chères brebis.

Là, en effet, le fond est aussi vrai que la forme est agréable et originale. Il est fâcheux que Mme Deshoulières n'ait pas été plus souvent aussi bien inspirée.

Fontenelle, né en 1657, publia en 1688 des poésies pastorales, avec un discours sur l'églogue, et une digression sur les anciens et les modernes. On lui a reproché d'avoir fait de ses bergers des courtisans occupés à dire de très-jolies choses, plutôt qu'à exprimer les pensées qu'ils devraient avoir dans leur état. C'est à cette absence de naturel et peut-être aussi au peu d'intérêt du genre lui-même, que les églogues de Fontenelle doivent d'être tombées dans un profond oubli.

Lamotte-Houdart, né en 1672, élève et ami de Fontenelle, a fait aussi des églogues aussi peu naturelles, aussi mal versifiées que celles de son maître, et qui n'ont pas eu plus de succès.

Berquin, né en 1749 ; Florian, né en 1755 ; Léonard, né en 1744, ont fait aussi beaucoup de poésies pastorales ; ce dernier surtout s'est fait un nom dans ce genre. Ses idylles ont de la douceur, de la sensibilité; elles expriment d'ailleurs les sentiments moraux les plus purs et les plus louables, et peuvent, sous ce rapport, justifier l'opinion de ceux qui ont voulu voir en lui le plus excellent de nos bucoliques; mais, d'un autre côté, il a peu de force, très-peu d'originalité; sous ce point de vue, il est loin d'être un poëte du premier ordre. On lui préfère à juste titre Ségrais et Racan.

En résumé, on voit que la poésie bucolique est loin d'avoir été négligée chez nous; mais il est vrai que nous ne nous y sommes pas élevés aussi haut que dans d'autres genres, soit que les idées qu'on y exprime, les mœurs qu'on y peint, soient trop éloignées de notre civilisation actuelle; soit que le genre par lui-même ne soit pas susceptible de bien grands développements, et que la poésie nous y semble toujours au-dessous de ce que nous exigeons partout ailleurs.

16. DE L'ACCROISSEMENT DE LA PRODUCTION DE L'OR.

Au commencement de ce siècle, l'Europe, l'Amérique, et toutes les portions de l'Afrique et de l'Asie avec lesquelles notre Occident avait des rapports réguliers, ne produisaient pas vraisemblablement au delà d'un poids de vingt-quatre mille kilogrammes d'or; quelque chose qui, en volume, n'était qu'un peu plus d'un mètre cube. C'était la matière d'environ quatre millions de nos pièces de vingt francs; cela eût fait quatre-vingt-un ou quatre-vingt-deux millions de francs. L'Amérique et l'Europe, avec ses dépendances continentales, telles que la Sibérie, qui sont les régions dont la production était le mieux connue, donnaient environ seize mille kilogrammes, faisant cinquante-quatre millions de notre monnaie. L'Amérique seule rendait quatorze mille kilogrammes ou quarante-huit millions. C'est par la Sibérie que le changement a commencé. La production des anciens pays aurifères de l'Europe et de l'Amérique est à peu près aujourd'hui ce qu'elle était il y a cinquante ans, mais la Sibérie, dans laquelle nous comprenons ici la chaîne de l'Oural, se mit à donner un produit inusité vers mil huit cent trente.

Peu à peu elle est montée à une production de trente mille kilogrammes ou de cent millions de francs, c'est-à-dire plus que toute la civilisation au commencement du siècle. Ensuite est apparue la Californie. Celle-ci, où la découverte de l'or ne remonte qu'à mil huit cent quarante-huit, mais qui est alors tombée au pouvoir d'un peuple d'une activité dévorante, surpasse déjà les merveilles de la Sibérie. On estime que, dans la seule campagne de mil huit cent cinquante et un, l'extraction du précieux métal a atteint, en Californie, cent mille kilogrammes ou trois cent quarante-quatre millions de notre monnaie. C'est la trentième partie de tout l'or que l'Amérique entière avait fourni en trois siècles et demi, depuis le premier voyage de Christophe Colomb, en mil quatre cent quatre-vingt-douze, jusqu'en mil huit cent quarante-huit. A aucune époque l'Amérique n'a rendu un trésor de cette grandeur, en réunissant à l'or l'argent, qui y est beaucoup plus abondant.

Comme si ce n'était pas assez, on annonce la découverte, en Australie, de gisements d'une grande richesse. On parle de quelques autres localités en Amérique, où l'or se présenterait aussi d'une manière particulièrement favorable. On a tout lieu de croire aussi que la production des archipels asiatiques s'est fortement accrue; de sorte que, en somme, la production de l'or en mil huit cent cinquante et un serait de cent soixante-dix mille kilogrammes environ, au lieu des vingt-quatre mille qu'on obtenait au commencement du siècle, c'est-à-dire sept fois plus forte. En se tenant à ce qui est avéré et incontestable, en n'ayant égard qu'à l'extraction de la Russie septentrionale et de la Californie, un fait est acquis : une révolution a éclaté dans la production de l'or.

Cette abondance de l'or doit nécessairement, dans un temps prochain, le faire baisser de valeur, par rapport à toutes les autres marchandises, y compris l'argent, tout comme baissèrent l'or et l'argent surtout il y a trois cents ans.

Le législateur français a supposé, en l'an onze, que l'or valait quinze fois et demie l'argent, qu'il y avait une équivalence absolue entre un kilogramme d'or et quinze kilogrammes et demi d'argent, et notre système monétaire est fondé sur cette hypothèse. L'hypothèse était juste en l'an onze, et elle est restée à peu près vraie pendant un demi-siècle, car la valeur de l'or pendant cet intervalle n'a jamais été de plus de seize fois l'argent, et elle s'est balancée communément entre quinze et deux tiers et quinze trois quarts. Pour des combinaisons de ce genre, c'est beaucoup de demeurer à peu près juste un demi-siècle durant. Mais à partir d'aujourd'hui, l'hypothèse va devenir inexacte. Il faut s'y attendre, et c'est pour les pouvoirs publics un devoir de s'y préparer et d'aviser.

La commission nommée, il y a deux ans, pour examiner cette question de l'accroissement de la production de l'or et de ses conséquences, déclara, mal informée qu'elle était, que la chance de baisse lui paraissait nulle. Elle se trompa.

Mais il y a deux ans, l'erreur était excusable; les faits alors ne parlaient pas, à beaucoup près, aussi haut que présentement. Il faut se dire, et c'est l'autorité surtout qui doit se tenir à elle-même ce langage, que l'or, qui vaut encore aujourd'hui quinze fois et demie l'argent, ne vaudra plus quelque jour que quatorze, comme sous Henri IV et Louis XIII; ou que douze, comme sous François Ier et pendant la majeure partie des temps antiques; ou que dix, comme en Europe sous Charlemagne, ou comme en Grèce, après la dissipation des trésors de Darius par Alexandre; ou que neuf, comme à Rome après le pillage du trésor public par Jules César. Il est impossible de deviner jusqu'où ira la baisse. Nous ne croyons cependant pas qu'elle soit comparable à celle qui se manifesta sur l'argent au seizième siècle. On sait que la valeur de l'argent, par rapport au blé, baissa alors des deux tiers, c'est-à-dire que l'hectolitre de blé, qui, auparavant, s'obtenait en moyenne pour quinze grammes d'argent (qui feraient trois francs trente-trois centimes), en valut bientôt quarante-cinq (soit dix francs).

17. INSTINCT DES ANIMAUX.

La Providence ne s'est pas contentée de donner des armes aux animaux, pour les défendre contre les dangers, contre les embûches qui les menacent; elle s'est plu aussi à assurer leur conservation par le sentiment le plus doux et le plus touchant de la nature : l'amour maternel. Quelle que soit la cruauté de l'aigle et du vautour, tout impitoyables qu'ils se montrent pour les victimes qui se sont laissé étreindre dans leurs serres redoutables, ils sont attachés à leurs petits, ils veillent sur les nids qui les ont vus naître, comme la fauvette et le loriot; et les insectes, même les plus invisibles, ont été animés d'une vive tendresse pour leurs larves insensibles, qui font leurs plus chères délices, ainsi que la jeune famille de l'éléphant est l'objet de ses soins les plus attentifs et les plus empressés. Quelles que soient les peines qu'il lui en coûte, on l'a toujours vu braver tous les dangers pour conserver sa progéniture; et quelle que soit la quantité des ennemis qui l'environnent, il n'en suce pas moins son lait avec sa trompe pour le conduire dans la bouche de son petit. Le sentiment maternel donne de la force et du courage aux animaux à qui la nature semble en avoir le plus refusé. C'est ainsi qu'on a vu la poule attendre hardiment les oiseaux de proie qui s'étaient précipités sur ses poussins, et la biche craintive frapper avec fureur les ennemis qui s'étaient approchés du taillis où ils l'avaient aperçue déposer ses petits. Il est quelques animaux qui semblent avoir reçu une tout autre organisation que celle de la plupart des quadrupèdes : telles sont les sarigues, qui ont sous le ventre une poche membraneuse où se réfugie leur famille; et, chargées de ce précieux fardeau, sans jamais plier sous le faix, elles fuient au fond des forêts. Les écureuils placent leurs nids dans des grottes dont les parois sont chaudement tapissées de mousse. Les femelles des singes portent leurs petits dans leurs bras, les caressent, les embrassent, jouent avec eux, et les corrigent même, si elles ont à se plaindre de quelques marques de mécontentement qu'elles en ont reçues. Enfin, les loriots s'élancent contre ceux qui enlèvent leurs nichées; et l'on a vu des mères qui, prises avec le nid, n'en ont pas moins continué de couver en cage et se sont laissées mourir sur leurs œufs. Tant de soins que les animaux donnent à leurs petits, tant de tendresse et de peines, sans qu'il en soit résulté pour eux aucune récompense, le dévouement sublime de toutes ces mères que n'arrêtent ni la crainte ni le danger, leurs sollicitudes si vives et si constantes, annoncent la volonté d'un Dieu qui voulait que la loi qu'il a créée pour faire le bonheur de tous les êtres, servît à les conserver.

18. LES BESICLES.

Les *besicles* sont des lunettes à branches qui s'attachent à la tête et reposent ordinairement sur le nez. La partie utile des besicles consiste dans les deux verres qui sont mis devant les yeux, et qui font voir distinctement les objets placés à une distance commode.

Pour la plupart des hommes, les objets sont vus distinctement à un certain éloignement renfermé entre des limites assez rapprochées; c'est là ce qu'on appelle la place ou la distance de la vision distincte. Quand nous lisons, par exemple, nous mettons le livre à vingt-cinq ou trente centimètres de l'œil; quand nous écrivons, nous penchons la tête à peu près jusqu'à cette distance du pupitre. Ce sont les bonnes vues qui se placent ainsi. Mais il y a des hommes qui ne voient pas distinctement à cette distance; les uns sont obligés de regarder de beaucoup plus près : ce sont les *myopes ;* les autres ne voient bien que ce qui est sensiblement plus éloigné : ce sont les *presbytes.* On les nomme ainsi d'un mot grec qui signifie *vieillard*, parce que, en effet, les vieillards sont fort sujets à ce défaut de la vue; aussi ceux d'entre eux qui lisent sans lunettes tiennent-ils souvent leur livre à bras tendu, ce qui leur permet de doubler, de tripler même la distance ordinaire de la vision distincte.

Ces deux défauts viennent de la convexité excessive ou insuffisante de la partie de l'œil qu'on appelle *cristallin.* Pour que la vision soit nette, il faut que les rayons lumineux concentrés par le cristallin viennent former sur la rétine, c'est-à-dire sur le fond de l'œil, l'image de l'objet regardé; une expérience que tout le monde a faite expliquera suffisamment ici cet effet.

Quand on reçoit sur un papier, sur du bois, sur une étoffe, les rayons du soleil concentrés au moyen d'un verre ardent, on sait qu'il y a un certain point où il se forme un rond très-lumineux, et tellement brûlant que le bois ou les étoffes fument à l'instant et s'y consument : ce rond lumineux n'est autre chose que l'image du soleil; il se forme toujours à la même distance du même verre. Que le papier soit placé en deçà ou au delà, au même instant le rond lumineux perd sa netteté; il n'est plus l'image du soleil comme il l'était tout à l'heure.

Il est bien vrai qu'un verre plus bombé formera cette image plus près de lui; moins bombé, il la formera plus loin; mais pour un verre donné, la distance où se forme l'image nette du soleil est invariablement déterminée.

Maintenant le cristallin fait, à l'égard des objets que nous regardons, le même effet précisément que le verre ardent à l'égard du soleil; il forme leurs images à une certaine distance dépendante de sa convexité et de leur éloignement. Si la rétine qui doit recevoir cette image est juste à la distance convenable, la vision est distincte; si, au contraire, l'image se forme devant la rétine ou doit se former derrière elle, la vision est confuse : les yeux myopes forment cette image en avant de la rétine; les yeux presbytes la forment plus loin qu'elle.

Le remède à ces deux vices de la vue est maintenant facile à imaginer; l'image formée trop tôt, c'est-à-dire avant la rétine, l'est évidemment parce que la convergence des rayons est trop forte : on diminue cette convergence en plaçant devant l'œil un verre divergent, ou rapetissant, comme disent les personnes étrangères à la physique; l'image formée trop tard, c'est-à-dire plus loin que la rétine, l'est ainsi, au contraire, parce que le pouvoir convergent du cristallin n'est pas assez fort : on augmente cette convergence en plaçant devant l'œil un verre convergent ou grossissant. Dans l'un et l'autre cas, l'emploi du verre placé devant l'œil a pour objet de corriger l'excès ou le défaut de convergence des rayons luminenx, et de faire en sorte que l'image arrive précisément sur la rétine.

Ajoutez à cela que la plus ou moins grande convexité des verres et de leur concavité est déterminée selon certains numéros d'ordre; que chacun essaye, avant de les prendre, les verres qu'il doit employer; qu'ainsi chacun sait par l'usage quel est le numéro qui lui est nécessaire; et voilà sur le sujet qui nous occupe tout ce qu'il était essentiel de dire. Les besicles, en effet, ne sont pas autre chose que deux verres divergents ou convergents du même numére, disposés sur un support fort léger, et placés de manière à rester toujours à la même distance des yeux, en suivant tous les mouvements de la tête.

Les personnes qui ne veulent pas porter de besicles sur le nez tiennent souvent à la main un seul verre, ou deux verres soutenus par deux branches formant un angle, et pouvant s'écarter l'une de l'autre à l'aide d'une charnière ou d'une vis : ces instruments, qu'on suspend par une chaîne ou un ruban autour du cou, s'appellent souvent des *lorgnons;* la théorie en est exactement la même que celle des besicles; toute la différence consiste en ce qu'on les tient à la main.

19. LES ŒSTRES DU CHEVAL ET DU MOUTON.

Les naturalistes donnent le nom d'*œstre* (du latin *œstrus*) au taon, mouche dont la piqûre rend les bestiaux furieux. Les *œstres* ont le poids d'une grosse mouche. Comme ils déposent leurs œufs sur le corps de plusieurs quadrupèdes herbivores, c'est dans les étables, les bois et les pâturages fréquentés par ces animaux qu'il faut les chercher. Chaque espèce d'*œstre* est ordinairement parasite d'une même espèce de mammifères, et choisit, pour placer ses œufs, la partie la plus convenable aux *larves* ou vers qui en proviennent. Ces larves vivent et se développent soit dans des tumeurs formées sur la peau, soit dans quelque cavité des os du crâne ou de la face; soit enfin dans l'estomac de l'animal. Les œufs sont introduits par la mère sous la peau, à l'aide d'une tarière écailleuse composée de quatre tuyaux rentrant l'un dans l'autre, armée, à son extrémité libre, de trois crochets et de deux autres pièces. Une fois écloses, les larves se nourrissent des produits de l'inflammation que détermine leur présence. D'autres espèces déposent leurs œufs glutineux à l'extérieur, sur les parties de la peau accessibles à la langue de l'animal, afin qu'en se léchant, il les amène dans sa bouche, les avale et les transporte de la sorte dans le lieu le plus convenable à leur organisation.

Ainsi, l'œstre du cheval, se balançant continuellement dans l'air, pose de temps en temps, et presque sans s'arrêter, ses œufs, un à un, en dedans des jambes ou sur les côtés des épaules de cet animal. Les larves, issues de ces œufs s'arrêtent ordinairement dans l'estomac, s'y fixent en nombre plus ou moins considérable, suspendues quelquefois par grappes, et vivent des humeurs sécrétées par la membrane muqueuse ou peau interne.

Quand elles sont parvenues au terme de leur accroissement, elles se changent en *chrysalides* ou *nymphes;* alors elles se détachent, sont entraînées avec les matières alimentaires dans le canal intestinal, et finissent par sortir mêlées aux déjections excrémentitielles. Une fois arrivées au contact de l'air, elles subissent leur dernière métamorphose et revêtent la forme de *mouches*.

Il est d'autres *œstres* qui placent leurs œufs à l'entrée des cavités naturelles par où la larve doit pénétrer. On peut citer le mouton pour exemple : c'est le bord interne de ses narines qui reçoit les œufs de son œstre.

Les larves nées de ces œufs, vivent dans les cavités appelées *sinus*, dont sont creusés les os du front et de la mâchoire supérieure. Elles peuvent y entrer ou en sortir par suite d'une disposition anatomique exceptionnelle.

Chez tous les animaux, les cavités nasales communiquent, comme on le sait, avec les cavités indiquées plus haut par une ou plusieurs ouvertures généralement très-petites : chez le cheval, par exemple, ces ouvertures consistent en fentes tellement étroites, que les bords sont presque en contact ; elles offrent un peu plus de largeur chez le bœuf. Il en est tout autrement de l'espèce ovine, où l'ouverture de communication des sinus et de la cavité du nez est régulière, arrondie et d'un diamètre assez grand pour livrer passage à une larve plus grosse que celle qui habite l'estomac du cheval. Cette circonstance, indifférente en apparence, explique la relation de l'espèce d'œstre particulière au mouton avec cet animal ; elle prouve la sûreté de l'instinct dont est doué ce petit être en s'attaquant exclusivement aux bêtes ovines, qui seules sont organisées de manière à pourvoir au développement de sa progéniture.

20. LE TÉLÉGRAPHE ÉLECTRIQUE.

En arrivant à la station du chemin de fer, j'appris que mes bagages n'étaient pas arrivés avec moi. Je m'adressai aussitôt au chef de la station, qui donna l'ordre qu'on demandât des renseignements à Londres au moyen du télégraphe électrique, et je me dirigeai vers le bureau, afin de connaître plus tôt la réponse qui serait faite. L'employé avec qui j'engageai la conversation par la petite ouverture qui sert à donner et à recevoir les communications, était un tout jeune homme ; il y avait dans ses manières quelque chose de cordial qui prédisposait en sa faveur ; il finit par m'inviter à entrer dans son bureau, où je vis un grand feu de charbon de terre brûlant dans une grille, une table d'acajou et le cadran du télégraphe. « Vous ne sauriez croire, me dit-il, combien la mission qu'on m'a donnée à remplir est propre à apprendre la concision, et comment on arrive par l'habitude à exprimer ce qu'on veut dire en aussi peu de paroles que possible, et cependant avec une clarté parfaite. Les petites notes que j'ai eues quelquefois à rédiger me semblent toujours trop pleines de redondances involontaires ; nous saisissons dans ce qu'on nous demande les traits les plus saillants ; nous donnons les signes indispensables, quelque ridicules que soient les détails qui nous sont communiqués. Par exemple, il n'est pas de chose pour laquelle on mette plus souvent le télégraphe en réquisition que pour les chiens qu'ont perdus les dames. » A ce moment, l'employé se retourna vers le cadran du télégraphe, et quelques secondes s'étaient à peine écoulées qu'il se mit à parcourir le livre dont il retournait les feuillets. « Est-ce quelqu'un qui vous parle? lui demandai-je. —Ce n'est pas à moi que l'on s'adresse, c'est à une station voisine.—Et comment le savez-vous? Pourquoi vos yeux se sont-ils levés sur le cadran?— C'est à cause des fils électriques que j'ai entendus résonner. —Voilà qui est bien étrange, lui fis-je observer; mon ouïe est extrêmement fine, et je n'ai rien entendu. —Affaire d'habitude. Mes oreilles se sont tellement accoutumées au moindre son, que le plus léger clic-clic attire aussi sûrement mon attention que le ferait une cloche. » En parlant ainsi, il toucha un fil, et aussitôt un marteau frappa sur une cloche qui rendit un son faible d'abord, mais pénétrant et prolongé. J'entendis alors une espèce de pétillement, comme il s'en produit quand des étincelles se sont dégagées d'une machine électrique dont on approche la jointure des doigts. Cela se répéta; et, en y regardant, je vis les aiguilles du cadran s'agiter en avant et en arrière. Après les avoir examinées un moment, l'employé se leva et s'approcha de la machine pour faire la réponse que je lui avais demandée.

21. UN PIÉGE A RATS.

Dans la liste des nouveaux brevets accordés, aux États-Unis, pour des inventions ingénieuses, nous en voyons figurer un accordé à M. Stéphen de Maryland, qui a trouvé moyen de faire servir la science de l'optique à la construction d'un nouveau piége pour attraper les rats. Dans le piége en question se trouve un miroir arrangé de telle façon que le rat qui vient regarder l'appât voit son image réfléchie dans ce miroir, de manière à croire qu'un autre rat va lui enlever le morceau avant qu'il ait le temps de le saisir, et est poussé, pour ainsi dire, à y mordre avec voracité. Lorsque le premier rat se trouve pris, son image est réfléchie de telle sorte par le miroir, que le rat qui survient croit voir deux de ses confrères occupés à se disputer l'appât. Cherchant alors à le leur enlever, il se détourne sur une planchette qui cède à son poids et le précipite dans une boîte qui se trouve à l'intérieur du piége.

22. LE RENNE.

La Laponie ne nourrit point d'autres animaux domestiques que les rennes ; mais on trouve dans ces bêtes seules autant de commodités qu'on en rencontre dans toutes celles que nous avons chez nous. Les Lapons ne jettent rien de cet animal ; ils emploient la peau, la chair, la moelle, les os, le sang, les nerfs même, et ils mettent tout en usage. La peau leur sert pour se garantir des injures de l'air, car ils vont souvent nu-tête et jambes nues, malgré les froids rigoureux. La chair de cet animal est pleine de suc, grasse, extrêmement nourrissante ; et les Lapons ne mangent point d'autre viande que celle de renne. Les os leur sont d'une utilité merveilleuse pour faire des arbalètes, des arcs, des cuillers, et pour armer leurs flèches. La langue et la moelle des os sont très-délicates, et les jeunes gens les portent à leurs fiancées comme les mets les plus exquis, et les accompagnent ordinairement de chair d'ours et de castor. Les Lapons n'ont point d'autres fils que ceux qu'ils tirent des nerfs ; ils se servent des plus fins pour faire leurs habits et emploient les plus gros pour coudre ensemble les planches de leurs barques. Le lait de renne est le seul breuvage qu'ils aient ; et, parce qu'il est extrêmement gras et tout à fait épais, ils sont obligés d'y mêler presque mi-partie d'eau. Ils ne tirent de ce lait qu'un demi-setier par jour des meilleurs rennes, et font aussi des fromages très-nourrissants. La plus grande commodité qu'on retire des rennes, c'est pour voyager et pour porter des fardeaux. Nous avions tant de fois entendu parler avec étonnement de la manière dont les Lapons se servent de ces animaux pour marcher, que nous voulûmes dans ce moment satisfaire notre curiosité et voir ce que c'est qu'un renne attelé à un traîneau. Cette manière de voyager nous fut très-agréable, et nous parcourûmes en deux heures et demie un chemin considérable. Il était environ midi et demi quand nous nous mîmes en route, et le renne qui nous conduisait était vif et vigoureux. On dit qu'un renne peut changer, en un jour, trois fois d'horizon, c'est-à-dire joindre trois fois le signe qu'on lui aura découvert le plus éloigné. Les Lapons prétendent qu'on peut faire vingt milles de Suède, ou cinquante lieues, en ne comptant que deux lieues et demie de France pour un mille de Suède. J'ai pu conclure par ma propre expérience qu'un de ces animaux, quand il est vif et vigoureux, peut faire par heure à peu près six lieues de France, et encore faut-il pour cela que la neige soit fort unie et fort glacée.

23. LE CADRAN SOLAIRE.

Le *cadran solaire*, ou *gnomon*, est un instrument pour reconnaître l'heure par le moyen de l'ombre que donne le soleil.

Les historiens anciens s'accordent à nommer les Babyloniens comme les premiers peuples qui aient fait usage des cadrans solaires; il paraît, en effet, fort vraisemblable que les hommes voués aux études astronomiques se soient de bonne heure avisés d'une application si utile à la fois et si naturelle.

Les cadrans, du reste, sont fort anciens, puisque l'Écriture, selon le sentiment le plus généralement reçu, nous apprend que dès le temps d'Achaz, roi de Juda, cinq ans avant l'ère de Nabonassar, environ quatre cents ans avant Alexandre, ou sept cent cinquante ans avant Jésus-Christ, il y en avait un à Jérusalem : il est vraisemblable que les Juifs tenaient des Babyloniens la connaissance de cet instrument.

Nous ne pouvons pas retracer ici l'histoire détaillée des cadrans solaires, ou plutôt ce que les anciens nous en rapportent, et qui est souvent fort vague, quelquefois contradictoire. Disons seulement qu'Anaximène, disciple d'Anaximandre, passe pour avoir perfectionné la construction des cadrans solaires, et quelquefois pour les avoir inventés. Eudoxe de Gnide en fit faire un, beaucoup plus tard, où les lignes horaires et les arcs des signes s'entrecoupaient comme les fils d'une toile d'araignée; Aristarque de Samos en construisit un dans la concavité d'un hémisphère; il lui donna, à cause de cette disposition, le nom de *skaphè*, mot grec qui signifie *creux*, *bassin*, *bateau*. Apollonius de Perge en imagina une autre sorte qu'il appela *pharetra*, c'est-à-dire *carquois*.

Les cadrans ne furent connus des Romains que fort tard : avant l'an quatre cent de Rome, si l'on en croit Pline, ce peuple ne déterminait le temps que par le lever et le coucher du soleil; il crut avoir fait un progrès considérable quand on joignit à ces déterminations l'heure de midi : un crieur public se tenait en sentinelle auprès du sénat, et dès qu'il apercevait le soleil entre la tribune aux harangues et le lieu appelé la *sta-*

tion des Grecs, où s'arrêtaient les ambassadeurs qu'on envoyait au sénat, il criait à haute voix qu'il était midi.

Ce ne fut que vers l'an quatre cent dix-sept que l'on vit à Rome un cadran solaire construit par Papirius Cursor; mais ce cadran était faux, comme le seront toujours les cadrans construits par ceux qui ne connaissent pas la théorie de ces instruments.

Trente ans après, le consul Valerius Messala apporta de Sicile un cadran qu'il éleva sur un pilier près de la tribune aux harangues. C'était là que s'allaient promener les gens qui avaient du loisir; mais, comme ce cadran n'était pas fait pour la latitude de Rome, il ne pouvait pas marquer l'heure véritable. On s'en servit néanmoins pendant quatre-vingt-dix-neuf ans, jusqu'à ce que le censeur L. Philippus en fît construire un plus exact.

Chez les peuples modernes, les cadrans solaires sont on ne peut plus communs; la théorie en est parfaitement connue, et s'ils ne sont pas aussi estimés que chez les anciens, c'est qu'on a d'autres moyens bien plus exacts et plus précieux de mesurer le temps.

24. LES VOYAGES.

Les voyages sont l'école du monde; ils nous identifient, pour ainsi dire, avec les mœurs et les coutumes des nations, les formes de leurs gouvernements, les richesses de leur territoire, le développement de leur industrie, de leur commerce et de leurs arts. Plus les hommes s'éloignent des choses qui les ont vus naître avec le désir de s'éclairer, plus ils augmentent le peu d'instruction qu'ils avaient reçu. A mesure qu'on avance, qu'on étudie et qu'on observe, soit en changeant soi-même de lieu, soit en lisant dans sa retraite les relations que nous ont laissées les voyageurs, on perd un préjugé, on agrandit son intelligence, on alimente sa curiosité par les objets toujours nouveaux qui se sont succédé à nos regards, et l'on se sent chaque jour plus disposé à l'indulgence, à la justice et à l'humanité. C'est aux voyages que l'on a dû la fin d'un grand nombre d'erreurs qui s'étaient répandues et l'éclaircissement de bien des vérités utiles qui se sont manifestées publiquement. Les voyages nous ont positivement confirmé la rondeur de la terre, ainsi que déjà la science nous l'avait démontrée; ils ont jeté de vives lumières.

extirpé des pratiques barbares, émancipé des peuplades sauvages; aboli en cent lieux le trafic des esclaves et l'anthropophagie des farouches insulaires; ils ont établi des rapports commerciaux entre les habitants des régions les plus lointaines. Ainsi les perles de l'Inde, le café d'Arabie, le thé chinois, la cochenille d'Amérique, se sont acclimatés en Europe et se sont échangés contre nos fins tissus, nos objets d'art et divers autres produits indigènes. Autrefois, les communications entre les États étaient difficiles et rares; les voyages les ont rendues faciles et fréquentes; et, grâce à l'emploi de la vapeur, les distances ont été abrégées, et les cités éloignées rendues presque voisines. En effet, aujourd'hui, les sept à huit cents lieues de Paris à Moscou sont franchies en huit jours; Berlin n'est plus guère qu'à deux journées et demie de chemin de fer de la capitale de la France, d'où le voyageur parcourra bientôt en vingt-quatre heures les deux cents lieues qui le séparent du riche port de Marseille. La traversée du Havre aux États-Unis, qui, jusqu'ici, ne s'était effectuée qu'en six semaines, se fait maintenant en moins de quinze jours. Le voyage de Londres à Canton, qui prenait environ cinq mois, a lieu en moins de trente jours; et la Californie, que l'Européen ne pouvait atteindre, en doublant le cap Horn, qu'après une pénible et longue navigation de six mois, avant peu, sans doute, par la voie de Panama et des Antilles, nous donnera de ses nouvelles en un mois. Tel est le fruit des voyages, tels sont les merveilleux rapprochements qu'il en est résulté. Les Cook, les Bougainville, les Lapeyrouse, nous ont laissé la curieuse relation de leurs nombreuses odyssées; on y lit avec intérêt quels dangers ils ont courus, que de peines, que d'efforts il leur en a coûté; et la mort a été pour la plupart de ces hommes intrépides le dernier terme de leurs héroïques aventures.

25. BOUTS-RIMÉS.

Les bouts-rimés sont des mots qui riment ensemble dans l'ordre où riment ordinairement nos vers; on les prend pour derniers mots de vers qui ne sont pas faits, et on s'amuse à compléter à la fois les vers et le sens.

On a fait autrefois un très-grand nombre de bouts-rimés, qui ont été remplis plus ou moins heureusement. L'agrément de ce jeu d'esprit consiste surtout à donner pour rimes des mots qui paraissent n'avoir aucune espèce de sens ni de rapport; c'est au poëte de trouver un remplissage qui les amène bien et les éclaircisse. En voici un exemple tiré de madame Deshoulières; c'est un sonnet adressé au duc de Saint-Aignan sur des rimes qui couraient en 1684; les mots étaient *omnibus*, *fâche*, *relâche*, *tribus*, *lâche*, *phœbus*, *quibus*, *mâche*, *item*, *tu autem*, *ire*, *amo*, *lire*, *calamo*: il est certainement impossible de trouver ni sens ni rapport dans cette suite de mots bigarrés de latin et de français. Voici ce que madame Deshoulières en a tiré:

Favori des neuf Sœurs, tu sais plaire *omnibus*[1];
Doux à qui t'est soumis, fatal à qui te *fâche*,
Tu sers Louis le Grand, sans espoir, sans *relâche*,
Et de quatre tu sais donner la mort *tribus*[2].

Tu pourrais inspirer la valeur au plus *lâche*.
Grand duc, on voit revivre en toi Gaston-*Phœbus*
Tu sais l'art d'employer noblement ton *quibus*[3].
A tes propres dépens plus d'un bel esprit *mâche*.

Le Sort, pour toi constant, t'aime et te rit; *item*
Te destine un trésor, c'est là le *tu autem*[4]
Qu'un courtisan cacha durant une grande *ire*[5].

Tu peux encore aimer et faire dire *amo*[6];
Que ton histoire un jour fera plaisir à *lire*,
Si jamais on l'écrit *fideli calamo*[7]!

La mode de ce jeu d'esprit est heureusement passée aujourd'hui; et le mot de *bouts-rimés* ne s'emploie guère qu'en mauvaise part, pour exprimer qu'il n'y a dans des vers que des rimes sans harmonie, sans talent, sans vraisemblance.

Les bouts-rimés ont pris faveur en France vers le milieu du XVIIe siècle; l'extravagance d'un poëte ridicule, nommé Dulot, donna lieu à cette invention. Un jour, comme il se plaignait, en présence de plusieurs personnes, qu'on lui avait dérobé quel-

1. Mot latin qui veut dire *à tous*.

2. Mot latin qui veut dire *à trois*. Le duc de Saint-Aignan avait été attaqué quelque temps auparavant par quatre coquins: il en avait tué trois, et mis le quatrième en fuite.

3. Expression populaire qui signifie *de l'argent*.

4. Mots latins qu'on emploie pour signifier *une raison imprévue*.

5. Vieux mot français signifiant *colère*.

6. Mot latin qui veut dire *j'aime*.

7. Ces mots latins signifient *d'une plume fidèle, véridique*.

ques papiers, et particulièrement trois cents sonnets qu'il regrettait plus que tout le reste, quelqu'un s'étonnant qu'il en eût fait un si grand nombre, il répliqua que c'étaient des *sonnets en blanc*, c'est-à-dire des bouts-rimés de tous ces sonnets qu'il avait dessein de remplir. Cela sembla plaisant; et depuis on a fait par une espèce de jeu, dans les compagnies, ce que Dulot faisait sérieusement, chacun se piquant à l'envi de remplir facilement et heureusement les rimes bizarres qu'on lui donnait. Il y eut même, en 1649, un recueil imprimé de cette sorte de sonnets.

26. LE REQUIN.

Le requin parvient jusqu'à une longueur de plus de dix mètres. Les anecdotes que nous avons entendu raconter sur lui, tous ces actes de férocité qu'on en a cités, effrayent vraiment l'imagination. Sa voracité, l'impétuosité de ses mouvements, en ont toujours fait un des poissons les plus terribles qu'il y ait jamais eu. Combien de voyageurs ont été victimes du peu de précaution qu'ils avaient pris ! et combien il s'en est trouvé qui, en se baignant tranquillement dans la mer, ont été dévorés par ce monstre sans pouvoir échapper à la rapidité de ses atteintes ! Le requin est plus dangereux que la plupart des cétacés; il inspire même plus d'effroi que les baleines, qui, moins bien armées et douées d'appétits bien différents, ne provoquent presque jamais ni l'homme, ni les grands animaux. Les requins sont répandus sur tous les climats; ils se sont emparés, pour ainsi dire, de toutes les mers, et on les a vus souvent apparaître au milieu des tempêtes. Ils sont aperçus facilement par l'éclat phosphorique dont ils brillent au milieu des ombres des nuits les plus orageuses. La gueule à demi béante, ils menacent les infortunés navigateurs exposés aux horreurs du naufrage; et malgré tous les efforts qu'on a pu faire pour leur échapper, ils viennent presque toujours à bout de la proie qu'ils ont convoitée. Il n'est pas surprenant de voir la sinistre dénomination que la voracité du requin lui a value, et qui, réveillant tant d'idées lugubres, rappelle surtout la mort dont il est le ministre. *Requin* est, en effet, une corruption de *requiem*, qui désigne depuis longtemps, en Europe, la mort et le repos éternel. Quelques naturalistes ont ajouté cette circonstance curieuse, que le requin, même après sa mort, conserve dans ses muscles une telle puissance galvanique, que quelques personnes, s'étant imprudemment empressées d'enfoncer leurs bras dans sa gueule, avaient eu leurs mains coupées. (Lacépède.)

27. LE BROUILLARD.

Par son étymologie, le brouillard est ce qui brouille la vue; aussi applique-t-on ce mot à la couche humide qui se forme sur des besicles très-froides quand on entre dans une chambre chaude. Mais, en général, le brouillard est une vapeur répandue dans l'air qui nous environne, et en assez grande quantité pour affaiblir sensiblement la vue des objets.

La cause générale des brouillards est aujourd'hui fort bien connue; il suffit de se rappeler qu'à l'air libre l'eau entre toujours en vapeur : seulement la quantité d'eau vaporisée dépend de la température; si celle-ci s'élève, la quantité de vapeur augmente; elle diminue si la température s'abaisse. Cela posé, si l'air est actuellement saturé d'humidité, c'est-à-dire s'il en contient autant qu'il en peut contenir eu égard à sa température présente, et que celle-ci vienne à diminuer, une partie de la vapeur contenue dans l'air retournera immédiatement à l'état d'eau divisée en parties extrêmement fines et suspendues dans l'air, c'est là le brouillard. Ce brouillard se forme dans des cas très-divers, dont voici quelques-uns :

1° Qu'un air échauffé et imprégné d'humidité s'élève dans l'air en vertu de sa température, il se refroidira dans les hautes régions de l'atmosphère qui sont toujours plus froides, et y abandonnera, par conséquent, une partie de son humidité : le brouillard ainsi vu de loin prendra le nom de *nuage*.

2° Les puits, les caves, les égouts fument souvent pendant l'hiver : c'est qu'il en sort un air plus chaud que l'air ambiant; en se mêlant avec lui, il se refroidit immédiatement; la vapeur qu'il contenait y est ainsi condensée; elle devient visible et forme un brouillard que nous nommons *vapeur* ou *fumée*, à cause de son peu d'étendue. Le même effet a lieu lorsque nous respirons dans un air froid : la colonne de fumée qui sort alors de la bouche ou des narines indique le refroidissement rapide de l'air expiré.

3° Un étang, une rivière frappés pendant le jour par les rayons du soleil émettaient des vapeurs qui n'étaient pas visibles alors, la température de l'air étant assez élevée pour qu'elles ne se condensassent pas; mais que l'air se refroidisse soit à la chute du jour, soit pendant la nuit, ou par le mélange d'un nouvel air plus froid, comme les eaux ne se refroidissent pas aussi promptement, elles continuent d'émettre des vapeurs qui deviennent aussitôt visibles; et l'on dit que les étangs et les rivières *fument*, en d'autres termes, qu'elles se couvrent de brouillards. La même explication convient aux plaines échauffées pendant le jour et qui se couvrent souvent pendant la nuit de vapeurs épaisses.

4° Le mélange de deux courants d'air inégalement chauds, si le plus chaud surtout est assez chargé d'humidité pour être voisin de la saturation, suffira pour déterminer la formation des vapeurs plus ou moins épaisses qu'on appellera *brouillard* ou *nuage*, selon qu'elles seront autour ou loin de nous.

5° Le contact d'un air chaud et humide avec un corps froid suffit évidemment pour produire le même effet, seulement le brouillard qui se forme alors n'ayant lieu que dans la couche d'air infiniment petite qui touche le corps froid, n'est pas perceptible à la vue; cependant il existe, et l'on s'en aperçoit bientôt; car l'eau, à mesure qu'elle se condense, se dépose sur ce corps qui a déterminé la condensation, et on aperçoit de petits globules d'eau qui ne tardent pas à se réunir et à former une rosée abondante. On produit instantanément et ostensiblement cet effet, lorsqu'on souffle pendant l'hiver sur des carreaux de vitre : il s'y forme aussitôt un brouillard qui se convertit en gouttes d'eau si l'on continue de souffler.

28. LE CHIMPANZÉ.

Les orangs-outangs, les chimpanzés, ces rois du grand peuple singe répandu sur l'ancien et sur le nouveau continent, ont eu leurs historiographes choisis parmi les plus illustres naturalistes. Les Buffon, les Cuvier, les Geoffroy Saint-Hilaire se sont plu à étudier ceux que le Jardin des plantes posséda vivants, et qui embellissent, même après leur mort, le Muséum d'histoire naturelle. Ces grands naturalistes ne se sont pas imaginé qu'ils abaissaient leur génie en racontant les faits et gestes d'animaux placés immédiatement au-dessous de l'homme, quoique bien loin de lui dans l'échelle des êtres. A l'égal de bien des héros qui se sont distingués sur la scène du monde, Jacques et Jacqueline, hôtes célèbres de la ménagerie, devront à leurs historiens l'immortalité qu'ils leur ont créée. Jacques, deuxième du nom, vient de la côte occidentale d'Afrique; un de ses prédécesseurs, parti des îles de la Sonde, arriva à Paris dans le coupé d'une diligence; j'aime à croire que notre jeune chimpanzé n'aura pas été traité moins honorablement, et qu'il aura pris, pour venir dans la capitale, un wagon de première classe. De méchantes langues se sont amusées à dire qu'à son arrivée on lui offrit pour demeure le palais des singes; mais, quelque chose qu'on en ait cru, et tout attrayante qu'est cette habitation, il paraît que ses instincts aristocratiques se sont révoltés contre cette communauté avec des gens qui, en définitive, sont d'une tout autre espèce. Quoi qu'il en soit, il loge maintenant dans un hôtel séparé, et c'est là qu'il se montre au public, de deux heures et demie à quatre, après avoir reçu auparavant quelques amis ou quelques personnages de distinction en audience particulière. Un burnous africain l'enveloppe, et quelle que soit l'opinion des géographes qui disent que le climat de Paris est tempéré, il le trouve très-froid et porte un pantalon pour se garantir contre cette atmosphère glacée. Une bague au doigt complète son costume, anneau de cuivre auquel il paraît tenir beaucoup, anneau de mariage, prétend son gardien. Sa tête est arrondie et bien faite; son angle facial a de soixante à soixante-cinq degrés, il a les yeux bruns, le nez très-camard, les lèvres allongées et les dents très-blanches. Sa figure, toute mobile et tout expressive qu'elle est, est souvent d'un calme remarquable, et même il s'y reflète un peu de mélancolie. Cet air qui donne au caractère de l'animal quelque chose de grave et de posé, est-il l'effet de la nostalgie qui le prend loin du pays natal, ou plutôt une traduction des souffrances qu'il éprouve sous un ciel meurtrier?

En effet, quelques soins attentifs qu'il puisse recevoir, il est destiné à mourir de la poitrine.

29. LES VERS BLANCS.

Dans la poésie moderne, on appelle *vers blancs* des vers non rimés. Plusieurs poëtes auglais et allemands se sont affranchis de la rime. Les Allemands ont prétendu y suppléer en composont des vers mesurés à la manière des Grecs et des Latins; les Anglais se sont contentés de leur vers rhythmique, qui est à peu près le même que celui des Italiens.

Les vers blancs sont très-peu estimés chez nous; aucun poëte de talent ne voudrait écrire dans ce genre un poëme de quelque importance. Voltaire, qui les a toujours rejetés et qui n'y voyait qu'une prose monotone et sans harmonie, en a pourtant fait quelques-uns; voici à quelle occasion : il voulait faire connaître à la France le *Jules César* de Shakspeare, et le traduisit, comme il est dans l'original, tantôt en prose, tantôt en vers blancs. Parmi ceux-ci, il y en a qui sont aussi beaux et aussi harmonieux que le genre le comporte; on peut donc juger exactement de ce qu'on en peut espérer : s'ils ne satisfont pas notre oreille, c'est que les vers blancs ne valent rien chez nous.

Que le lecteur juge donc par lui-même : voici le monologue de Brutus (acte II, sc. I), qui délibère si la mort de César importe au salut de Rome; on reconnaîtra facilement que ce n'est ni par la pensée ni par l'expression, mais par l'absence presque totale d'harmonie poétique que ces vers sont inférieurs aux vers rimés :

Il faut que César meure; oui, Rome enfin l'exige.
Je n'ai point, je l'avoue, à me plaindre de lui,
Et la cause publique est tout ce qui m'anime.
Il prétend être roi. Mais quoi! le diadème
Change-t-il, après tout, la nature de l'homme?
Oui; le brillant soleil fait naître les serpents.
Pensons-y : nous allons l'armer d'un dard funeste
Dont il peut nous piquer sitôt qu'il le voudra.
Le trône et la vertu sont rarement ensemble.
Mais quoi! je n'ai point vu que César jusqu'ici
Ait à ses passions accordé trop d'empire;
N'importe; on sait assez quelle est l'ambition :
L'échelle des grandeurs à ses yeux se présente;
Elle y monte en cachant son front aux spectateurs,
Et quand elle est au haut, alors elle se montre;
Alors jusques au ciel élevant ses regards,
D'un coup d'œil méprisant sa vanité dédaigne
Les premiers échelons qui firent sa grandeur,
C'est ce que peut César; il le faut prévenir :
Oui, c'est là son destin, c'est là son caractère;
C'est un œuf de serpent, qui, s'il était couvé,
Serait aussi méchant que tous ceux de sa race.
Il le faut dans sa coque écraser sans pitié.

Ces vers, si beaux et si pleins quant à la pensée, si nobles quant à l'expression, prouvent mieux que tout ce que nous pourrions dire que les vers blancs ne peuvent pas réussir en français ; ils justifient pleinement cette déclaration qui termine l'article que leur a consacré Marmontel, et qui vaut mieux que sa discussion : « Quelque soin qu'on y emploie, il est difficile que cette espèce de vers ait une harmonie assez marquée, assez chère à l'oreille, assez supérieure à celle de la bonne prose, pour compenser par cela seul le désagrément et la gêne d'une cadence uniforme, dont l'oreille doit se lasser lorsqu'il n'en résulte pour elle nulle autre espèce de plaisir. »

30. ASSOCIATION DES ANIMAUX.

Les hommes ne sont pas les seuls qui se soient imposé la loi de se rendre de mutuels offices en s'obligeant les uns les autres : il s'est rencontré chez les animaux plusieurs exemples d'associations semblables.

Quelques auteurs racontent que la baleine ne marche jamais qu'elle n'ait au-devant d'elle un petit poisson semblable au goujon de mer, et qui s'appelle pour cela *le guide*. La baleine le suit partout, et quand elle s'est laissé mener et tourner aussi facilement que le timon fait retourner le navire, voici la récompense qu'elle lui accorde : tandis que tout ce qui entre dans l'horrible gueule de ce monstre est aussitôt perdu et englouti, ce petit poisson s'y retire en complète sûreté et y dort tranquillement. Pendant les heures qu'il a dormi, la baleine ne bouge jamais ; mais aussitôt qu'il sort, elle se met à le suivre, et si, par hasard, elle le perd de vue, elle va errant çà et là, et souvent elle se froisse contre les rochers, comme ces vaisseaux flottants qui n'ont point de gouvernail.

Il existe une pareille société entre le petit oiseau qu'on nomme le roitelet et le crocodile. Le roitelet sert de sentinelle assurée à ce grand animal, et si l'ichneumon, son ennemi, s'approche pour le combattre, ce petit oiseau, de peur qu'il ne le surprenne endormi, va, par son chant et à coups de bec, l'éveiller et l'avertir des dangers qu'il a courus Il vit des restes de ce monstre, qui le reçoit familièrement dans sa bouche, et permet qu'il becquette dans ses mâchoires et entre ses dents, et qu'il y recueille les morceaux de chair qui y sont demeurés. Quand le monstre amphibie veut fermer la gueule, il avertit d'abord le roitelet d'en sortir, en le serrant peu à peu, sans étreindre ni blesser son petit compagnon.

Il existe ainsi une véritable société et une confédération entre beaucoup d'animaux; ils s'entre-secourent et se liguent ensemble, et l'on a vu des bœufs, des pourceaux accourir à l'aide de ceux d'entre eux qu'ils avaient entendus crier, et se rallier pour leur défense.

Parmi les poissons, on peut citer les escarres, qui sont peu connus : si l'un d'entre eux avale l'hameçon du pêcheur, ses compagnons s'assemblent à l'envi autour de lui et rongent la ligne. Quelles que soient leur adresse et leurs précautions, quelque rusés qu'ils soient, il arrive souvent qu'un d'entre eux se laisse prendre dans la nasse. Alors, tous les autres s'approchent, la queue tournée vers lui, et le prisonnier la serre tant qu'il peut à belles dents. Quelque serrées que soient les mailles, ils le tirent ainsi et l'entraînent en lui rendant la liberté.

31. LE BLANC.

Le blanc, ou la couleur blanche, a toujours passé pour la couleur la plus pure; c'est le symbole de l'innocence et de la simplicité. Il est bizarre que cette couleur soit justement la plus composée de toutes. C'est Newton qui nous l'a appris; il a présenté une des faces d'un prisme triangulaire de cristal à un rayon solaire introduit dans une chambre obscure; les rayons le traversent; mais dans ce passage ils se colorent; les couleurs se séparent et vont peindre sur la muraille opposée une image beaucoup plus longue que large, et colorée des couleurs de l'arc-en-ciel; c'est là ce qu'on nomme le *spectre solaire* : ces couleurs séparées par le prisme peuvent être réunies au foyer d'un verre grossissant; alors l'image reparaît blanche. Le blanc est donc en réalité composé de toutes les couleurs du spectre.

Ces couleurs, Newton a dit, et l'on dit tous les jours. qu'elles sont au nombre de sept : *violet*, *indigo*, *bleu*, *vert*, *jaune*, *orangé*, *rouge*; mais il faut entendre qu'on les divise ainsi en groupes que l'œil aperçoit facilement; car, en réalité, il y aurait une infinité de couleurs différentes, si l'on voulait compter les innombrables nuances de ces teintes, qui se dégradent par degrés insensibles, et passent du rouge au jaune, de celui-ci au vert, au bleu et au violet, sans qu'on puisse dire où se fait le changement de couleur.

32. LA POULE.

Cette mère, qui a montré tant d'ardeur pour couver, qui a couvé avec tant d'assiduité, qui a soigné avec tant d'intérêt des embryons qui n'existaient pas encore pour elle, ne se refroidit pas lorsque ses poussins sont éclos ; son attachement, fortifié par la vue de ces petits êtres qu'elle a fait naître, s'accroît encore tous les jours par les nouveaux soins que lui coûte leur faiblesse. Sans cesse occupée d'eux, elle ne cherche de la nourriture que pour eux ; si elle n'en a point trouvé, elle gratte la terre avec ses ongles pour lui arracher les aliments qu'elle recèle dans son sein, et elle s'en prive en leur faveur. Le peu de précaution qu'ont pris les jeunes poulets est souvent cause qu'ils se sont égarés ; c'est alors que cette mère inquiète les rappelle ; elle les met sous ses ailes à l'abri des intempéries et les couve une seconde fois. Elle s'est laissée aller à ces tendres soins avec tant d'ardeur, que sa constitution en est sensiblement altérée, et qu'il est facile de distinguer de toute autre poule une mère qui mène ses petits, soit à ses plumes hérissées et à ses ailes traînantes, soit aux sons enroués de sa voix et à ses différentes inflexions, toutes expressives et ayant toutes une forte empreinte de sollicitude et d'affection maternelles. Mais si elle s'est oubliée elle-même pour conserver ses petits, elle s'expose à tout pour les défendre : plus il y a eu de dangers autour d'eux, plus elle en a bravé. Paraît-il un épervier dans l'air, cette mère si faible, si timide, et qui, en toute autre circonstance chercherait son salut dans la fuite, devient intrépide par tendresse. Elle s'élance au-devant de l'épervier, et le peu de forces que Dieu lui a données, elle l'emploie tout entier pour lutter contre son ennemi. Quoi que fasse l'épervier, et quoiqu'il soit bien plus fort que la poule, celle-ci, par ses cris redoublés, ses battements d'ailes et son courage, en impose souvent à l'oiseau carnassier, qui, rebuté d'une résistance imprévue, s'éloigne et va chercher une proie plus facile. Par ce que je viens de dire, vous pouvez juger de l'affection naturelle que Dieu a donnée aux animaux, même les plus faibles, pour défendre leurs petits ; et quand à des ennemis redoutables ils opposent une résistance acharnée, c'est qu'ils obéissent à un sentiment plus fort que toutes les craintes et que tous les dangers.

33. L'HOTEL DE CLUNY.

Parmi les monuments que la foule s'est empressée d'admire depuis quelque temps, il faut citer l'hôtel de Cluny, qui, réuni à la salle des Thermes, forme un des musées les plus précieux qu'il y ait jamais eu. Que de recherches, que de patience n'a-t-il pas fallu pour découvrir tous ces chefs-d'œuvre ! et que de sommes ils ont coûté à celui qui a rassemblé un à un tous ces objets, naguère ignorés, et qu'il nous est enfin donné de contempler! C'est vers le milieu du XIVe siècle que Pierre de Châlus, abbé de Cluny, acquit une partie du palais des Thermes, à laquelle il donna le nom d'*Hôtel de Cluny*. Cet hôtel, qui fut achevé dans le siècle suivant, offre encore aujourd'hui la plus gracieuse architecture; et tous les gens qui se sont senti du goût pour les beaux-arts, n'ont pas manqué de remarquer les ornements dentelés, les mille arabesques, la légèreté et la coquetterie de toutes ces sculptures d'une richesse et d'un travail accomplis. Rien n'est vraiment comparable à la charmante chapelle située au premier étage, sur le jardin ; le gothique de l'architecture, de la sculpture en est admirable ; et nous éprouvons à la contempler une tout autre satisfaction que celle que nous procurent d'autres monuments plus parfaits, peut-être, mais moins intéressants.

Entre tous les prie-Dieu que vous avez pu voir, celui qui est dans cette chapelle fixera surtout les regards, même les plus inattentifs; et les riches vitraux qu'on a replacés aux ogives des fenêtres répandent dans cette salle demi-voilée une obscurité mystérieuse. Quelle que soit votre curiosité, tout attrayante que serait la description de tout ce que ce musée offre de curieux, il faut nous borner à un rapide inventaire. C'est là que vous verrez les plus beaux bahuts sculptés et incrustés qu'il y ait en Europe ; des tentures merveilleuses ; une rare collection de verres de Bohême, des vases de Bernard Palissy ; des glaces de Venise de la bonne époque; des émaux; des bas-reliefs, entre autres la *Diane* de notre immortel Jean Goujon ; un lit complet du moyen âge; des vases flamands en grès; des armoiries que les connaisseurs ont appréciées à cause de leur rare beauté; des ostensoirs et des missels; des chasubles et une foule de tableaux dont quelques-uns sont dus à des peintres très-estimés. Mais entrons dans la salle d'armes. Voyez ces trophées qui présentent des boucliers, des gantelets, des dagues, des cottes d'armes, des éperons de chevaliers, des épaulières, des arbalètes, des fusils à rouet, des mors, des brides du temps de Henri II, des poudrières du XVIe siècle; et enfin les étriers de François Ier, qu'il portait à la bataille de Pavie, et que la famille du comte de Lannoy s'est plu longtemps à garder comme un souvenir immortel de cette victoire. Ces étriers, en cuivre doré, sont maintenus par des barres d'acier, et sur les branches on aperçoit des salamandres debout, surmontées de la couronne de France, avec la devise au bas : *Je nourris, j'éteins*. Dans les montres de la même salle sont disposés des couteaux, des cuillers, des fourchettes en fer gravé; et l'on remarque encore une trousse de chasse complète du XVIe siècle, avec les montures en ivoire gravé.

34. L'ÉLÉPHANT.

Quelques éloges qu'on ait donnés à l'éléphant, tout étonnantes que sont les merveilles que les naturalistes ont racontées de lui, je crois, en vérité, que c'est le seul animal encore au-dessus de sa réputation. Les observateurs se sont aperçus que les éléphants du Jardin des plantes s'étaient laissés aller à un vif sentiment de plaisir, à la suite de plusieurs airs d'*Iphigénie* qu'ils avaient entendu jouer. Mais si ces mêmes gens s'étaient hasardés à monter sur les éléphants du Bengale, et s'ils s'étaient rencontrés avec des tigres, ils auraient vanté quelque chose de bien supérieur encore à la sensibilité musicale de ces animaux. Quelle que soit la légèreté des chevaux du Don et des mulets de l'Espagne, ce colosse, ce géant du règne animal les devance à la course. C'est en vain que la route qu'il parcourt est tout embarrassée de trous, toute hérissée de piéges et d'embûches : à dix, à vingt pas même de distance, il les devance tous; il ne butte et ne s'abat jamais. Mais il y a quelque chose qui doit être encore plus admiré : c'est cette trompe d'une sensibilité si exquise, que certaines gens se sont imaginé qu'elle est pour les éléphants le siége d'un sens qui nous est inconnu. Des sauvages qui les ont vus paître en liberté ont assuré à des voyageurs que l'éléphant assomme un buffle d'un coup de trompe. Pendant les deux années et demie que j'ai passées dans l'Inde, j'en ai vu deux qui s'étaient amusés à déraciner de très-gros arbres en deux ou trois efforts, et tout le monde ajoute qu'à cette force, à cette vigueur extraordinaire, cet animal joint un odorat délicat, qu'il sent ses petits à quatre lieues de distance.

35. LE CALENDRIER RÉPUBLICAIN.

L'ère républicaine compte de la fondation de la République, qui eut lieu le 22 septembre 1792 de l'ère vulgaire, jour de l'équinoxe d'automne; mais elle n'a été décrétée que le 4 frimaire de l'an II (24 novembre 1793). Elle fut mise en usage deux jours après, et fut suivie jusqu'au 10 nivôse de l'an XIV (31 décembre 1805), époque où l'on est revenu au calendrier grégorien; de sorte que le calendrier français ou républicain a été employé pendant douze ans deux mois et six jours. L'année républicaine comprend douze mois égaux de trente jours chacun, et, de plus, cinq jours complémentaires qui n'appartiennent à aucun mois et qui ont reçu le nom ridicule de *sans-culottides*. Les années IIIe, VIIe et XIe de la République ont un sixième jour complémentaire appelé *jour sextile* ou *jour de la Révolution*. La période de quatre ans au bout de laquelle cette addition d'un sixième jour est ordinairement nécessaire est appelée *franciade;* et la quatrième année de la franciade se nomme *année sextile*. Chaque mois de l'année républicaine est divisé en trois parties de dix jours chacune, qui sont appelées *décades*. Les noms des mois républicains sont : *vendémiaire*, *brumaire*, *frimaire*, pour l'automne ; *nivôse*, *pluviôse*, *ventôse*, pour l'hiver ; *germinal*, *floréal*, *prairial*, pour le printemps ; *messidor*, *thermidor*, *fructidor*, pour l'été. Les noms des jours de la décade sont : *primidi*, *duodi*, *tridi*, *quartidi*, *quintidi*, *sextidi*, *septidi*, *octidi*, *nonidi* et *décadi*. La première année de la République française a commencé à minuit, le 22 septembre 1792, et a fini au minuit qui sépare le 21 du 22 septembre 1793. La suppression du calendrier républicain fut prononcée par l'ordre de Napoléon, dans la séance du Sénat du 22 fructidor an XIII (9 septembre 1805).

36. LES JUGEMENTS DE DIEU.

L'épreuve par le feu n'était pas seulement en usage chez nos ancêtres ; elle n'était pas ignorée des païens. On voit dans l'*Antigone* de Sophocle des gardes, prenant les dieux à témoin, offrir de prouver leur innocence en maniant le fer chaud et en marchant sur des charbons ardents, sans s'être laissé entamer par la plus légère brûlure. Quelques Pères de l'Église racontent qu'il y avait des prêtres d'Égypte qui s'étaient habitués à se frotter le visage avec certaines drogues ; ensuite, ils se plongeaient dans des chaudières, quelque bouillantes qu'elles fussent, sans paraître en ressentir la moindre douleur.

Sous le règne de Pépin le Bref, l'évêque de Paris et l'abbé de Saint-Denis se disputèrent le patronage sur un monastère. Le roi et toute sa cour furent pris à témoin pour décider entre l'abbé et l'évêque. Pépin les renvoya tous deux au jugement de Dieu par la croix. L'évêque et l'abbé nommèrent chacun un homme, et les deux champions s'en allèrent dans la chapelle du palais, où ils étendirent leurs bras en croix. Une multitude de curieux étaient accourus pour assister à un spectacle aussi singulier ; des gageures étaient tenues de toutes parts, tantôt pour l'un et tantôt pour l'autre. Après une attente assez longue, le champion de l'évêque se lassa le premier, ses nerfs fatigués se détendirent, et l'on s'aperçut bientôt qu'il baissait les bras ; qu'enfin il les avait laissés tomber. Ce fut ainsi que l'abbé de Saint-Denis gagna son procès.

37. LES ANCIENNES MONNAIES FRANÇAISES.

La livre tournois, ancienne unité monétaire, valait vingt sous, et le sou valait douze deniers. Ces rapports étaient invariables ; mais les monnaies elles-mêmes n'existaient pas ; elles n'avaient qu'une valeur fictive ou de convention, et cette valeur fut extrêmement changeante.

En effet, les rois de la troisième race surtout, pressés par le mauvais état de leurs finances, crurent ou firent semblant de croire que leur empreinte seule donnait à telle ou telle pièce sa valeur, indépendamment de la quantité de métal qu'elle contenait.

Ils firent frapper des monnaies d'or ou d'argent dont le poids et le titre pouvaient être déterminés facilement, et ils déclarèrent arbitrairement que ces pièces seraient reçues pour une, deux, trois, quatre, six livres, etc.

Qu'arriva-t-il ? C'est que ce ne fut pas la valeur de la pièce qui augmenta, mais bien celle de la livre qui diminua. C'est, en effet, ce que nous voyons constamment dans l'histoire de notre pays, où de fréquentes émeutes sont causées par les altérations si souvent répétées de nos monnaies, et où cette diminution fut poussée successivement si loin, que Voltaire l'a résumée en ces mots : « Par un changement qui est peut-être la honte des gouvernements de l'Europe, le sou, qui était autrefois une pièce d'argent du poids d'environ 5 gros (19 grammes), n'est plus qu'une légère pièce de cuivre avec un onzième d'argent tout au plus ; et la livre, qui était le signe représentatif de douze onces d'argent, n'est plus, en France, que le signe représentatif de vingt de nos sous de cuivre. Le denier, qui était la deux-cent-quarantième partie d'une livre d'argent de douze onces, n'est plus que le tiers de cette vile monnaie qu'on appelle un *liard*. Supposé donc qu'une ville de France dût à une autre, au temps de Charlemagne, cent vingt sous ou *solides* de rente, soixante-douze onces d'argent, elle s'acquitterait aujourd'hui de sa dette en payant ce que nous appelons un *écu de six francs.* »

Il est donc bien important, toutes les fois qu'on lit notre histoire, et qu'on veut la lire avec intelligence, de se faire d'abord une idée exacte de la valeur de la livre ; il n'y a pas pour cela d'autre moyen que de déterminer à une époque donnée le poids et le titre d'une pièce d'argent. Ces deux conditions une fois connues, nous en tirons aussitôt la valeur de la pièce en francs et parties de franc ; et en divisant cette valeur par le nombre de livres qu'elle est censée représenter, on obtient immédiatement la valeur de la livre numéraire aux diverses époques de la monarchie.

38. LES MACHINES HYDRAULIQUES.

On voit souvent dans les campagnes, pour peu qu'il y ait un ruisseau susceptible de fournir quelques ressources à l'industrie, des machines ingénieuses où une roue se trouve mise en mouvement par l'eau courante. Ces machines s'appellent *machines hydrauliques*, c'est-à-dire *qui vont par le moyen de l'eau.* Le mouvement communiqué par le liquide tient entièrement aux aubes qui y plongent. On donne le nom d'*aubes* ou *palettes* aux planchettes rectangulaires verticales qui joignent les deux surfaces d'une roue hydraulique ; ces aubes sont attachées sur des *coyaux*, espèces de tasseaux implantés à la surface du tambour, dans le sens du prolongement des rayons et fixés par des tenons chevillés. Toutes les roues extérieures des moulins à eau donnent un exemple de cette disposition.

On conçoit que si une telle roue plonge dans une eau courante, l'aube ou palette lui oppose sa surface ; l'eau tend donc à l'entraîner dans le sens de son cours ; elle ne le peut faire sans amener une seconde palette à la place de la première, puis une troisième, une quatrième, et ainsi de suite ; et comme le mouvement de l'eau est continu, la succession des palettes qui se remplacent à tour de rôle, et par conséquent le mouvement circulaire de la roue, seront continus aussi ; de cette manière, on aura changé en mouvement de rotation le mouvement de translation ou rectiligne de l'eau ; on aura imprimé à un arbre tournant une puissance qu'on transporte ensuite où elle est utile.

Pour obtenir cet effet, ou plutôt pour tirer d'un cours d'eau que la nature nous donne le meilleur parti possible, il faut quelques précautions dont voici les principales.

On veut perdre le moins possible de la force de l'eau ; pour cela, on établit un barrage ; l'eau est retenue par une vanne mobile et s'ouvrant vers le bas, cette vanne a pour but de ne laisser couler que la quantité convenable d'eau, et surtout de maintenir le niveau supérieur de l'eau constant, afin que la vitesse d'émission du liquide soit toujours la même. On construit en avant du barrage un *coursier* ou plan incliné, encaissé dans deux murs verticaux et parallèles, espacés de la largeur du tambour qui doit tourner entre eux, et assez élevés pour soutenir dans des collets de fer ou de cuivre les tourillons sur lesquels repose l'axe de la roue.

Le fond du coursier a la forme d'un plan incliné, souvent terminé par un petit ressaut ; ou mieux encore celle d'une portion de la surface intérieure d'un cylindre exactement circonscrit à la roue et qui en raserait le bord. Il est évident que par ce moyen toute l'eau dont on peut disposer vient frapper les aubes dans la direction la plus favorable, avec la vitesse la plus grande possible, et cela sans qu'il y ait rien de perdu, puisque les palettes, dans leur mouvement, remplissent à très-peu de chose près l'espace du coursier.

Quelle est maintenant la partie de la force de l'eau qui peut être ainsi utilisée. On connaît exactement la grandeur du *versoir* ou pertuis par lequel l'eau s'échappe. On connaît exactement la hauteur du niveau de l'eau au-dessus du milieu de ce versoir; cela suffit pour faire connaître la vitesse d'émission de l'eau et, par conséquent, la quantité qui s'en échappe. Ces deux éléments donnent la force réelle du liquide. Mais toute cette force ne se transmet pas à la roue, il s'en faut beaucoup.

Le plus grand effet obtenu dans les machines hydrauliques n'est guère que le tiers de la force employée; il y a donc deux tiers de cette force en pure perte; les frottements, d'une part, et ensuite le choc de l'eau contre les palettes sont la cause de cette déperdition; il y aurait grand avantage à faire en sorte qu'une roue ne fût mue, pour ainsi dire, que par le poids de l'eau qui pèserait sur elle et qui l'abandonnerait lorsqu'elle serait arrivée au plus bas de sa course. On a obtenu ce résultat au moyen des *aubes courbes*; ces aubes, au lieu d'être plates comme les premières, sont cintrées de manière à faire une sorte de pelle creuse, dans laquelle l'eau arrive toujours en glissant sur elles, mais sans choc; elle s'ajoute à elle-même et forme ainsi un poids qui entraîne la roue; les aubes, en continuant, arrivent au plus bas de leur course, où elles se vident; on a d'ailleurs ménagé une issue pour que l'eau, en s'échappant, ne vienne pas sur elle-même faire des remous et entraver le mouvement libre de l'eau. L'expérience a prouvé qu'avec une disposition pareille, le maximum d'effet avait lieu lorsque la vitesse du centre d'impulsion des aubes était égale aux trois cinquièmes de la vitesse du courant; alors la force utile est la moitié de la force totale du courant; c'est-à-dire que cette ingénieuse invention peut donner jusqu'à un sixième de la force totale de plus que les aubes planes.

SECTION IV.

DICTÉES DONNÉES DANS DES CONCOURS PUBLICS OU DANS DIVERS ÉTABLISSEMENTS.

1. LES DIFFICULTÉS DE L'ORTHOGRAPHE.

Appelés dans cette enceinte, messieurs, à l'effet d'écrire une composition sous la dictée, exercés de bonne heure à cette gymnastique intellectuelle, vous vous serez attendus, sans doute, à trouver des locutions insolites et insidieuses, des tours et des expressions plutôt bizarres que faciles et naturels, la plupart des difficultés qu'offre la syntaxe ou l'étymologie; enfin, vous prévoyiez dès longtemps une matière plus technique que littéraire. Gardez-vous donc de prendre ces phrases contournées pour des modèles d'élocution et de style. Passez sur cette gêne, sur ces embarras; c'est une concession qu'il faut faire à des besoins exigeants; et l'exigence n'est point ici inopportune. Les jeunes gens ne doivent plus, à l'époque où nous vivons, être déconcertés par les difficultés, quels qu'en puissent être la gravité et le nombre. Toute autre dictée prise dans un bon auteur vous sourirait plus que cette épreuve tout artificielle; mais votre savoir grammatical se révélerait-il à nous par des résultats aussi peu concluants? Armez-vous donc de courage, messieurs; la timidité et la modestie, nous ne le nierons jamais, siéent et siéront toujours à votre âge; mais il ne faut pas oublier que la crainte est une mauvaise conseillère. Résistez au plus tôt à ses perfides suggestions.

Un vieil adage l'a dit : « La confiance enfante le succès. » Nous accueillons l'espérance que vous le justifierez par votre exemple. (Sorbonne.)

2. CONSEILS A UN FILS.

Mon fils, veux-tu être estimé de tous? Il faut que tu acquières les vertus qui rendent l'homme estimable et lui attirent le plus la confiance des autres. Or, pour que tu vailles quelque chose, il est nécessaire, avant tout, que tu le veuilles. Crains la société des méchants, rejette leurs conseils, hais le vice, n'empiète sur les droits de personne, rends à chacun ce qui lui est dû. Dieu veut que nous le priions lorsque quelques chagrins nous assaillent; il veut aussi que nous fuyions les impies; ne l'oublie pas. S'il arrive jamais que tu t'asseyes à la table du riche, ne le flatte pas, et rappelle-toi qu'un homme, parce qu'il a quatre-vingt mille livres de rente, n'est pas plus excusable qu'un autre quand il fait ce qui ne doit pas être fait. Quels que soient, en effet, le crédit et la fortune d'un mortel, quelques titres qu'il croie avoir au respect des autres, quelque grands qu'aient été ses ancêtres, s'il s'écarte de la bonne voie, il sera jugé sévèrement par la postérité, et je serais surpris qu'il fût absous par ses contemporains mêmes. Que d'hommes se sont laissé tromper par des flatteurs qui leur avaient assuré l'immortalité et leur avaient fait croire que les fautes des grands sont toujours excusées! N'écoute pas la voix séduisante de la flatterie, et sache que nous ne devons pas seulement paraître honnêtes, mais qu'il faut que nous le soyons réellement. S'il arrivait que tes actions ne répondissent pas à tes paroles, qu'une fois sûr du secret tu contrevinsses aux lois de la probité, que tu craignisses les témoins, mais que tu ne fusses pas attaché sérieusement à tes devoirs, tu perdrais nécessairement l'estime des honnêtes gens et tu serais rangé parmi ces demi-fripons que la société a toujours redoutés avec raison.

Si les hommes ne nous jugeaient que d'après les choses qu'ils nous ont vus faire, notre réputation ne courrait pas tant de dangers. Mais que de gens on a condamnés pour des intentions qu'on avait soupçonnées! que de fois la calomnie a dénaturé les actes les plus innocents! La vie la plus pure a souvent été souillée par son venin, comme les fleurs fraîches écloses le sont par le contact d'insectes dégoûtants. Il est donc important que l'homme sage craigne d'exciter les attaques du soupçon. Pour éviter l'envie, restons cachés; les jours que nous aurons vécu dans la solitude ne nous causeront jamais de regrets.

Ne cherche pas à être caustique et plaisant : les bons mots ont souvent coûté cher à ceux qui les ont dits. Faut-il aussi te recommander l'amour du travail? Qui ne sait que la mollesse est douce, mais que les suites en sont cruelles? L'homme oisif, ainsi qu'un membre inutile, mérite d'être retranché de la société; et, comme le dit le proverbe, la fainéantise a beau courir, la misère l'a bientôt atteinte. En suivant avec le plus de précautions possible les conseils que je t'ai donnés, tu deviendras utile et cher à tes concitoyens. (Colléges de Paris.)

3. LA CATHÉDRALE D'YORK.

Quelle que soit la défiance avec laquelle il faut écouter les voyageurs venant d'outre-mer, et quelque suspects que soient leurs récits, vous ne vous tromperiez pas, messieurs, si vous croyiez qu'ils ne se sont pas joués de vous quand ils se sont plu à vous conter que la ville d'York, un des chefs-lieux de comté de l'Angleterre, renferme plusieurs merveilles créées par la main de l'homme. La cathédrale entre autres, d'après tous les ouï-dire, est, dans son genre, un des édifices les plus imposants, quoi qu'en puissent dire les détracteurs de l'architecture gothique. Elle a été érigée, dit-on, au treizième et au quatorzième siècle de notre ère; elle compte cinq cent vingt pieds de long et quatre cents demi-toises de périmètre. La dépense qu'en a coûté la construction, ainsi que la variété et la perfection même des travaux, étonne l'esprit. Qui ne s'extasierait à la vue des deux tourelles exhaussées au-dessus des deux portails, et qu'on a toujours vu admirer et toujours vues rester fermes, malgré le peu de grosseur qu'elles offrent? L'intérieur est aussi un des plus merveilleux chefs-d'œuvre : un jubé sépare le chœur de la nef, des roses en beaux vitraux décorent toutes les façades latérales de l'église, excepté néanmoins une seule. L'orgue est très-vanté et des plus admirables qu'on ait jamais entendues. (Sorbonne.)

4. UN INVENTAIRE.

Que de fois déjà je vous ai tous entretenus des difficultés qu'a souvent présentées aux gens les plus érudits l'orthographe usuelle! Que de fois on les a vus arrêtés par les mots qu'ils étaient exposés à rencontrer le plus fréquemment! Avez-vous fini par sentir la nécessité de vous familiariser avec ces mots, à la fois si simples et si gênants, qui vous ont déjà fait souvent murmurer, et qu'on ne sait qu'après les avoir écrits deux ou trois cents fois? Une petite aventure qui m'est arrivée il y a quelques mois, peut être pour vous une bonne leçon, et vous n'aurez pas perdu votre temps en m'accordant un quart d'heure d'attention, si vous vous rappelez la contrariété que j'ai éprouvée, comme je me la rappellerai moi-même. Mes six semaines de vacances ont été employées à parcourir le Poitou, et à faire à pied des excursions intéressantes dans les parties les plus ignorées de cette province. Les quinze jours que j'ai vécu chez un de mes amis, notaire à la campagne, m'ont surtout laissé des souvenirs charmants, auxquels s'en mêlent pourtant quelques-uns bien froissants pour mon amour-propre. Un dimanche, le clerc de l'étude étant allé voir, à quelques lieues, sa mère, qu'une attaque d'apoplexie avait en peu d'heures mise aux portes du tombeau, mon ami me pria de l'accompagner pour écrire sous sa dictée un inventaire qui ne pouvait être différé. Quand nous fûmes arrivés et que nous eûmes commencé notre besogne, je m'aperçus, aux premiers mots qui me furent dictés, que, quelle que fût mon habitude de vaincre les difficultés orthographiques que je croyais les plus grandes, nombre d'embarras que je n'avais pas prévus allaient s'offrir à moi.

Le détail des objets de cuisine commença mon martyre, et je ne puis vous dire combien j'hésitai pour écrire les mots : cotret, crémaillère, casserole, terrine, seau, anse, balai, brûle-tout, et tant d'autres que je ne me rappelle pas. Nous ouvrîmes l'armoire à vaisselle : nouvelle gêne; les mots cuiller, gobelet, carafe, bol, soucoupe, furent encore écrits par moi avec une peine infinie. Que vous dirai-je de la chaufferette, de l'écran, de la psyché, des camées, dont je n'ai écrit qu'en tremblant les syllabes maudites? Je me souviens que, quand il fut question du bureau, je ne savais comment écrire sébile, sandaraque, et que les difficultés relatives au genre des patères et de l'écritoire durent être éludées par moi. Ce n'est qu'au retour que les dictionnaires m'ont renseigné à ce sujet, et je sais maintenant que ces mots sont l'un et l'autre du féminin. A la cave, nouveau dépit à propos des barils, des cannelles et des brocs; puis, pour le hangar, le chenil, l'appentis et une foule d'autres recoins de plain-pied avec la cour. J'avais beau chercher des synonymes, et tâcher de me sauver à force d'accolades et de parenthèses, je tombais dans l'amphigouri, dans le galimatias, et il fallait bien risquer de faire des fautes, plutôt que de n'être pas compris. Que faut-il que vous concluiez de ma mésaventure? Puissé-je, je le répète, vous avoir fait comprendre, en vous la racontant, la nécessité d'étudier l'orthographe usuelle, que vous vous repentiriez plus tard d'avoir négligée! Que chacun de vous acquière par de fréquents exercices l'habitude d'écrire les mots même les plus communs. Quelle que soit votre connaissance de la grammaire, il faut encore que vous feuilletiez le dictionnaire; et vous seriez surtout inexcusables de rester ignorants sur ce point, après vous être entendu faire tant de recommandations. (*Manuel général.*)

5. VANITÉ DE LA GLOIRE DU MONDE.

Que sont devenus ces césars qui faisaient mouvoir l'univers à leur gré, ces protecteurs d'un culte profane et insensé, ces oppresseurs barbares des saints et de l'Église? A peine en reste-t-il quelques souvenirs sur la terre : leur nom même ne s'est conservé jusqu'à nous qu'à la faveur du nom des martyrs immolés. La gloire et la puissance de ces tyrans s'est évanouie avec le bruit que leur ambition, leur cruauté, leurs entreprises insensées avaient fait sur la terre. Semblables au tonnerre qui gronde sur nos têtes, il n'est resté, de l'éclat et du bruit passager qu'ils ont fait dans le monde, que l'infection et la puanteur. C'est le destin des choses humaines de n'avoir qu'une durée courte et rapide, et de tomber aussitôt dans l'éternel oubli d'où elles étaient sorties. Mais votre Église, grand Dieu! mais ce chef-d'œuvre admirable de votre sagesse et de votre miséricorde envers les hommes; mais votre empire, Maître souverain des cœurs, n'aura d'autres bornes que celles de l'éternité. Tout nous échappe, tout disparaît. La figure du monde change sans cesse autour de nous; c'est une scène sur laquelle à chaque instant paraissent de nouveaux acteurs qui se remplacent; et, de tous ces rôles pompeux qu'ils ont joués pendant le moment qu'on les a vus sur le théâtre, il ne leur reste à la fin que le regret de voir finir la représentation et de ne se trouver réellement que ce qu'ils sont devant vous. (Massillon. — Examens de Paris.)

6. MITHRIDATE.

De tous les rois que les Romains attaquèrent, Mithridate seul se défendit avec courage et les mit en péril.

La situation de ses États était admirable pour leur faire la guerre : ils touchaient au pays inaccessible du Caucase, rempli de nations féroces dont on pouvait se servir; de là, ils s'étendaient sur la mer du Pont. Mithridate la couvrait de ses vaisseaux et allait continuellement acheter de nouvelles armées de Scythes. L'Asie était ouverte à ses invasions; il était riche, parce que ses villes sur le Pont-Euxin faisaient un commerce avantageux avec des nations moins industrieuses qu'elles.

Les proscriptions, dont la coutume commença dans ce temps-là, obligèrent plusieurs Romains de quitter leur patrie. Mithridate les reçut à bras ouverts; il forma des légions où il les fit entrer, et qui furent ses meilleures troupes.

D'un autre côté, Rome, travaillée par ses dissensions civiles, occupée de maux plus pressants, négligea les affaires de l'Asie, et laissa Mithridate suivre ses victoires ou respirer après ses défaites.

Enfin, la Grèce et l'Asie, voyant que le joug des Romains s'appesantissait tous les jours sur elles, mirent leur confiance dans ce roi barbare qui les appelait à la liberté.

Cette disposition des choses produisit trois grandes guerres qui forment un des beaux morceaux de l'histoire romaine, parce qu'on n'y voit pas des princes déjà vaincus par les délices et l'orgueil ou par la crainte, mais un roi magnanime dans les adversités, qui, tel qu'un lion qui regarde ses blessures, n'en était que plus indigné. (Hôtel de ville.)

7. LA BARBE.

Ce fut au XVIe siècle que l'usage de porter la longue barbe s'établit en France. En quinze cent vingt et un, François Ier, dans un combat simulé, ayant reçu une blessure au visage, laissa croître sa barbe pour en cacher la cicatrice. Tous les courtisans s'étaient plu à l'imiter; les évêques mêmes en firent autant; et, de propre en proche, toutes les classes de la société s'étaient imaginé d'adopter cet usage.

Mais la mode des longues barbes trouva dans les chapitres métropolitains et dans les parlements des ennemis puissants. Les nouveaux barbus d'entre les évêques se virent fort mal accueillis par les chapitres, qui refusèrent même de les recevoir dans leur église. Il fallut souvent que les rois interposassent leurs prières ou leur autorité pour les y contraindre. Une affaire aussi grave dut occuper la Sorbonne : la chose fut mise en délibération, et il en résulta un décret portant que la barbe est contraire à la modestie, qui doit être la principale vertu d'un théologien. Copie de cette délibération fut envoyée dans toutes les églises de France, pour avertir tous les membres du clergé.

Le parlement de Paris désapprouva sévèrement la mode des longues barbes. Ces graves présidents et conseillers s'obstinèrent à conserver leurs mentons frais rasés, tandis qu'à la cour et à la ville tous les mentons d'homme étaient barbus. Après s'être opposés à la mode, ils finirent par s'y soumettre; mais ils ne cédèrent au torrent qu'après une longue et glorieuse résistance. Ils rendirent un arrêt contre la barbe, et copie de cet arrêt fut signifiée à tous les avocats de Paris. Malheur à celui qui se présentait au barreau sans être rasé! On refusait d'entendre les nouveaux venus qui arrivaient avec la barbe fatale; et lorsqu'en quinze cent trente-six François Olivier, qui fut depuis chancelier de France, se présenta au parlement pour être reçu maître des requêtes, il ne le fut qu'à condition qu'il déposerait sa longue barbe.

Le six juin quinze cent quarante-huit, un religieux bénédictin, appelé Antoine Doré, osa se présenter dans la salle du parlement de Paris, avec une longue barbe et une chemise à demi froncée; il fut aussitôt traduit devant la cour, interrogé, et, après une mûre délibération, il se vit solennellement condamné à être renvoyé au monastère de Saint-Martin-des-Champs, pour être rasé et mis dans un état convenable.

Louis XIII, monté jeune sur le trône, n'offrit aux imitateurs qu'un menton imberbe. Ce modèle fut fatal aux longues barbes : elles diminuèrent de volume et furent bientôt réduites à la moustache, que l'on portait encore sous Louis XIV. Les nouveaux débarqués à la cour suivirent l'exemple du jeune monarque, et la mode nouvelle prévalut alors dans tout le royaume. (Institutions de Paris.)

8. LA PARTIE DE CAMPAGNE.

Depuis six mois et demi environ, le propriétaire d'un château situé à deux cent vingt lieues de Paris nous avait engagés à l'aller voir. « Peintres habiles et admirateurs de la nature comme vous l'êtes, nous écrivait-il souvent, vous ne pouvez manquer de vous enthousiasmer pour nos montagnes. Si vous avez quelques sujets de tristesse, venez : la vue de nos magnifiques paysages vous récréera ; vous vous rappellerez longtemps les points de vue variés, les accidents de terrain, les prodiges de végétation que la nature a, de tout temps, offerts chez nous à l'admiration des voyageurs, et qui ont déjà attiré tant d'étrangers dans nos contrées. Ne me dites pas que ce serait pour vous du temps perdu ; vous emploieriez certainement plus mal la belle saison en restant à Paris, et les nombreux croquis que vous aurez rapportés de votre voyage vous payeront bien de la peine que vous vous serez donnée. Notez, d'ailleurs, que bien des distractions pourront vous être procurées si vous prolongez votre séjour jusqu'à la mi-septembre. Le pays est giboyeux, et chaque jour notre chasse est plus belle que nous ne l'avions espéré. Vous pourrez aussi pêcher dans notre petite rivière, qui a jadis porté de gros bateaux, mais qui est devenue fort étroite et n'est plus descendue que par quelques trains peu chargés. Venez bientôt. S'il faut que nous vous en priions, je vous écrirai de nouveau ; mais si vous ne vous êtes pas fait prier, cela nous agréera bien davantage. »

A une invitation formulée d'une manière aussi aimable, il fallait répondre sur-le-champ. Nous avons donc bien vite retenu nos places, et trois jours après nous étions à Perpignan, où l'on est venu nous chercher pour nous transporter chez nos amis. La chaleur excessive qu'il avait fait pendant notre voyage ne nous avait pas trop fatigués, et les sept ou huit heures que nous avions dormi chaque nuit avaient suffi pour nous délasser. Depuis que nous sommes arrivés, je ne saurais vous dire combien de plaisirs on nous a procurés, et nous sommes tout surpris de voir que le moment fixé pour notre retour approche. Mais quelle que soit la satisfaction que nous éprouvions chez des hôtes aussi affectueux, nous ne nous sommes point laissé séduire par leurs instances, et nous avons résolu de partir après-demain. De leur côté, ils ne nous ont laissés aller qu'en nous imposant une condition que nous avons acceptée : c'est de revenir à l'automne prochain. (Colléges de Paris.)

9. LA RAISON GÉNÉRALE, OU LE SENS COMMUN.

Deux hommes qui ne se sont jamais vus, qui n'ont jamais entendu parler l'un de l'autre, et qui n'ont jamais eu de liaison avec aucun autre homme qui ait pu leur donner des notions communes, parlent aux deux extrémités de la terre sur un certain nombre de vérités, comme s'ils étaient de concert. On sait infailliblement par avance, dans un hémisphère, ce qu'on répond dans l'autre sur ces vérités. Les hommes de tous les pays et de tous les temps, quelque éducation qu'ils aient reçue, se sentent invinciblement assujettis à penser et à parler de même. Le maître qui nous enseigne sans cesse nous fait penser tous de la même manière. Dès que nous nous hâtons de juger sans écouter sa voix, sans défiance de nous-mêmes, nous pensons et nous disons des choses pleines d'extravagance. Ainsi, ce qui paraît le plus à nous et être le fond de notre raison est ce qui nous est le moins propre et qu'on doit croire le plus emprunté. Nous recevons sans cesse, et à tout moment, une raison supérieure à nous, comme nous respirons sans cesse l'air qui nous environne, et qui est un corps étranger.

Cette raison domine, jusqu'à un certain point, avec un empire absolu, tous les hommes les moins raisonnables, et fait qu'ils sont toujours d'accord malgré eux sur ces points. C'est elle qui fait qu'un sauvage du Canada pense beaucoup de choses comme les philosophes grecs et latins les ont pensées; c'est elle qui fait que les géomètres chinois ont trouvé à peu près les mêmes vérités que les Européens, pendant que ces peuples si éloignés étaient inconnus les uns aux autres; c'est elle qui fait qu'on juge au Japon comme en France que deux et deux font quatre, et il ne faut pas craindre qu'aucun peuple change jamais d'opinion là-dessus; c'est elle qui fait que les hommes pensent encore aujourd'hui, sur divers points, comme on pensait il y a quatre mille ans. (Hôtel de ville.)

10. COURONNEMENT DES EMPEREURS A CONSTANTINOPLE.

En l'an mil deux cent quatre de notre ère, Baudouin, l'un des croisés les plus influents et les plus renommés par ses qualités personnelles, fut élu empereur dans Constantinople. Quand fut arrivée l'époque marquée pour le couronnement, cette auguste cérémonie fut célébrée avec toute la magnificence et tout l'empressement usités dans l'empire grec pour ces sortes de solennités. Voici tous les détails que j'ai rassemblés à ce sujet, et que j'ai résolu de vous transmettre. La veille, l'empereur, qu'accompagnaient tous les membres de sa famille, se transportait au palais et y passait la nuit. A peine les premiers rayons du jour avaient-ils paru, que les officiers de l'armée et le peuple se rassemblaient autour du palais. Le nouvel empereur donnait au patriarche sa profession de foi, qu'il avait écrite de sa propre main. Avant que l'empereur se montrât, un sénateur jetait au peuple de petits sachets d'étoffe, fermés au moyen d'un nœud, et renfermant chacun trois pièces d'or, trois drachmes, trois oboles; ce qui pouvait faire de notre monnaie actuelle environ quarante-cinq ou cinquante francs. On en jetait autant qu'il plaisait à l'empereur; c'était ordinairement le nombre de dix mille. L'empereur paraissait ensuite assis sur un bouclier élevé sur les épaules des principaux seigneurs. A sa vue, tout retentissait d'acclamations. Descendu du bouclier, on le conduisait à Sainte-Sophie. Là, dans une petite chapelle qu'on avait construite exprès, on le revêtait de la pourpre et du diadème, bénits auparavant par les évêques. On chantait la messe, pendant laquelle il était assis sur un trône d'or élevé sur une haute estrade tout ornée et tapissée de drap d'écarlate. Cependant le patriarche montait sur l'estrade, et, après de longues prières prononcées à voix basse, il oignait la tête de l'empereur et entonnait une hymne chantée par tous les assistants.

Le prince montait ensuite au jubé, où le patriarche mettait sur sa tête la couronne qu'avaient déposée les évêques, après être allés eux-mêmes la prendre dans le sanctuaire. Pendant les acclamations dont l'acte du couronnement était suivi, un officier présentait au prince d'une main un petit vase rempli d'ossements, de l'autre un flocon d'étoupe auquel on mettait le feu. C'étaient là deux emblèmes destinés, l'un à rappeler la brièveté de la vie, l'autre le néant des grandeurs humaines. La religion est habituée, elle s'est plu à mêler à la pompe des plus brillantes cérémonies des enseignements si profitables et si grands, afin que nous n'oubliions pas combien nos joies sont éphémères en comparaison de celles qu'elle nous a promises. Quand l'empereur était descendu du jubé, revêtu d'une robe de pourpre, surchargé d'un manteau de drap d'or, on lui mettait à la main droite une croix, dans la gauche le livre des Évangiles, et il marchait ainsi, escorté de ses gardes armés de haches et suivi de cent gentilshommes sans armes. La procession et la messe finies, il montait à la galerie des catéchumènes pour se faire voir au peuple, qui l'accueillait avec des acclamations prolongées.

Il sortait ensuite à cheval, tandis que le cortége le suivait à pied, et les rues par où il passait étaient tendues de riches tapisseries et encombrées d'une foule de spectateurs serrés, pressés sur une longue file, et accourus pour voir le nouvel élu. (Colléges de Paris.)

11. L'ABBÉ DE L'ÉPÉE.

Longtemps avant l'abbé de l'Épée, des hommes intelligents avaient fait des essais partiels plus ou moins heureux pour instruire quelques sourds-muets individuellement; mais quels que fussent leur science et leurs talents, rien de populaire, rien de pratique n'était résulté de ces diverses tentatives. L'abbé de l'Épée eut à combattre tous les obstacles qui barrent la route aux nobles et grandes entreprises. Les gens du monde et les savants se moquèrent du vieux prêtre qui enseignait quatre langues à des muets qui n'en pouvaient parler aucune; il n'en continuait pas moins son œuvre, son zèle s'échauffant à tous ces souffles de malice, comme la flamme s'avive sous le vent. Son plaidoyer, ses preuves, c'étaient ses actes : les sourds entendaient non-seulement cette parole visible qu'il avait créée, mais même le mouvement des lèvres; non-seulement ils parlaient cette langue des signes, plus expressive que toute autre, disait l'abbé, parce qu'elle est naturelle et que les autres ne le sont pas; mais quelques-uns proféraient avec la voix les mots qu'ils voyaient prononcer. Ce fut en poursuivant cette belle tâche que l'abbé de l'Épée mourut dans les bras de ses élèves, à l'âge de soixante-dix-sept ans, le vingt-sept décembre mil sept cent quatre-vingt-neuf. Il n'emporta pas la douloureuse crainte qu'après sa mort ses enfants d'adoption fussent dispersés sans secours : déjà un arrêt du conseil avait assuré un revenu de six mille livres à l'institution des Sourds-Muets. Assimilée, en mil sept cent quatre-vingt-dix, à tous les établissements publics, elle devint nationale, et fut défrayée par l'État, qui y entretient quatre-vingts bourses gratuites. (Institutions de Paris.)

12 LES APPROCHES DU JOUR DE L'AN A PARIS.

Un des spectacles les plus curieux et les plus intéressants, c'est celui que présente la ville de Paris aux nouveaux débarqués qui y viennent vers la mi-décembre, plusieurs jours avant le renouvellement de l'année. Quelle foule dans les rues ! que de passants qui se croisent, que de gens empressés à faire des emplettes, les uns pour leurs enfants, les autres pour leur père et leur mère, ceux-ci pour les personnes qu'ils aiment le plus, ceux-là quelquefois pour celles qu'ils aiment le moins! On dirait que Paris s'est revêtu d'une robe de fête pour étaler à tous les yeux les chefs-d'œuvre et les merveilles de ses arts et de son industrie. Mais suivons cette foule impatiente dans un de ces beaux magasins, de ces riches bazars où la mode, cette reine capricieuse, semble s'être plu à établir son trône et à fixer son empire. Que de précieux albums, que d'élégants portefeuilles, que de meubles magnifiques, que de ravissantes surprises! Ici, ce sont des coffres-forts où l'avare pourra cacher en sûreté tous ses écus comptants; là sont des bronzes, des porcelaines, des serre-papiers, des taille-plumes, des porte-montre, des étagères, où se trouvent échelonnées les fantaisies de l'art le plus coquet et le plus gracieux. Plus loin, vous admirez des tableaux, des statuettes élégantes, où nos Apelles et nos Praxitèles ont déployé toutes les ressources de leur talent. Mais entrons dans un autre salon; voici de charmants elzevirs, de magnifiques in-octavo qui étalent la pompe de leurs reliures et les illustrations de nos artistes les plus à la mode. Sur le dos de ces chefs-d'œuvre sont inscrits les noms des Corneille, des Racine, des Molière, et de tous ces immortels génies qui sont la gloire de notre littérature et l'orgueil de notre France. Mais Dieu! quel nouveau spectacle enchante mes regards! On dirait que la baguette d'une fée fait naître tout à coup des perspectives inattendues et les plus riants panoramas. Quel assemblage de joujoux, de poupées, de polichinelles, de croquemitaines! que de lanternes magiques, que de châteaux forts hérissés de tourelles et de ponts-levis! que de charmantes villas, que de palais enchantés! L'art de nos Vaucansons anime tous ces automates : ils marchent, ils jouent même des airs que ne craindraient pas d'écouter les dilettanti les plus délicats. Mais il faut s'arracher à ces enivrantes séductions, et, quels que soient nos désirs, quelques fortes tentations que nous éprouvions, tâchons de quitter, sans trop de regrets, tous ces chefs-d'œuvre, toutes ces merveilles qui sont la preuve vivante des progrès de nos arts et de notre industrie. (Institutions de Paris.)

13. RÉCIT D'UN VOYAGEUR.

L'allure du chameau est fatigante ; il n'est même pas de monture fatigant et éprouvant plus ceux qu'elle porte. Les épaules, les reins même souffrent des mouvements qu'on est obligé de faire pour se conformer à la façon dont marchent ces animaux. Cependant, quelles que soient la fatigue et la douleur que l'on ressente d'abord, on finit par s'y habituer, et j'en étais venu à faire quelque dix lieues sans me sentir fatigué; j'allais même jusqu'à jouir du sommeil le plus doux sur le dos de mon chameau. Les quatre premiers jours de mon voyage ne furent marqués par aucun accident que j'aie à vous raconter; mais, le cinquième jour, l'atmosphère était suffocante, la terre tout entière, aussi loin que pouvaient voir les yeux même les plus exercés, aussi loin que se dessinait l'horizon, était privée de toute vie, on eût dit une terre qu'on aurait dépeuplée et oubliée, qui aurait roulé sans interruption à travers des flots de lumière qui l'auraient comme inondée. Le soleil acquérait à chaque instant de nouvelles forces ; il m'accablait de ses feux que je n'avais jamais eu occasion de ressentir. Je lui cédai le terrain, comme on le cède à plus fort que soi ; je me couvris la tête, je fermai les yeux, et je tombai dans un sommeil léthargique. Dura-t-il une semaine, un jour, une heure, une demi-heure? Je l'ignore ; mais je fus réveillé, non pas en sursaut, mais sans secousse, doucement, par un bruit de cloches : c'étaient les cloches du village qui m'avait vu naître, et où s'étaient passés les heureux jours de mon enfance, hélas ! trop tôt écoulés.

Ma première idée fut que j'étais encore sous l'empire, sous la puissance irrésistible d'un rêve. Je soulevai ma tête appesantie; j'écartai le tissu de soie dont mes yeux étaient couverts, et je plongeai mon visage dans l'éclat d'une lumière vive, éblouissante, inondant l'atmosphère. Quelque bien éveillé que je fusse, ces vieilles cloches continuaient de se faire entendre ; ce n'était pas une sonnerie joyeuse comme celle qui annonce que quelque nouveau-né est près d'être tenu sur les fonts baptismaux : c'était une sonnerie lente, régulière, continuelle, appelant les fidèles à l'église. Quelques instants étaient à peine écoulés que tous ces sons avaient cessé. Je ne puis dire au juste combien de temps ils avaient duré ; car ni moi ni aucun des personnages de ma suite n'avions de montre ; mais j'évaluai à dix minutes la période durant laquelle je les avais entendus retentir. J'attribuai ce phénomène à l'extrême ardeur du soleil, à la complète sécheresse de l'atmosphère et au profond silence qui régnait autour de moi ; il me parut vraisemblable que la sensibilité des organes de l'ouïe s'était développée par ces circonstances, et qu'elles les avaient fait vibrer sous l'influence de quelque souvenir dont mon cerveau avait été traversé. On m'a dit que parfois des sons pareils à ceux que j'avais cru entendre s'étaient produits en mer, et que, enchaînés par le calme, sous le soleil des tropiques, au milieu de l'immensité de l'Océan, les marins s'étaient imaginé que les cloches de leur village tintaient à leurs oreilles, ce qui avait causé à plusieurs un étonnement, une surprise mêlés de quelque effroi. (Colléges de Paris.)

14. LES JOUISSANCES DE L'INSTITUTEUR.

Vous ne sauriez vous imaginer combien de jouissances sont réservées aux instituteurs qui s'acquittent dignement de la difficile mission qui leur est confiée. Elles augmentent en proportion des peines que leur a causées l'instruction de leurs élèves. Je ne craindrais pas d'être démenti si, m'adressant à l'un d'eux, je lui disais : « Tel enfant était moins favorisé de la nature que ses condisciples ; le peu d'intelligence que vous avez remarqué en lui, le peu de progrès qu'il avait faits pendant toute une année, au lieu de vous décourager, avait doublé l'intérêt que vous lui portiez. Vous avez voulu qu'il eût aussi sa part d'instruction ; vous vous êtes occupé de lui en particulier dans vos heures de loisir, et vous êtes parvenu à faire fructifier vos efforts. Convenez que la peine que vous vous êtes donnée pour lui, que ces petits sacrifices de temps que vous vous êtes imposés en sa faveur, se trouvent bien compensés par les résultats que vous avez enfin obtenus. Quelle que soit la satisfaction que vous eût procurée le succès d'un élève plus intelligent, avouez que vous êtes bien plus heureux encore du peu de progrès qu'a faits ce pauvre enfant, qui semblait condamné à ne point sortir de son ignorance. Toute autre gloire vous eût peut-être trouvé indifférent ; celle-ci vous touche davantage, parce qu'elle vous a coûté plus cher. » Quoi qu'on puisse dire, c'est à cause des difficultés d'une entreprise qu'on en apprécie mieux le résultat. (Sorbonne.)

15. POLICHINELLE.

Voilà, voilà Polichinelle! le vrai, l'unique Polichinelle! Il ne paraît pas encore, et on dirait que vous le voyez déjà; vous le reconnaissez à son rire inextinguible. Il ne paraît pas encore, mais il siffle, il bourdonne, il babille, il appelle, il crie, il parle de cette voix qui n'est pas une voix d'homme, de cet accent qui n'est pas pris dans les organes humains, et qui annonce quelque chose de supérieur à l'homme. Il s'élance en riant, il fait des chutes, il se relève, il se promène, il gambade, il saute, il se débat, il gesticule et retombe démantibulé contre le châssis, qui résonne de sa chute. Ce n'est rien, c'est tout simplement Polichinelle! Toutes les pensées de la multitude enivrée se mêlent et se confondent en un cri : « C'est lui! » Alors c'est un spectacle qui enchante et attire les regards. Alors les petits enfants qui se tenaient presque immobiles et tremblants d'un curieux effroi entre les bras de leurs bonnes, la vue fixée avec inquiétude sur le théâtre vide, s'émeuvent et s'agitent tout à coup, agrandissent encore leurs beaux yeux ronds pour mieux voir, s'approchent, se rejettent en arrière, se rapprochent, se disputent les premiers siéges. A sa surface, le flot de l'avant-scène roule de petits bonnets, de petits shakos, des toques, des casquettes, des bourrelets même, de jolis bras blancs qui s'entremêlent, qui se contrarient; de jolies mains blanches qui se projettent en avant, qui se repoussent; c'est la plus aimable confusion, le plus charmant pêle-mêle que l'on puisse trouver; chacun empiète sur son voisin, et tout cela, savez-vous pourquoi? pour saisir, pour voir Polichinelle vivant. Je comprends à merveille cet empressement de jeunes enfants pour lesquels la vue de Polichinelle est un plaisir qui se répète et se renouvelle tous les jours. (Colléges de Paris.)

16. NÉCESSITÉ D'UNE ÉTUDE SÉRIEUSE.

Un jeune homme, quelles que soient d'ailleurs ses dispositions naturelles, ne recueillera que peu de fruit de ses études s'il ne sait pas se former une idée nette et très-précise des choses qu'il aura lues ou entendu expliquer. Toutes celles qu'il aura laissées sans les avoir approfondies seront bientôt effacées de son souvenir. Quelque clairs que nous aient paru les ouvrages que nous avons consultés, tout élémentaires même que nous semblent les notions qu'ils renferment, il ne faut pas que nous croyions les avoir toujours bien compris dès le premier abord. C'est une tout autre chose d'effleurer un sujet ou de le connaître à fond. D'ailleurs, si nous savons que l'autorité, tout imposante qu'elle est, ne peut être cependant infaillible, pourquoi ne pas les soumettre à l'examen exact de notre raison ? Quand même aucune erreur ne s'y révélerait à notre esprit, la peine que nous aura coûté cette méditation ne sera point perdue, puisque par là nous nous serons accoutumés à réfléchir. Souvent, après bien du travail, nous sommes tout honteux du peu de progrès que nous avons faits ; cela vient de ce que la mémoire est la seule de nos facultés que nous ayons cultivée. La plupart des jeunes gens emploieront une journée tout entière à apprendre par cœur, plutôt qu'une heure et demie, et même qu'une demi-heure à réfléchir. Quoi que vous lisiez, quoi que vous étudiiez, astreignez-vous à l'attention. Vous courrez moins vite, il est vrai ; mais vous finirez par arriver plus tôt. (Sorbonne.)

17. L'ORGUEIL.

De tous les défauts que la nature a départis à l'homme, je n'en connais pas beaucoup que la philosophie ait estimés plus dangereux que l'orgueil. Quelles que soient vos qualités, quelque distingués que soient vos talents, si bonne que soit la route que vous ayez commencé à suivre, l'orgueil, qui vous a laissé la liberté d'être modeste dans les instants qu'il n'a pas crus propices, vous surprendra au moment où vous vous y attendrez le moins. Comment tant de héros se sont-ils perdus? comment se sont-ils donné à eux-mêmes le coup de la mort ? par quoi se sont-ils vus précipités dans l'abîme ? Par l'orgueil. Nos forces ne sont pas sorties toutes-puissantes des mains du Créateur ; il ne les a pas créées infinies ; c'est bornées qu'il les a voulues. Pauvres humains, qui vous êtes crus des demi-dieux ! combien donc ne vous êtes-vous pas trompés! Ne semble-t-il pas que vous n'ayez été faits si grands, que vous n'ayez monté si haut, que pour présenter au monde étonné le spectacle d'une chute plus complète? Pour moi, qui les ai regardées tomber, ces victimes de l'orgueil, mon âme est toute confondue quand je pense à leur folie. Et cependant ma débile raison ne va-t-elle pas, un jour ou un autre, se sentir entraînée à les imiter, elle qui les traite déjà d'insensées? O mon Dieu! vous qui n'êtes pas maître à demi, toutes les choses que vous avez voulues, vous les avez pu faire : veuillez donc me préserver du fléau de l'orgueil! (Institutions de Paris.)

18. LE CHRISTIANISME ET SES RÉSULTATS.

Combien d'événements se sont succédé et sont venus renouveler la face du monde depuis l'établissement du christianisme! Quelque faibles qu'en aient paru les commencements, quels qu'aient été les obstacles qui se sont opposés à son développement, quelques persécutions qu'il ait eu à soutenir, la Providence s'est plu à le faire triompher de tant de difficultés que les hommes auraient crues insurmontables. Est-il possible que nous ne voyions pas le doigt de Dieu dans l'établissement de cette religion, qui toute belle, tout admirable qu'elle est, n'eût jamais pu vaincre les préjugés et les passions généralement répandus? Combien de soi-disant philosophes, combien de licencieux esprits forts, enorgueillis du peu de connaissances qu'ils avaient recueillies, s'étaient imaginé qu'elle aurait, sans résistance, succombé sous leurs coups! Le peu de résultat qu'ils ont obtenu de leurs attaques, aussi vaines qu'audacieuses, prouve que ceux qui oseraient leur succéder dans leurs prétentieuses folies ne réussiraient pas davantage. D'un autre côté, les génies les plus éminents, les Bossuet, les Fénelon (je ne rappelle ici qu'un petit nombre de ceux que notre pays a vus naître) se sont fait une gloire de se soumettre à des dogmes que d'autres avaient osé dire inadmissibles. Quant à nous, est-il besoin que nous essayions de sonder les bases inébranlables sur lesquelles s'appuie cette religion, et de nous rappeler les bienfaits dont elle a gratifié la terre? Nous ne mettrons donc point sous vos yeux le détail infini des sublimes dévouements que nous l'avons vue inspirer, et par lesquels elle acquiert chaque jour de nouveaux titres à la reconnaissance des hommes. Il suffira que nous n'oubliions pas que, par sa douce influence, d'autres usages et d'autres mœurs se sont substitués à ceux qui existaient jadis. C'est grâce à elle que les esclaves qui, jadis, étaient chose vénale et assimilés aux plus vils animaux, sont devenus quelque chose de digne d'être prisé à l'égal des autres hommes. C'est devant elle que s'est effacé ce prétendu droit de guerre d'exterminer ou de réduire en esclavage les nations qui avaient eu le malheur d'être vaincues. On n'oubliera plus désormais que les ennemis qui se sont laissé vaincre, que les prisonniers mêmes qui sont tombés entre nos mains ont droit à être traités en frères; et, s'il se trouvait quelque persécuteur qui l'oubliât, l'humanité tout entière se récrierait contre une telle barbarie. (Sorbonne.)

19. AVEUGLEMENT DE L'ORGUEIL.

Quelle que soit notre indulgence, nous ne saurions adopter les principes de quelques publicistes sur les moyens de transmettre son nom à la postérité. Combien n'a-t-on pas vu de gens qui s'étaient proposé de ne suivre que des voies directes, et qui se sont égarés en marchant sur des errements aventureux! Ils ont perdu, en définitive, des titres réels qu'ils avaient mérités à une gloire qu'ils ont laissée s'évanouir, et se sont trop empressés d'accueillir avec une faveur indiscrète, les adulations de quelques sycophantes insidieux. Un des plus fameux conquérants qui aient figuré dans l'histoire se persuada qu'il pouvait renier son père et se dire fils d'un dieu. La tourbe enthousiaste des compagnons de ses exploits guerriers applaudit à cette nature censée divine, à cette apothéose anticipée; mais la divinité postiche devint en butte aux sarcasmes des gens sensés, et, s'ils ne burent pas la ciguë, comme Socrate, ils ne payèrent pas moins de leur tête la franchise de leurs remontrances. (Sorbonne.)

20. L'UNIVERS NE PEUT ÊTRE L'OUVRAGE DU HASARD.

Si j'entre dans une maison, j'y vois des fondements posés de pierres solides, pour rendre l'édifice durable; j'y vois des murs élevés, avec un toit qui empêche la pluie de pénétrer dedans; je remarque au milieu une place vide qu'on nomme une cour, et qui est le centre de toutes les parties du tout; je rencontre un escalier dont les marches sont visiblement faites pour monter, des appartements dégagés les uns des autres pour la liberté des hommes qui logent dans cette maison, des chambres avec des portes pour y entrer, des serrures et des clefs pour fermer et pour ouvrir, les fenêtres par où la lumière entre sans que le vent entre avec elle, une cheminée pour faire du feu sans être incommodé de la fumée, un lit pour se coucher, des chaises pour s'asseoir, une table pour manger, une écritoire pour écrire.

A la vue de toutes ces commodités, pratiquées avec tant d'art, je ne puis douter que la main des hommes n'ait fait tout cet arrangement. Je n'ai garde de dire que ce sont des atomes que le hasard a assemblés. Il ne m'est pas possible de croire sérieusement que les pierres de cet édifice se sont élevées d'elles-mêmes, avec tant d'ordre, les unes sur les autres, comme la fable nous dépeint celles que la lyre d'Amphion remuait pour en former les murs de Thèbes. Jamais aucun homme sensé ne s'avisera de dire que cette maison, avec tous ses meubles, s'est faite et arrangée d'elle-même. L'ordre, la proportion, la symétrie, le dessin manifeste de tout l'ouvrage, ne permettent point de l'attribuer à une cause aveugle, telle que le hasard.

En vain quelqu'un me viendra dire que cette maison s'est faite d'elle-même par pur hasard, et que les hommes qui y trouvent cet ordre purement fortuit s'en servent, et s'imaginent qu'elle a été faite tout exprès pour leur usage. De telles pensées ne peuvent entrer dans les esprits des hommes raisonnables. (Hôtel de ville.)

21. NÉCESSITÉ DES DIFFICULTÉS DE L'ÉTUDE.

Je désire que vous ne vous effrayiez point de la difficulté des devoirs et des compositions qui vous sont imposés. Quoi qu'on en dise, quoiqu'on s'en plaigne peut-être, ces épreuves sont dans l'intérêt de l'instruction que vous êtes appelés à recueillir, dans celui de vos familles, dans le vôtre même; elles ne doivent effrayer que les écoliers (et j'aime à penser qu'il ne s'en trouve aucun parmi vous) qui, s'étant trop complu dans leurs dispositions naturelles, ou qui, s'étant trop fiés dans le peu de connaissances qu'ils sont tout fiers d'avoir reçues de leurs maîtres, se sont imaginé qu'il suffit d'une demi-science mal digérée que l'on acquiert sans des travaux opiniâtres et consciencieux. Croyez-le, il ne faut pas que l'on n'ait que des connaissances qu'il soit indispensable d'avoir. Quelle honte ne serait-ce pas pour vous si vous aviez à rougir, en pleine classe, de rester muets et bouche béante à une question quelconque qu'il vous serait arrivé de n'avoir pas prévue? Quels que soient les travaux antérieurs auxquels vous vous êtes livrés, gardez-vous de penser que l'instruction que vous acquerrez puisse être achetée trop cher, et lors même que vous serez sortis de pension, il faudra que vous travailliez toujours. Oui, répétons-le encore une fois, afin que vous ne l'oubliiez jamais, il faut du travail et toujours du travail. (Sorbonne.)

22. RÉALITÉ D'UNE AUTRE VIE.

Une multitude d'hommes achèvent leur carrière sans s'être demandé où l'on va, une fois la fin du voyage arrivée. Cependant tout nous indique qu'après cette demi-existence, qui est la nôtre, il y a en nous quelque chose d'idéal et de subtil qui ne peut périr : les uns et les autres travaillant, combattant, cherchant à nous faire place; nous ne nous agitons pas dans le vide. Notre destinée ne se conçoit pas terminée avec la tombe. Voyez ces mondes resplendissants qu'un souffle du Créateur a suffi à créer, et qui roulent perpétuellement suspendus au-dessus de nos têtes : quelle que soit votre ignorance à leur égard, la régularité que la science s'est plu à reconnaître dans leurs mouvements nous indique un Dieu infini. Il règne entre les mille et mille chefs-d'œuvre de la création une harmonie qui n'a jamais pu être dépassée que par elle-même. Pas un insecte, pas un ciron qui n'ait sa fonction : la nôtre serait-elle donc d'être inutilement dévorés par notre intelligence ? Non : ce Dieu par lequel nous savons que tous les biens ont été créés; ce Dieu, après le peu de vraies joies que nous avons eues sur la terre, après le grand nombre d'espérances que nous avons cru pouvoir nourrir, après tous les efforts que la pratique de la vertu nous a coûté et toutes les douleurs que la vie matérielle nous a fait éprouver : non, ce Dieu ne saurait nous avoir condamnés au néant. (Examens de Saint-Cyr.)

23. LE SUBLIME ET L'EMPHASE.

Le célèbre rhéteur Longin a dit que le sublime est le son que rend une grande âme; le sublime peut se rencontrer dans la poésie, dans un discours amplifié et dans une simple phrase, qu'on n'a même rendue sublime qu'à force de brièveté. Toute espèce d'idée peut devenir sublime, quelque simple qu'elle paraisse d'abord ; car il ne faudrait pas qu'on s'imaginât que le sublime consiste dans de grands mots assemblés avec peine ; ce ne serait plus alors qu'une vaine enflure, un style boursouflé, que l'homme de goût sait reconnaître et éviter. Quoi qu'il écrive, il demeure dans de justes bornes, et donne à ses paroles une noble vigueur qui entraîne et convainc.

Mais, quelles que soient la force de sa parole et l'élévation de sa pensée, il évite l'emphase, et rejette loin de lui ces tournures de phrases ampoulées et prétentieuses qui sont le cachet de la médiocrité, et l'écueil où sont tombés tant d'écrivains qui se sont laissés aller à la fougue d'une imagination déréglée, et ont pris pour quelque chose de noble et de grand une vaine et puérile déclamation. (Hôtel de ville.)

24. SUR LA PEINTURE.

Les tableaux que je vous ai fait voir à l'exposition dernière m'ont paru demander une attention toute particulière. J'en ai remarqué moi-même qui ne répondent pas aux espérances qu'avait données leur auteur ; mais aussi, j'en ai vu qui m'ont plu beaucoup, et qui m'ont intéressé davantage encore, à cause de la main qui les a tracés. Les conditions que l'on demande à l'artiste sont tout autres qu'on ne le croit communément. Que de rares qualités n'a-t-il pas fallu réunir pour faire un bon peintre ! L'âme tout entière doit se révéler dans un tableau ; et, quelles que soient les études qu'on ait faites, on ne doit être jamais content de soi. Les Raphaël, les Michel-Ange désespéraient toujours d'atteindre à la perfection. Une tout autre pensée ne saurait jamais entrer dans la tête d'un véritable artiste. Que de choses, en effet, dans un tableau ! composition, coloris, exactitude de la scène et des individus, dessin surtout ; et ce n'est pas dans trois jours et demi, encore moins dans une demi-journée, que se ferait un paysage ou un portrait ; c'est le résultat d'un travail consciencieux. Honneur donc aux artistes jeunes ou vieux, femmes ou hommes, qui ne se sont pas laissés aller à la paresse, et qui se sont dit en voyant exposer leurs tableaux : « C'est le fruit de ma persévérance ! » (Sorbonne.)

25. L'ESPAGNE.

Au huitième siècle de l'ère chrétienne, l'Espagne, tout inaccessible qu'était son littoral du midi, fut cependant envahie de ce côté par les Maures d'Afrique, et conquise à l'islamisme pour plus de sept cents ans. Avec tous les éléments qu'on peut trouver réunis pour la prospérité d'une nation, avec un sol fertile, un climat admirable, fermé au nord par une chaîne de montagnes élevées, l'Espagne était pourtant hors d'état de repousser l'agression d'un ennemi puissant. La politique d'exclusion qu'avaient pratiquée les Goths, en se séparant complétement des vaincus, n'avait servi qu'à ruiner le peu de ressources que le pays eût encore trouvées en appelant à son aide les descendants du peuple conquis. Pour s'être privés de l'appui des vaincus, pour avoir accoutumé les peuples à la bassesse et à l'humiliation, ces conquérants de deux siècles furent condamnés à tomber. Les chaînes ne savent qu'entraver : aussi les peuples qu'on en a chargés, et qu'on a cru indispensable de réduire à l'asservissement, deviennent inutiles quand il s'agit de repousser l'ennemi. Heureusement, il s'était trouvé quelques hommes qui n'avaient pas désespéré de la patrie. Pélage et ses compagnons s'étaient retirés dans les Asturies, leurs descendants y conservèrent leur nationalité, agrandirent peu à peu leurs conquêtes, et bientôt, étendant leur domination sur la presqu'île tout entière, ils chassèrent les Maures qui s'en étaient emparés. (Sorbonne.)

26. L'AMBITION N'EST JAMAIS CONTENTE.

Fontenelle appelle l'avarice le plus grand leurre des hommes. On pourrait en dire autant de l'ambition ; cette passion ne réserve à ceux qui l'ont une fois sentie naître dans leurs cœurs que d'amères déceptions. Néanmoins, bien que trompés sans cesse, dans les espérances qu'ils avaient conçues, ils ne se rebutent jamais, quelles que soient les difficultés inhérentes à l'exécution de leurs projets sans cesse renaissants. Ont-ils, à force d'opiniâtreté, triomphé des obstacles, quelques emplois qu'ils occupent, quelque grande que soit leur autorité, aussi bien que leurs richesses, ils aspirent sans cesse à voir rehausser encore leur position. Point de relâche pour eux, point de pause dans leur marche; ce n'est que parvenus au faîte des honneurs et de la puissance qu'ils en sentent enfin le vide et le néant. En reportant leurs regards sur la voie qui les y a conduits, combien n'y en a-t-il pas eu qu'on a vus rougir d'eux-mêmes ! La voix de la conscience reprend alors sur eux son empire : aussi, aux fêtes qu'ils donnent pour se distraire, les voit-on tout sombres et tout rêveurs. Leur ennui et leur contrariété se révèlent malgré leurs efforts pour les dissimuler. Quelques insensés s'extasieront peut-être à la vue de leur opulence ; mais leur fortune, tout heureuse, toute brillante qu'elle paraît être à des yeux peu clairvoyants, est un faix qui les accable. Ils désirent qu'elle leur acquière des amis, et ils reconnaissent avec douleur qu'elle ne leur acquiert que des flatteurs. (Sorbonne.)

27. NÉCESSITÉ DE LA CHARITÉ.

Il faut que chacun concoure au bien-être général, que le riche secoure le pauvre, que le pauvre ait de la reconnaissance pour le riche, sans envier les grands biens que lui a départis la Providence. Ainsi s'effectuera cette parole du divin Sauveur : « Aimez-vous les uns les autres comme je vous ai aimés. » S'il en est parmi vous qui haïssent leurs frères, qu'ils soient repris par l'Église, qu'ils soient regardés comme des païens ou des publicains. L'égoïsme est antichrétien; la charité est le fond du christianisme. Le peu de charité que nous aurons eue pour nos frères, on nous la comptera au centuple quand viendra ce jour où nous comparaîtrons devant le juge qui connaît les replis du cœur, quelque profonds qu'ils soient, et apprécie les motifs qui nous ont fait agir, de quelque apparence de vertu que nous les ayons colorés. Alors plus de palliatifs, plus d'accommodements avec la conscience; ainsi nous aurons été, ainsi nous serons récompensés. En vain requerrons-nous un autre poids, une autre mesure que celle dont nous nous serons servis, nos actions seront jugées par celui qui nous les aura vus faire, et chacun selon ses œuvres. (Sorbonne.)

28. LES COMBATS DE MER PLUS TERRIBLES QUE CEUX DE TERRE.

Si jamais l'homme eut occasion de développer cet instinct

de courage que lui donna la nature, c'est dans les combats qui se livrent sur mer. Les batailles de terre présentent, à la vérité, un spectacle plus terrible; mais, du moins, le sol qui porte les combattants ne menace point de s'entr'ouvrir sous leurs pas; l'air qui les environne n'est pas leur ennemi, et leur laisse diriger leurs mouvements à leur gré; la terre entière leur est ouverte pour échapper au danger.

Dans les combats de mer, tout conspire à augmenter les périls, à diminuer les ressources. L'eau n'offre que des abîmes dont la surface, balancée par d'éternelles secousses, est toujours prête à s'ouvrir; l'eau, agitée par les vents, produit des orages, trompe les efforts de l'homme et le précipite au-devant de la mort qu'il veut éviter; le feu déploie sur les eaux son activité terrible, entr'ouvre les vaisseaux et réunit la double horreur d'un naufrage et d'un embrasement. La terre, ou reculée à une grande distance, refuse son asile; ou, si elle près, sa proximité même est dangereuse, et le refuge est souvent un écueil. L'homme, isolé et séparé du monde entier, est resserré dans une prison étroite d'où il ne peut sortir, tandis que la mort y entre de toutes parts.

Mais parmi ces horreurs, il trouve quelque chose de plus terrible pour lui : c'est l'homme, son semblable, qui, armé de fer et mêlant l'art à la fureur, l'approche, le joint, le combat, lutte contre lui sur ce vaste tombeau, et unit les efforts de sa rage à celle de l'eau, des vents et du feu. (Hôtel de ville.)

29. UN MARIAGE ARABE.

Un grand mouvement du camp annonce aujourd'hui quelque chose d'extraordinaire : c'est un mariage qui va se célébrer.

Cette cérémonie est ici fort simple : le futur, portant un agneau dans ses bras, vient à la tente de sa fiancée ; il y égorge l'animal devant des témoins, et, dès que le sang coule et touche la terre, la cérémonie, à laquelle succèdent des chants et des festins, est considérée comme accomplie.

La fiancée est ensuite revêtue par sa mère d'habits de noces, puis elle monte sur un chameau orné de glands et de morceaux d'étoffe; on lui fait faire trois fois le tour de sa tente environnée de ses amis, qui poussent de grandes acclamations; elle-même, pour agir convenablement et selon l'usage, doit en même temps jeter des cris pitoyables. Mais ce qui occasionne à cette heure des fêtes et des réjouissances extraordinaires dans notre camp, c'est que le mariage qui va se célébrer est celui d'un scheik.

Les présents destinés à la fiancée sont étalés en grande pompe; les chameaux sont parés de glands, de pompons et de morceaux d'étoffe de couleur, pour suppléer aux fleurs dont la saison est passée. Les amis de l'époux montés à cheval, les troupeaux conduits par leurs bergers, les esclaves noirs montés sur des chameaux, forment une longue procession, entourée de centaines de femmes criant et hurlant sur le ton le plus aigu du diapason d'un gosier arabe. Au milieu de cette cohue paraît le chameau portant le trousseau. Des mousselines brodées d'or et divers objets de toilette sont suspendus autour de lui. Les bottines jaunes sont placées sur ses épaules; les colliers, les bracelets, les anneaux, les boucles pour le nez, sont entrelacés en festons autour de son cou de la manière la plus bizarre et la plus fantastique que l'on puisse imaginer. Accompagné de cette escorte, le futur s'avance vers la tente de sa fiancée, les cris redoublent à son arrivée; mais, après quelques instants, la compagnie se rassemble autour des présents, s'assied, et le café est servi en attendant le dîner. Du riz, des dattes nagent dans le beurre; des moutons cuits tout entiers et de la viande de chameau sont préparés pour le repas.

Après cette cérémonie, trois jours doivent s'écouler avant qu'il soit permis à l'époux de revenir chercher son épouse pour la conduire dans sa nouvelle tente. (Hôtel de ville.)

30. LES HABITANTS DE LA CALIFORNIE.

Les Californiens, anciens colons espagnols, sont querelleurs, ivrognes et adonnés aux plaisirs bachiques. Quand ils partent pour leurs immenses plaines, ils portent dans les fontes de leurs selles une bouteille d'eau-de-vie et des armes. Danseurs infatigables, chasseurs adroits, on les a vus parier des piles d'argent, des monceaux d'or même, sur la hauteur d'un bond ou l'issue d'un combat d'ours. La femme californienne est tout autre que ne sont les femmes des autres contrées des deux Amériques. Elle a conservé le type et la pureté de lignes qu'on a tant admirés chez les paysannes espagnoles. Ardente au plaisir, ses plus chères délices sont de courir à cheval ; et, comme les hommes même les plus intrépides, elle saisit dans les nœuds redoublés d'un lacet le taureau furieux, l'élan, le cerf ou le chevreuil. L'incendie qu'elle a allumé dans la plaine excite sa joie ; elle rit quand elle voit tout en flammes les lianes des arbres les plus élevés de la forêt. Dans les jeux sanglants que se sont réservés les chefs, ils égorgent les esclaves, ils se distribuent leur chair ; et quand ils ont fait ainsi un repas qu'ils aiment plus que toute autre chose, ils dorment depuis le coucher du soleil jusqu'à son lever. La chère qu'ils font ainsi leur paraît délicieuse, car ils sont anthropophages. Quelque cruels que soient leurs plaisirs, quelques sauvages voluptés qu'ils goûtent, rien n'égale la bizarrerie et l'amour du sang qu'on remarque dans leurs funérailles. On se rend près d'un torrent qui forme une cataracte bouillonnante, et après que les femmes se sont laissées aller à toute l'expression de leur douleur, on attache le défunt sur son plus beau cheval; son arc repose entre ses mains;. les chevelures des ennemis pendent à l'arçon de la selle, et l'on entoure ses bras de bracelets. Puis on place le cheval entre le torrent et les guerriers, qui forment deux demi-cercles. L'animal bondit, caracole, va, vient du torrent aux deux demi-cercles, qui se rétrécissent de plus en plus. Aux cris plaintifs qu'il pousse, répondent les houras sauvages des Californiens. Frappée de terreur, les naseaux en feu, la crinière toute hérissée, la pauvre bête fait de vains efforts pour s'échapper ; mais, quelles que soient ses tentatives pour franchir la barrière, on la voit bientôt, toute hors d'elle-même, finir par se précipiter avec son fardeau dans le gouffre écumant. (Sorbonne.)

51. LA VILLE DE NICE.

Parmi les contrées de l'Europe, l'Italie est une de celles qui jouissent de la plus agréable température ; l'atmosphère y est plus pure que partout ailleurs. Entre autres villes de ce beau pays, Nice attire un grand concours d'étrangers, de Français, d'Anglais, d'Allemands même, qui viennent y chercher la guérison des maladies censées incurables. La lettre suivante, adressée à une amie par une dame qui s'est arrêtée à Nice six mois et demi, donne sur cette ville quelques détails qui ne manquent pas d'intérêt.

« Après les rigoureux hivers que vous avez subis, après les longues pluies qui vous ont assaillie jusqu'à la mi-mai, c'est presque une cruauté de vous mander que je me suis laissé emmener à Nice, où je goûte les douceurs d'une température printanière. Figurez-vous une jolie ville, assise sur le bord de la mer, vis-à-vis de la côte nord-est de l'Afrique. L'air brûlant de la zone torride nous arrive agréablement attiédi par les eaux de la Méditerranée, tandis qu'une triple enceinte de montagnes toutes hérissées de neiges, protége notre oasis fortunée contre les vapeurs humides du continent européen. Si parfois, chargée de pluie et d'orage, une nuée partie de la France méridionale vient donner sur les triples remparts qui nous environnent, c'est merveille de la voir, du fond de notre vallée, se résoudre en neige et blanchir la cime des monts d'alentour, tandis que le printemps verdoie à leurs pieds. Aussi, tout invraisemblables que paraîtront mes paroles, jamais de pluie depuis mon arrivée, jamais moins de douze degrés Réaumur; des primeurs de toutes façons, des fleurs printanières même au mois de janvier, la vie pour moitié prix de ce qu'elle coûte à Paris, et par-dessus tout, le doux loisir au bord de la mer, le calme après les travaux fatigants, le bien-être après la souffrance. Ma santé, tout altérée qu'elle était, s'est promptement rétablie sous l'influence bienfaisante de ce climat fortuné. Quelque plaisir que vous goûtiez à Paris, quelques nombreuses distractions que vous ayez au milieu du monde, je vous assure que je ne les envie nullement, et qu'il m'est doux de passer ici une demi-année, en me sentant revivre sur cette terre heureuse où l'on ne connaît aucun de ces froids excessifs qui sont si préjudiciables à la santé des pauvres malades. » (Hôtel de ville.)

32. LA CHASSE.

De tous les exercices auxquels les hommes se sont plu à se livrer, la chasse est un des plus répandus : elle est tout aussi ancienne que le monde, et quand les hommes et les bêtes féroces eurent été créés par la main de Dieu, quand la terre eut été partagée entre eux, la nécessité fit les premiers chasseurs. Tous les hommes, à l'envi, déclarèrent aux animaux une guerre mortelle; puis, lorsque les dangers se furent évanouis, la chasse devint un art et la plus noble occupation. Toute autre fut négligée par les grands, par les rois même, qui s'étaient réservé exclusivement ce plaisir comme leurs plus chères délices. Quand les Francs se furent emparés de la Gaule, ils y apportèrent les mœurs des Germains leurs ancêtres, et l'on sait que Clovis aimait beaucoup la chasse, qui fut cause d'une de ses plus belles victoires. En cinq cent sept, près de livrer bataille à Alaric, roi des Visigoths, il dut à un cerf qu'il poursuivait l'importante découverte d'un gué favorable pour ses troupes, et c'est grâce à cet avantage que le lendemain il tailla en pièces l'armée ennemie. Charlemagne aimait aussi la chasse avec passion; rien n'égalait la magnificence de ses équipages. L'impératrice et les princesses ses filles, montées sur des coursiers fougueux et armées de javelots, s'exerçaient à attaquer les animaux, même les plus dangereux, et, quelle que fût la tendresse de Charles pour elles, il aimait à les voir ainsi réaliser l'histoire toute fabuleuse des Amazones. Un jour, ce prince, s'étant égaré à la poursuite d'un cerf, traversa un ruisseau : à peine fut-il hors de l'eau, qu'il s'aperçut que son cheval boitait: aussitôt l'empereur mit pied à terre, tâta le sabot du cheval, et vit qu'il était brûlant. Il découvrit alors qu'il y avait là des eaux thermales, et c'est en cet endroit qu'il fit construire, à Aix-la-Chapelle, cette magnifique résidence dans laquelle il est mort en huit cent quatorze. On y voit déposées les reliques du grand empereur. Quand on parle de la chasse, il est impossible de ne rien dire de saint Hubert, dont la chronique est tout aussi merveilleuse que celle de Robin-des-Bois. Qui croirait que saint Hubert, évêque de Liége, est devenu le patron des chasseurs, c'est-à-dire des gens qu'excitent le danger et les combats? Quelques auteurs se sont imaginé qu'avant d'être un saint, Hubert avait été un grand chasseur : on l'invoqua pour obtenir une heureuse chasse, et quelques bonnes armes qu'on eût à sa disposition, de quelque adresse qu'on fût doué, on n'était assuré du succès que quand on voyait l'apparition de saint Hubert portant une croix étincelante sur le front. (Institutions de Paris.)

33. MÉRITE DE RACINE.

Les compositions de style que j'ai entendu lire se sont ressenties d'une bonne lecture d'*Athalie* et des vers si purs, si harmonieux que notre grand Racine a laissés échapper de sa plume. Quelques passages que vous avez retenus se sont retrouvés sous vos plumes obéissantes; voilà ce que nous appelons d'excellentes imitations. Que d'écrivains se sont élevés contre cette correction trop grammaticale, selon eux, et ils ne se sont pas doutés que Racine a été l'un des poëtes les plus novateurs de notre langue. J'en ai entendu qui prétendaient rester froids à la lecture d'*Athalie* et d'*Esther;* que je les plains! Ils ont un sens de moins, quelle que soit d'ailleurs leur instruction. Que de douces émotions n'avons-nous pas éprouvées dans le récit du songe d'Athalie! Que de douces impressions n'avons-nous pas ressenties en lisant la prière d'Esther! Nous nous sommes écriés : « O Racine! toi qui es le peintre du cœur humain, toi qui fais le délice des cœurs sensibles, reçois le tribut de notre admiration! » (Sorbonne.)

34. LA MORT D'ALEXANDRE.

Alexandre fit son entrée dans Babylone avec un éclat qui surpassait tout ce que l'univers avait jamais vu; et après avoir vengé la Grèce, pour rendre son nom plus fameux que celui de Bacchus, entra dans les Indes, où il poussa ses conquêtes plus loin que ce célèbre vainqueur. Mais celui que les déserts, les fleuves et les montagnes n'étaient pas capables d'arrêter fut contraint de céder à ses soldats rebutés qui lui demandaient du repos. Réduit à se contenter des superbes monuments qu'il laissa sur les bords de l'Araspe, il ramena son armée par une autre route que celle qu'il avait tenue, et dompta tous les pays qu'il trouva sur son passage.

Il revint à Babylone craint et respecté, non pas comme un conquérant, mais comme un dieu. Mais cet empire formidable qu'il avait conquis ne dura pas plus longtemps que sa vie, qui fut courte. A l'âge de trente-trois ans, au milieu des plus vastes desseins qu'un homme eût jamais conçus, et avec les plus justes espérances d'un heureux succès, il mourut sans avoir eu le loisir d'établir ses affaires, laissant un frère imbécile et des enfants en bas âge, incapables de soutenir un si grand poids. Mais ce qu'il y avait de plus funeste pour sa maison et pour son empire, c'est qu'il laissait des capitaines à qui il avait appris à ne respirer que l'ambition et la guerre. Il prévit à quels excès ils se porteraient quand il ne serait plus au monde. Pour les retenir, ou de peur d'en être dédit, il n'osa nommer ni son successeur, ni le tuteur de ses enfants. Il prédit seulement que ses amis célébreraient ses funérailles par des batailles sanglantes, et il expira à la fleur de son âge, plein des tristes images de la confusion qui devait suivre sa mort. (Hôtel de ville.)

35. L'HISTOIRE.

Puissé-je ne pas trouver de contradicteurs quand je dirai que l'histoire est la reine et la mère de toutes les sciences! En effet, quelles que soient les prétentions de ses rivales, on ne saurait nier la supériorité que se sont plu à lui reconnaître les juges les plus compétents. Les langues que nous avons appris à parler ne seraient pas aussi utiles qu'elles le sont, si elles n'arrachaient au Temps et à la Mort ce que leur faux impitoyable tâche de nous ravir. Eût-on connu les hommes dont nous nous sommes proposé d'imiter les vertus, si l'histoire ne les eût immortalisés? C'est elle qui fixe éternellement le théâtre de l'univers, qui en perpétue les scènes, en dévoile les mystères. Sans la connaissance de l'histoire, nous resterions enfants pendant toute notre vie; car que pourrait nous apprendre le petit nombre des événements que nous avons vus s'accomplir, en comparaison de ceux que nous avons lus ou entendu raconter? Tous les trésors que les filles de Mnémosyne ont amassés à l'envi seraient perdus pour nous, si leur sœur Clio n'eût pris soin de nous les conserver. (Sorbonne.)

36. L'ÉTANG ROUGE DANS LE PAYS DE GALLES.

Dans les montagnes du pays de Galles se trouve un endroit très-pittoresque. Quelques ruisseaux limpides et transparents descendent des hauteurs voisines, affluent dans une espèce de petit lac qu'on appelait autrefois le *lac des Hérons*, et qu'on appelle aujourd'hui l'*Étang rouge*. C'est un bassin d'environ deux kilomètres et demi de circonférence, et de forme circulaire ou plutôt ovale. Quelles que soient les rigueurs de l'hiver, ce lac gèle fort rarement, et, quelque ardentes que soient les chaleurs de l'été, on jouit sur ses bords d'une agréable fraîcheur. D'un côté s'élève une chaîne de rochers d'un rouge foncé, d'où vient le nom qu'on lui a donné; ses eaux semblent prendre la couleur de cette barrière massive qu'elles réfléchissent; de l'autre, s'étendent des collines couvertes de beaux arbres et de genêts épineux. L'atmosphère qu'on respire à l'entour est très-pure, et le site qui se déroule aux yeux est un des plus beaux qu'il y ait jamais eu. Le long du rivage, tout autour du lac, une route, que la nature seule a tracée et a tapissée d'un sable fin et blanc, sépare les eaux, d'un côté, des rochers escarpés, et de l'autre, de la colline agréablement boisée. Le paysage est si profondément calme que l'âme y oublie ses peines; elle s'y livre tout entière à une douce rêverie, et rejette toute autre pensée que celle de la magnificence de la nature et de la puissance de Dieu. (Sorbonne.)

37. LES RUINES DE NINIVE.

Les feuilles publiques des premiers jours de janvier nous ont informés que d'habiles archéologues exploraient les restes de l'antique Ninive. Leur curiosité s'est félicitée de ne s'être pas laissé décourager par les obstacles que les fouilles ont rencontrés de toutes parts; car cette savante autopsie des palais assyriens, ensevelis sous terre depuis trente siècles, a mis à nu cinq mille mètres carrés environ de constructions antiques. Ici sont des bas-reliefs où sont représentés les événements et les solennités du temps; là, des milliers d'inscriptions, hiéroglyphes indéchiffrables : partout des figurines, des statues qui vont grossir le trésor de notre musée des antiques. Ainsi, pendant que tout Paris en émoi renouvelait joyeusement le bail de vie, si court et si chanceux, quand ce n'était de tous côtés que serrements de main, vœux ardents de bonheur et de longue santé, des savants français saluaient, sur les confins de la Palestine, les générations des temps les plus reculés, visitaient la demeure souterraine de ceux qui ne comptent plus les années, et rallumaient le passé au flambeau de l'histoire. Il y a plus : la curiosité publique s'est éveillée plus vivement encore depuis qu'on a vu, rassemblés dans une salle du Louvre, tous ces chefs-d'œuvre si heureusement exhumés, et, quelques ravages que le temps ait imprimés à ces monuments, quelques profondes altérations qu'ils aient subies, ils offrent à l'observateur un vivant témoignage d'une civilisation brillante aujourd'hui évanouie. (Sorbonne.)

38. L'HEUREUX VIEILLARD.

Que l'aurore brille agréablement à travers ces coudriers et ces rosiers sauvages qui s'étendent devant ma fenêtre! La nature tout entière s'éveille : la rosée a ranimé les plantes, et en voyant qu'elles se sont rajeunies, je crois rajeunir aussi. Quelles que soient les années qui se sont succédé sur ma tête, mon bâton, le soutien de ma vieillesse, va me conduire à la porte de ma chaumière : là, je me placerai vis-à-vis du soleil levant, et je parcourrai des yeux la verdure des prés. Que tout ce qui m'environne est beau! Mon âme est récréée lorsque j'entends les hymnes qu'ont chantés les oiseaux dans les plaines de l'air. Les troupeaux sur les collines verdoyantes et dans les vallons entrecoupés de ruisseaux, expriment le plaisir par leurs mugissements. Que d'années j'ai déjà vécu! j'ai vu plus de quatre-vingts fois la révolution des saisons, et quand mes pensées se tournent en arrière pour contempler, depuis ce moment jusqu'à l'heure de ma naissance, cette vaste mais douce perspective, ah! qu'alors tout mon cœur est ému! Les transports que j'ai éprouvés, ma langue ne peut que les balbutier; les larmes de joie que j'ai laissées s'épandre ne sont que de trop faibles actions de grâces pour les bienfaits qui ont comblé ma vie. Quel délice pour moi, lorsque j'envisageai l'avenir : mes enfants folâtrant, souriant dans mes bras, et ma main guidant leurs pas chancelants! Je veux, disais-je, les garantir de tous les accidents; je veillerai sur eux, et Dieu bénira les efforts qu'ils m'auront coûté. Maintenant qu'ils ont achevé de croître, ma vieillesse trouve près d'eux un heureux abri. C'est ainsi que j'ai vu croître ces pommiers, ces poiriers et ces grands noyers, que j'ai fait planter dans ma jeunesse autour de ma cabane: ils étendent au loin leurs rameaux antiques, et couvrent d'un ombrage agréable ma petite habitation. (Gessner. — Institutions de Paris.)

39. LE SOLDAT FRANÇAIS.

Pour bien apprécier le caractère du soldat français, il faut que vous voyiez les bataillons arriver haletants, mais tout joyeux, au bivac, après une marche longue, pénible et toute hérissée d'obstacles. Dès que les tambours ne se sont plus fait entendre, les havresacs, déposés en rond derrière les faisceaux d'armes, dessinent le terrain où la chambrée doit passer la nuit tout entière. On n'aperçoit de toutes parts que des soldats qui, vêtus seulement de leurs capotes, se sont empressés de courir aux vivres, à l'eau, au bois, à la paille. Pendant que les baraques s'élèvent, quels sont les cris qu'on a entendus retentir en mille endroits? Les coups de hache, les hourras joyeux des travailleurs, leurs vivat prolongés, résonnent dans les forêts d'alentour. On dirait la ville d'Idoménée, bâtie par l'influence inaperçue de Minerve. En attendant que la viande soit cuite, que les légumes soient préparés, nos jeunes gens, impatients de l'oisiveté, recousent les sous-pieds à la guêtre, visitent les gibernes, nettoient les buffleteries et polissent les fusils. La soupe est toute prête, on la mange. Qu'un tonneau de bière ou de vin ait été apporté dans le camp, sur les épaules de coureurs qu'on avait envoyés chercher de l'eau, la veillée se prolonge jusqu'à minuit passé. Alors, que de prouesses, que de traits de bravoure racontés avec animation! Que de quolibets, que de saillies lancés par des esprits caustiques! Quelquefois la diane retentit, et l'aurore commence à poindre avant que les conteurs aient fini les histoires qu'ils avaient commencées. Cependant, on a souvent humecté le récit, et il est aisé de s'en apercevoir à la contenance de cet auditoire composé de soldats jeunes pour la plupart; mais l'ivresse à laquelle les Français se sont laissés aller est toujours gaie, scintillante et téméraire; c'est pour eux un avant-goût de la bataille et de la victoire. (Institutions de Paris.)

40. RIXE ENTRE DEUX FEMMES DU PEUPLE.

« Ohé! ohé! arrivez donc, on se bat là-bas devant le marchand de vin. » Ces mots me firent tourner la tête. Je m'arrêtai un moment, puis je fis comme tout le monde; car les portiers quittaient leurs loges, les passants rebroussaient chemin, et les cochers se haussaient sur leurs siéges. C'était sur la place Maubert; les gamins, se faufilant à travers les jambes des spectateurs, s'écriaient : « Hé! viens donc, Louis! Ha! par ici, Bastien... Ho! deux chiffonnières! » Et je vis deux malheureuses qui, après s'être disputé quelque tas de papier, en étaient venues aux gestes, puis aux cris, puis aux coups. A la fenêtre de l'entre-sol du marchand de vin était un petit bossu, tenant une queue de billard et faisant rire la foule par ses lazzi. « Bon! bien tapé! bien riposté! courage! allons! çà, çà, donc! armes courtoises! donnez du champ à ces dames! » Et la foule de les exciter et d'applaudir à chaque coup de langue, de poing ou de pied. Cette scène me faisait pitié; je m'avançai en criant: « Holà! » Ce ne fut plus qu'un haro sur moi. « A bas l'homme à l'habit noir et aux gants jaunes! De quoi se mêle-t-il! Ouais! qu'il aille faire la police dans son quartier..., » et vingt autres quolibets. Je cherchai une issue pour m'esquiver... Nouvelle bagarre! La foule se pressait de toutes parts et on entendait partout ces cris: « Ouf! patatras! » Je faillis être renversé; l'éventaire de pommes heurta l'éventaire d'œufs, qui culbuta l'éventaire de harengs. Une trentaine de spectateurs, hommes, femmes, enfants, étaient sur le pavé! C'était un pêle-mêle affreux; et ce cri se fit entendre: « Gare! garde à vous, voilà la patrouille! » C'était elle en effet; elle se fit jour et arrêta..., savez-vous qui? Moi, qui vous parle! J'eus beau dire miséricorde! protester de mon innocence, tous les yeux, tous les doigts me désignaient. Je me fis conduire au petit bossu de la fenêtre; je le pris à témoin. Il déclara que je lui faisais l'effet d'un parfait honnête homme, qu'au besoin même il jurerait de ma moralité; mais que sa conscience le forçait d'avouer que dans cette affaire je m'étais conduit d'une manière bien inconséquente. Et il indiqua du doigt mon pantalon; j'y regardai comme tout le monde. Dieu! Que vis-je! un œuf accusateur y était écrasé. Crac! je tirai mon mouchoir pour y porter remède, je fis sortir de ma poche deux pommes et un hareng; c'était un vrai guet-apens. Je m'exécutai d'assez mauvaise grâce pour en finir, et après avoir jeté dans chaque éventaire une pièce de monnaie, je montai bien vite dans un fiacre et je rentrai chez moi. (Institutions de Paris.)

SECTION V.

APOLOGUES EN PROSE ET EN VERS, PROVERBES, DIALOGUES, JEUX DE MOTS.

1. LE CHAT PEUREUX.

Au fond d'une obscure prison,
Logeait un rat, d'une grosseur insigne;
L'âge d'abord l'avait rendu grison,
Puis aussi blanc que la plume du cygne,
Ou peu s'en faut. C'était, parmi les rats,
Pour l'âge un vrai Nestor, pour la force un Achille;
Tant, qu'il glaçait d'effroi le plus hardi des chats,
Qui, devant lui, demeurait immobile.
Lecteur, peut-être avez-vous déjà cru
Qu'un rat pareil ne put jamais éclore
Que dans ma tête; erreur : plus d'un témoin l'a vu;
Peut-être même est-il vivant encore.
Quoi qu'il en soit, un chat parisien,
Qui l'avait vu, mais qui ne savait guère
L'art d'élever un fils, disait toujours au sien,
Quand il se mettait en colère :
« Coquin, pendard, que fais-tu là ?
Je te fais manger, prends-y garde,
Par le gros rat; il nous regarde :
Hem! veux-tu bien ...? encore! holà,
Gros rat; venez : bon! le voilà :
Emportez-moi ce chat, qui n'est pas sage. »
De ce gros rat enfin son père, en tous les cas,
L'effraya tant dans son jeune âge,
Que sans cesse depuis, changeant de personnage,
Ce chat fuyait devant les rats.

Sans sa nourrice et semblable menace.
Tel, qui mourut en lâche, eût pu vivre en héros :
Mères, songez-y bien; dans de jeunes cerveaux
Tout se grave et rien ne s'efface. (Imbert.)

2. SOUHAIT INSENSÉ D'UN AVARE.

Un vœu exorbitant, exprimé par un avare, a été l'occasion d'un curieux calcul. Cet homme prétendait que la possession d'un million de millions de francs pourrait seule satisfaire sa soif de numéraire, et qu'alors il passerait sa vie à les compter et recompter. On lui prouva ainsi que sa prétention était irréalisable. Même en comptant vite, on ne pourrait compter, franc par franc, que 170 à la minute; en supposant qu'on atteignît le chiffre 200, on compterait 12 000 fr. en une heure, 588 000 fr. en un jour, 105 120 000 fr. en un an, et 50 512 000 000 fr. en cent ans. De sorte que, si Adam avait commencé à compter depuis l'origine du monde, il lui aurait fallu 9312 ans, 5 heures et 20 minutes. Il serait donc encore loin aujourd'hui d'être au bout de sa tâche.

3. C'EST LA DANSE DES DINDONS.

Cette métaphore proverbiale, qu'on emploie en parlant d'une chose qu'on a eu l'air de faire de bonne grâce, quoique ce soit à contre-cœur, est fondée sur l'historiette suivante, qui, tout invraisemblable qu'elle est, est d'une tradition fort ancienne. Un de ces hommes dont le métier est de spéculer sur la curiosité des gobe-mouches, fit annoncer à son de trompe, un jour de foire, dans une petite ville de province, qu'il donnerait un ballet de dindons. La foule s'étant empressée d'accourir à ce spectacle extraordinaire, la salle tout entière fut remplie. Les cris d'impatience que le directeur avait entendus retentir le forcèrent bientôt de lever la toile. Le théâtre se découvrit enfin, et l'on vit paraître les acteurs de basse-cour, qui sautaient précipitamment tantôt sur un pied, tantôt sur l'autre, en déployant leurs voix discordantes sur tous les tons, tandis que le directeur s'escrimait à les diriger avec une longue perche pour leur faire observer les règles du chassez-croisez. Cette scène, toute burlesque qu'elle était, fut regardée comme un phénomène, et produisit sur les assistants un effet difficile à décrire; les uns s'étaient récriés de surprise, les autres applaudissaient avec transport, ceux-ci trépignaient des pieds, ceux-là poussaient des éclats de rire immodérés, et l'engouement général était tel, que nulle personne ne s'était doutée que les dindons s'étaient donné tout ce mouvement pour soustraire leurs pieds au contact d'une tôle brûlante sur laquelle on les avait posés. Cependant le secret de la comédie ne pouvait rester longtemps caché: quelques étincelles s'étant échappées d'un des tuyaux disposés pour entretenir la chaleur sur la tôle, servirent à le faire connaître pendant la représentation même; mais cet incident jeta dans l'assemblée l'effroi subit d'un incendie, et les spectateurs et les acteurs s'étant précipités pêle-mêle, se sauvèrent comme ils purent.

4. LA LINOTTE.

Une étourdie, une tête à l'évent,
Une linotte, c'est tout dire,
Sifflant à tout propos, et tournant à tout vent,
Quitta sa mère et voulut se produire,
Se faire un sort indépendant :
Un nid chez soi vaut mieux, souvent,
Que ne vaut ailleurs un empire.
Il s'agit de trouver un bel emplacement.
Ma folle, un jour, s'arrête près d'un chêne;
« C'est, dit-elle, ce qu'il me faut;
Je serai là comme une reine;
On ne peut se nicher plus haut. »
En un moment le nid s'achève;
Mais deux jours après, ô douleur!
Par tourbillons le vent s'élève,
L'air s'embrase, un nuage crève,
Adieu les projets de bonheur !
Notre linotte était absente.
A son retour, dieux! quels dégâts!
Plus de nid ! Le chêne en éclats!
« Oh ! oh ! je serai plus prudente,
Dit-elle; logeons-nous six étages plus bas.
Des broussailles frappent sa vue,
La foudre n'y tombera point :
J'y vivrai tranquille, inconnue,
Et ceci, pour le coup, est mon fait de tout point. »
Elle y bâtit son domicile.
Moins d'éclat sans plus de repos;

La poussière et les vermisseaux
L'inquiètent dans cet asile,
Il faut prendre congé, mais, sage à ses dépens,
D'un buisson qui domine elle gagne l'ombrage;
Y trouve des plaisirs constants,
Et s'y préserve en même temps
De la poussière et de l'orage.

Si le bonheur nous est promis,
Il n'est point sous le chaume, il n'est point sur le trône;
Voulons-nous l'obtenir, amis?
La médiocrité le donne. (Dorat, *Fables*.)

5. LES GLUCKISTES ET LES PICCINISTES.

On sait que les amateurs de musique étaient fort divisés, dans la seconde moitié du dix-huitième siècle, entre Gluck et Piccini, qui avaient chacun leurs partisans. Lorsque *Roland*, opéra de Piccini, parut en 1778, les gluckistes dirent que *Roland* n'avait pas de *cœur* (de *chœurs*); que le musicien logeait rue *des Petits-Champs* (des *petits chants*), et le poëte rue *des Mauvaises-Paroles*. Les piccinistes prirent leur revanche, et firent placarder que le chevalier Gluck, auteur d'*Iphigénie*, d'*Orphée*, d'*Alceste* et d'*Armide*, demeurait rue *du Grand-Hurleur*.

6. LE CONNÉTABLE DE BOURBON ET BAYARD.

LE CONNÉTABLE. N'est-ce point le pauvre Bayard que je vois au pied de cet arbre étendu sur l'herbe et percé d'un grand coup? Oui, c'est lui-même. Ah! mon pauvre Bayard, c'est avec douleur que je te vois en cet état.

BAYARD. C'est avec douleur que je vous vois aussi.

LE CONNÉTABLE. Je comprends bien que tu es fâché de te voir dans mes mains par le sort de la guerre; mais je ne veux point te traiter en prisonnier. Je te veux garder comme un bon ami, et prendre soin de ta guérison comme si tu étais mon propre frère; ainsi tu ne dois pas être fâché de me voir.

BAYARD. Hé! croyez-vous que je ne sois pas fâché d'avoir obligation au plus grand ennemi de la France? Ce n'est point de ma captivité ni de ma blessure que je suis en peine. Je meurs; dans un moment, la mort va me délivrer de vos mains.

Le Connétable. Qu'as-tu donc? Est-ce que tu ne saurais te consoler d'avoir été vaincu et fait prisonnier dans la retraite de Bonnivet? Ce n'est pas ta faute, c'est la sienne : les armes sont journalières. Ta gloire est assez bien établie par tant de belles actions : les Impériaux ne pourront jamais oublier cette vigoureuse défense de Mézières contre eux.

Bayard. Pour moi, je ne puis jamais oublier que vous êtes ce grand connétable, ce prince du plus noble sang qu'il y ait dans le monde, et qui travaille à déchirer de ses propres mains sa patrie et le royaume de ses ancêtres.

Le Connétable. Quoi! Bayard, je te loue et tu me condamnes! je te plains, et tu m'insultes!

Bayard. Si vous me plaignez, je vous plains aussi, et je vous trouve bien plus à plaindre que moi. Je sors de la vie sans tache; j'ai sacrifié la mienne à mon devoir. Je meurs pour mon pays, pour mon roi, estimé des ennemis de la France et regretté de tous les bons Français; mon état est digne d'envie.

Le Connétable. Et moi, je suis victorieux d'un ennemi qui m'a outragé, je me venge de lui. Je le chasse du Milanais; je fais sentir à toute la France combien elle est malheureuse de m'avoir perdu en me poussant à bout : appelles-tu cela être à plaindre?

Bayard. Oui, on est toujours à plaindre quand on agit contre son devoir; il vaut mieux périr en combattant pour la patrie, que la vaincre et triompher d'elle. Ah! quelle horrible gloire que celle de détruire son propre pays! (Fénelon, *Dialogue des morts.*)

7. LE SOMMEIL HORS DE SAISON.

Le berger Isidore était à peine âgé de quinze ans, et cependant, quelle que fût sa jeunesse, il montrait une raison si précoce, que son maître, riche fermier de Montfermeil, lui avait accordé sa confiance tout entière, et le citait pour exemple à ses propres enfants. Un jour, Isidore, accompagné du fidèle Sultan, avait emmené les troupeaux qu'il était chargé de conduire aux pâturages. Le soleil était alors à son zénith; l'atmosphère était embrasée. Isidore se coucha sur un épais gazon, et Sultan rassembla aussitôt les brebis qu'il avait laissées s'écarter un instant, et vint, la gueule à demi béante, se coucher aux pieds de son maître. L'un et l'autre se livrent au sommeil; sommeil fatal, car bientôt des gémissements plaintifs se sont fait entendre. Aussitôt, Isidore s'éveille et aperçoit le fidèle animal, qui, chassé par une main cruelle, avait quitté le troupeau qu'il n'avait pu défendre, et revenait vers son maître, la peau toute meurtrie, la gueule tout ensanglantée, et hurlant d'une manière lamentable. Isidore s'élance à la recherche des moutons qu'il s'est laissé dérober ; mais c'est en vain qu'il se précipite à travers les broussailles, les ronces, les épines même ; il ne les retrouve pas. Désespéré, il gagne un chêne à pas précipités, dénoue sa cravate et se pend aux premières branches.

Plus tard, quand on ensevelit le pauvre Isidore, victime aveugle de sa faute, on vit un chien de berger, l'oreille basse, la queue traînante, suivre, en poussant des hurlements déchirants, les restes de son maître ; on vit le fidèle Sultan se laisser mourir de faim sur la tombe qui renfermait l'objet de toutes ses affections.

8. LES USAGES DU MONDE.

M. Delille, en avril mil sept cent quatre-vingt-six, étant à dîner chez Marmontel, son confrère à l'Académie, raconta ce qu'on va lire au sujet des usages qui s'observaient à table dans la bonne compagnie. La conversation s'était engagée sur la multitude de petites choses qu'un honnête homme est obligé de savoir dans le monde, pour ne pas courir le risque d'y être ridiculisé. « Elles sont innombrables, dit M. Delille. Dernièrement, l'abbé Cosson, professeur de belles-lettres au collége Mazarin, me parla d'un dîner où s'étaient trouvés avec lui des gens de cour, chez l'abbé de Radonvilliers, à Versailles. — Je parie, lui dis-je, que vous y avez commis cent incongruités. — Comment donc ! reprit vivement l'abbé Cosson, j'ai fait la même chose que tout le monde. — Quelle présomption ! je gage que vous n'avez rien fait comme personne. D'abord, que fîtes-vous de votre serviette en vous mettant à table ? — De ma serviette ? je la déployai, je l'étendis sur moi, et je l'attachai par un coin à ma boutonnière. — Eh bien ! mon cher, vous êtes le seul qui ait fait cela. On n'étale point sa serviette ; on la laisse sur ses genoux. Et comment fîtes-vous pour manger votre soupe ? — Comme tout le monde, je pense ; je pris ma cuiller d'une main et ma fourchette de l'autre. — Votre fourchette, bon Dieu ! personne ne prend sa fourchette pour manger la soupe. Mais après votre soupe, que mangeâtes-vous ? — Un œuf frais. — Et que fîtes-vous de la coquille? — Comme tout le monde, je la laissai au laquais qui me servait. — Sans la casser? — Sans la casser. — Eh bien, mon cher, on ne mange jamais un œuf sans en briser la coquille. Et après votre œuf? — Je demandai du bouilli. — Du bouilli! on demande du bœuf, et non pas du bouilli. Et après cet aliment? — Je demandai de la volaille. — Malheureux! de la volaille! On demande du poulet, du chapon, de la poularde; on ne parle de volaille qu'à la basse-cour. Mais vous ne dites rien de votre manière de demander à boire. — J'ai, comme tout le monde, demandé du champagne, du bordeaux. — Sachez donc qu'on demande du vin de Champagne, du vin de Bordeaux. Mais comment mangeâtes-vous votre pain? — Je le coupai proprement avec mon couteau. — Eh bien, on rompt son pain; on ne le coupe pas. Le café, comment le prîtes-vous? — Je le versai, par petites parties, de ma tasse dans ma soucoupe. — Eh bien, vous fîtes comme sûrement ne fit personne; tout le monde boit son café dans sa tasse, et jamais dans sa soucoupe. Vous voyez donc, mon cher Cosson, que vous n'avez pas dit un mot, pas fait un mouvement qui ne fût contre l'usage. L'abbé Cosson était confondu, continua M. Delille. Pendant six semaines, il s'informait à tous les nouveaux venus qu'il rencontrait de quelques-uns des sujets sur lesquels je l'avais critiqué. »

9. LE FANTASQUE.

Qu'est-il donc arrivé de funeste à Mélanthe? Rien au dehors; tout au dedans. Ses affaires vont à souhait; tout le monde cherche à lui plaire. Quoi donc? c'est que sa rate fume. Il se coucha hier les délices du genre humain : ce matin, on est honteux pour lui, il faut le cacher. En se levant, le pli d'un chausson lui a déplu; toute la journée sera orageuse, et tout le monde en souffrira. Il fait peur, il fait pitié, il pleure comme un enfant, il rugit comme un lion. Une vapeur maligne et farouche trouble et noircit son imagination, comme l'encre de son écritoire barbouille ses doigts. N'allez pas lui parler des choses qu'il aimait le mieux il n'y a qu'un moment : par la raison qu'il les a aimées, il ne les saurait plus souffrir. Les parties de divertissement qu'il a tant désirées lui deviennent ennuyeuses; il faut les rompre. Il cherche à contredire, à se plaindre, à piquer les autres; il s'irrite de voir qu'ils ne veulent point se fâcher. Souvent, il porte ses coups en l'air comme un taureau furieux qui, de ses cornes aiguisées, va se battre contre les vents. Quand il manque de prétexte pour attaquer les autres, il se tourne contre lui-même : il se blâme, il ne se trouve bon à rien, il se décourage ; il trouve fort mauvais qu'on veuille le consoler. Il veut être seul et ne peut supporter la solitude. Il revient à la compagnie et s'aigrit contre elle. On se tait ; ce silence affecté le choque. On parle tout bas ; il s'imagine que c'est contre lui. On parle tout haut ; il trouve qu'on parle trop, et qu'on est trop gai pendant qu'il est triste. On est triste ; cette tristesse lui paraît un reproche de ses fautes. On rit ; il soupçonne qu'on se moque de lui. Que faire ? Être aussi ferme et aussi patient qu'il est insupportable, et attendre en paix qu'il revienne demain aussi sage qu'il était hier. Cette humeur étrange s'en va comme elle vient. Quand elle le prend, on dirait que c'est un ressort de machine qui se démonte tout à coup ; il est comme on dépeint les possédés. Sa raison est comme à l'envers ; c'est la déraison elle-même en personne. Poussez-le, vous lui ferez dire en plein jour qu'il est nuit ; car il n'y a plus ni jour ni nuit pour une tête démontée par son caprice. (Fénelon.)

10. LE CHIEN ET L'ANE.

Un chien fort altéré, certain âne fort las,
Arrivèrent ensemble au bord d'une rivière.
Ce n'était, pour nos gens, le bout de leur carrière ;
La rivière comprise, il s'en fallait cent pas.
« Que ferons-nous ? dit l'âne. —Ami, veux-tu m'en croire ?
Dit le chien altéré. Pour sortir d'embarras,
Je suis de l'avis qu'il faut boire
Toute cette onde. — Et moi, je n'en suis pas,
Dit l'âne fatigué ; nous ferons mieux d'attendre
Que l'eau s'écoule. En attendant,
Je me reposerai d'autant. »
Le chien but et creva ; l'âne se laissa prendre
Par les loups que la nuit fit sortir des forêts.

Vous riez ! et, pour vous, la fable est faite exprès :
Vous arrive-t-il une affaire ;
La passion présente est votre conseillère.

(Lamotte, *Fables.*)

11. FEMME DE LETTRES ET FEMME DE MÉNAGE.

Un entrepreneur de mariages engageait vivement un célibataire très-raisonnable à épouser une jeune femme qui avait des prétentions au titre d'auteur et de bel esprit. « C'est une nature d'élite, disait-il ; elle a de l'esprit jusqu'au bout des doigts ! elle est femme de lettres ! — Pour mon compte, répondit le futur, j'aimerais mieux qu'elle fût femme de ménage !... — Elle fait admirablement les vers ! — J'aime mieux qu'elle les rince (les *verres*). — Mais, monsieur, c'est une femme qui ira à la postérité ! — J'aime mieux qu'elle aille au marché ! »

12. LE LOUP A L'AGONIE.

Un loup, prêt à rendre le dernier soupir, jetait un regard sur sa vie passée, et rappelait dans sa mémoire toutes les circonstances de sa longue histoire. « On peut me reprocher quelques peccadilles, s'écriait-il ; cependant il y a des coupables dont le compte sera encore plus terrible que le mien. J'ai fait du mal, il est vrai ; mais aussi quels services n'ai-je pas rendus ! Un jour, je m'en souviens, un agneau écarté de la bergerie vint, en bêlant, se jeter près de moi ; quelle que fût mon envie de l'étrangler, je me retins et j'épargnai sa faiblesse. Précisément vers le même temps, j'écoutai sans en être offensé les propos outrageants d'une brebis ; or, mon indifférence était d'autant plus digne d'être admirée, que je n'avais rien à craindre ; les chiens en défaut dormaient paisiblement. — Je puis attester tous les faits que tu as cités, interrompit un renard de ses amis qui le disposait à la mort ; c'était dans le temps où tu manquas d'être étranglé si misérablement par cet os dont la grue eut ensuite la bonté de te délivrer. »

Ainsi, bien souvent on s'attribue l'honneur d'avoir évité le mal parce qu'on n'a pas pu le faire.

13. HOMÈRE ET ÉSOPE.

HOMÈRE. En vérité, toutes les fables que vous venez de me réciter ne peuvent être assez admirées. Il faut que vous ayez beaucoup d'art pour déguiser ainsi en petits contes les instructions les plus importantes que la morale puisse donner, et pour couvrir vos pensées sous des images aussi justes et aussi familières que celles-là.

ÉSOPE. Il m'est bien doux d'être loué sur cet art, par vous qui l'avez si bien entendu !

HOMÈRE. Moi ! je ne m'en suis jamais piqué.

ÉSOPE. Quoi ! n'avez-vous pas prétendu cacher de grands mystères dans vos ouvrages ?

HOMÈRE. Hélas ! point du tout.

ÉSOPE. Cependant tous les savants de mon temps le disaient ; il n'y avait rien dans *l'Iliade* ni dans *l'Odyssée* à quoi ils ne donnassent les allégories les plus belles du monde. Ils soutenaient que tous les secrets de la physique, de la morale et des mathématiques mêmes étaient renfermés dans ce que vous aviez écrit. Véritablement il y avait quelque difficulté à les développer ; où l'un trouvait un sens moral, l'autre en trouvait un physique ; mais après cela ils convenaient que vous aviez tout su et tout dit à qui le comprenait bien.

HOMÈRE. Sans mentir, je m'étais bien douté que de certaines gens ne manqueraient point d'entendre finesse où je n'en avais point entendu.

ÉSOPE. Il fallait que vous fussiez bien hardi pour vous reposer sur vos lecteurs du soin de mettre des allégories dans vos poëmes. Où en eussiez-vous été si on les eût pris au pied de la lettre ?

HOMÈRE. Ce n'eût pas été un grand malheur. Vous vous imaginez que l'esprit humain ne cherche que le vrai ; détrompez-vous. L'esprit humain et le faux sympathisent extrêmement. Si vous avez la vérité à dire, vous ferez fort bien de l'envelopper dans des fables ; elle en plaira beaucoup plus. Si vous voulez dire des fables, elles pourront bien plaire sans contenir aucune vérité. Ainsi le vrai a besoin d'emprunter la figure du faux pour être agréablement reçu dans l'esprit humain ; mais le faux y entre bien sous sa propre figure ; car c'est le lieu de sa naissance et de sa demeure ordinaire, et le vrai y est étranger. Je vous dirai bien plus. Quand je me fusse tué à imaginer des fables allégoriques, il eût bien pu arriver que la plupart des gens auraient pris la fable comme une chose qui n'eût point trop été hors d'apparence, et auraient laissé là l'allégorie.

ÉSOPE. Cela me fait trembler. Je crains furieusement que l'on ne croie que les bêtes aient parlé comme elles font dans mes apologues. (Fontenelle, *Dialogues des morts.*)

14. L'OISEAU ET SA SONNETTE.

Certain oiseau de proie échappé de sa chaîne,
Une sonnette au pied, volait je ne sais où ;
 Le bruit attirait dans la plaine
Nombre de regardants, car le monde est si fou !
 L'oiseau, qui n'était pas plus sage,
Comptait avec orgueil ce peuple curieux.
 « Quelle foule sur mon passage !
Se disait-il ; sur moi tout le monde a les yeux.
 Oiseaux qui volez sans sonnettes,
Vous parcourez les airs sans qu'on en fasse un pas ;
 A peine sait-on si vous êtes ;
 J'aimerais autant n'être pas :
Il faut faire du bruit afin qu'on nous regarde. »
Il étalait ainsi sa fierté babillarde.
Le maître arrive au bruit, et l'esclave aussitôt,
Volé par un faucon servant de grand prévôt,
 S'abat, est forcé de se rendre.
 Sans sa sonnette, où l'eût-on été prendre ?
Votre nom fait du bruit, vous vous en savez gré ;
 Mais en de vrais liens ce bruit vous jette.
 Pour être libre, il faut être ignoré :
 Heureux les hommes sans sonnettes ! (Lamotte, *Fables.*)

15. VITALIS.

Vitalis, noble Vénitien, revenant un soir de se promener dans la campagne, tomba dans une fosse où plusieurs personnes s'étaient déjà laissées tomber avant lui. Un paysan, nommé Masaccio, passait par hasard de ce côté. Il entend les cris déchirants que poussait Vitalis, accourt, coupe une branche d'arbre et la lui tend pour lui aider à se retirer. Mais quelle fut la surprise dont son âme fut saisie en voyant venir un singe, au lieu d'un homme qu'il croyait tirer de la fosse ! Cependant, quelle que soit sa frayeur, l'humanité l'emporte, il revient encore : un serpent s'élance au bout de la branche. Malgré la nouvelle épouvante que cette vue lui avait causée, les cris plaintifs qu'il a entendu pousser par Vitalis le font revenir sur ses pas ; mais il ne fut pas plus heureux : cette fois, ce fut un lion qui sortit de la fosse. Déjà Masaccio s'enfuyait de ce lieu maudit, lorsque la voix du seigneur vénitien parvint encore à ses oreilles : il lui promettait une dot pour sa fiancée et son riche palais de Venise. Attiré par cet appât, il se décide à braver de nouveau les périls qu'il avait déjà courus. La branche est tendue sur le bord de la fosse, et Vitalis s'échappe enfin de cette tombe où il avait cru être enseveli tout vivant. Bientôt le grand seigneur et le paysan se sont séparés, après s'être fécilités mutuellement et s'être donné rendez-vous pour le jour suivant. Le lendemain, en effet, Masaccio sort de sa cabane et court à Venise, où il se présente au palais de Vitalis, qui le fait mettre dehors par ses valets. Le pauvre paysan s'en retourne chez lui, les yeux tout en pleurs, l'âme tout attristée. Mais, en rentrant dans sa cabane, il trouve réunis devant sa porte le singe, le serpent et le lion qu'il avait sauvés. Le singe avait ramassé du bois dans la forêt et en avait rempli son grenier ; le lion lui avait apporté des animaux qu'il avait pris à la chasse, et le serpent tenait dans sa gueule demi-ouverte un beau diamant qu'il lui présenta. Quelques jours s'étaient à peine écoulés, que Masaccio retourne à Venise et offre son diamant à un joaillier, auquel il en demande deux cents écus. Le diamant était d'un prix bien supérieur à cette somme. Aussi le joaillier le fait-il arrêter comme voleur. Masaccio est conduit devant des juges, auxquels il raconte son histoire. Tout incroyable qu'elle paraît, Vitalis est mandé à son tour, et il traite le paysan d'imposteur. Déjà, quelques protestations qu'ait fait entendre le pauvre et innocent Masaccio, sa sentence allait être prononcée, lorsque tout à coup on vit entrer dans la salle le lion, le serpent et le singe. Masaccio les prit à témoin de la vérité de ses paroles. Vitalis finit par avouer son aventure, et tout le monde reconnut que l'ingratitude rend l'homme plus odieux que les bêtes les plus sauvages.

16. DANGER DES PARONYMES.

On ne saurait croire combien un mot mal entendu a souvent entraîné après lui d'inconvénients, quelquefois de malheurs. On dénonça, en 1790, les Carmes de la place Maubert, comme ayant dans leur couvent *cinq canons* et *vingt-cinq armes*. Après une exacte perquisition, l'on ne trouva que *vingt-cinq Carmes* et *cinq ânons*.

17. LE CHAT ET LA LUNETTE.

Un chat sauvage et grand chasseur
S'établit, pour faire bombance,
Dans le parc d'un jeune seigneur
Où lapins et perdrix étaient en abondance.
Là, ce nouveau Nemrod, la nuit comme le jour,
A la course, à l'affût également habile,
Poursuivait, attendait, immolait tour à tour
Et quadrupède et volatile.
Les gardes épiaient l'insolent braconnier;
Mais, dans le fort du bois, caché près d'un terrier,
Le drôle trompait leur adresse.
Cependant il craignait d'être pris à la fin,
Et se plaignait que la vieillesse
Lui rendît l'œil moins sûr, moins fin.
Ce penser lui causait souvent de la tristesse,
Lorsqu'un jour il rencontre un petit tuyau noir,
Garni par ses deux bouts de deux glaces bien nettes:
C'était une de ces lunettes
Faites pour l'Opéra, que, par hasard, un soir,
Le maître avait perdue en ce lieu solitaire.
Le chat d'abord la considère,
La touche de sa griffe, et de l'extrémité
La fait à petits coups rouler sur le côté,
Court après, s'en saisit, l'agite, la remue
Étonné que rien n'en sortît.
Il s'avise, à la fin, d'appliquer à sa vue
Le verre d'un des bouts; c'était le plus petit.
Alors il aperçoit sur la verte coudrette
Un lapin que ses yeux tout seuls ne voyaient pas.
Ah! quel trésor! dit-il en serrant sa lunette,
Et courant au lapin qu'il croit à quatre pas.
Mais il entend du bruit, il reprend sa machine,
S'en sert par l'autre bout, et voit dans le lointain
Le garde qui vers lui chemine.
Pressé par la peur, par la faim,
Il reste un moment incertain,
Hésite, réfléchit, puis de nouveau regarde:
Mais toujours le gros bout lui montre loin le garde,

Et le petit tout près lui fait voir le lapin.
Croyant avoir le temps, il va manger la bête;
Le garde est à vingt pas qui vous l'ajuste au front,
Lui met deux balles dans la tête,
Et de sa peau fait un manchon.

Chacun de nous a sa lunette,
Qu'il retourne suivant l'objet:
On voit là-bas ce qui déplaît,
On voit ici ce qu'on souhaite. (Florian, *Fables.*)

18. L'ABBÉ COYER ET VOLTAIRE.

L'abbé Coyer avait imaginé de s'établir trois mois à Ferney sans savoir si cela conviendrait à Voltaire; et La Harpe raconte que ce grand poëte, effrayé de l'idée d'un si long séjour, fit à son hôte ce compliment qui a été tant répété : « Monsieur l'abbé, savez-vous la différence qu'il y a entre don Quichotte et vous? C'est qu'il prenait les auberges pour des châteaux, et vous prenez les châteaux pour des auberges. »

19. LE SOLEIL ET LE NUAGE.

Quelques rayons rouges et brillants, sortant du fond de l'horizon, annonçaient à la terre la présence vivifiante du roi des astres. Debout à la porte de sa cabane, ses yeux exprimant un profond recueillement et les mains tournées vers l'orient, un Indien adressait en ces termes ses prières ferventes à l'objet de sa pieuse vénération : « Salut, ô soleil, image vivifiante de Brama! C'est toi qui verses sur tes fils reconnaissants les trésors de ta toute-puissance; c'est toi dont les feux, échauffant la terre fertile de l'Indien, font naître pour lui des biens abondants et suffisant à son bonheur; c'est toi dont les rayons bienfaisants dorent nos épis jaunissants; mûrissent la grappe pendante et les fruits du palmier. Salut, ô soleil, daigne agréer mes prières suppliantes. » Mais voici que tout à coup un nuage intercepte la lumière resplendissante du soleil, et de profondes ténèbres, se répandant sur la terre, semblent lui dérober pour toujours la majesté imposante du globe éclipsé. Une voix sortant du milieu du nuage prononce ces paroles foudroyantes :

« A moi sont dues les adorations de la terre obéissante : le soleil et la lune, disparaissant à mon approche, sont éteints pour jamais. » L'Indien se tut et abaissa ses mains suppliantes ; mais les rayons du soleil, perçant tout à coup le nuage, chassent les ténèbres fuyant devant eux, et le soleil, montrant à la terre sa face triomphante, verse sur elle ses feux éblouissants.

Ainsi la vertu, d'abord gémissante, se relève et triomphe des traits mordants de l'envie.

20. LES HAUTS ET LES BAS.

Un jeune homme sans état, dont le pantalon fort court, et très-râpé, laissait à découvert des souliers éculés et des jambes sans chaussettes, rencontra un de ses ex-amis à la hauteur de la place des Victoires, au coin de la rue Vide-Gousset.

« Eh bien ! lui dit l'ami, qui se rengorgeait dans un riche paletot, il paraît que nous ne sommes pas fort à notre aise pour le moment ? — Eh ! mon Dieu, répondit l'autre, dans la vie on a des hauts et des bas.... — Des hauts..., je ne le nie pas, riposta l'interlocuteur en jetant un coup d'œil dédaigneux sur les chevilles du philosophe... ; mais quant aux *bas*, j'en doute ! »

21. ARTÉMISE ET RAYMOND LULLE.

Artémise. Vous dites qu'il y a un secret pour changer les métaux en or, et que ce secret s'appelle la pierre philosophale, ou le grand œuvre.

Raymond Lulle. Oui, je l'ai cherché longtemps.

Artémise. L'avez-vous trouvé ?

Raymond Lulle. Non, mais tout le monde l'a cru, et on le croit encore. La vérité est que ce secret-là n'est qu'une chimère.

Artémise. Mais d'où vient qu'on le cherche ? et que vous-même, qui paraissez avoir été homme de bon sens, vous avez donné dans cette rêverie ?

Raymond Lulle. Il est vrai qu'on ne peut pas trouver la pierre philosophale, mais il est bon qu'on la cherche. En la cherchant on trouvera de fort beaux secrets qu'on ne cherchait pas.

ARTÉMISE. Ne vaudrait-il pas mieux chercher ces secrets qu'on peut trouver, que de songer à ceux qu'on ne trouvera jamais?

RAYMOND LULLE. Toutes les sciences ont leur chimère, après laquelle elles courent sans la pouvoir attraper ; mais elles attrapent en chemin d'autres connaissances fort utiles. Si la chimie a sa pierre philosophale, la géométrie sa quadrature du cercle, l'astronomie ses longitudes, les mécaniques leur mouvement perpétuel, il est impossible de trouver tout cela, mais fort utile de le chercher. Je vous parle une langue que vous n'entendez peut-être pas bien, mais vous entendrez bien du moins que la morale a aussi sa chimère ; c'est le désintéressement, la parfaite amitié. On n'y parviendra jamais, mais il est bon que l'on prétende y parvenir. Du moins, en le prétendant, on parvient à beaucoup d'autres vertus, ou à des actions dignes de louanges et d'estime.

ARTÉMISE. Encore une fois, je serais d'avis qu'on laissât là toutes les chimères, et qu'on ne s'attachât qu'à la recherche de ce qui est réel.

RAYMOND LULLE. Pourrez-vous le croire? Il faut qu'en toutes choses les hommes se proposent un point de perfection au delà même de leur portée. Ils ne se mettraient jamais en chemin, s'ils croyaient n'arriver qu'où ils arriveront effectivement; il faut qu'ils aient devant les yeux un terme imaginaire qui les anime. Qui m'eût dit que la chimie n'eût pas dû m'apprendre à faire de l'or, je l'eusse négligée. (Fontenelle, *Dialogues des morts.*)

22. LE BOURRU BIENFAISANT.

M. Heurtant *n'est pas si diable qu'il est noir.* C'est un homme d'une taille élevée, large des épaules, d'une physionomie dure et presque rebutante. A sa voix forte il ajoute la malheureuse habitude des expressions énergiques et de tutoyer tout le monde sans y penser. Le bâton qu'il porte est souvent levé sans qu'il l'abaisse jamais pour frapper. Les enfants fuient sa présence; cependant il les aime et leur fait du bien. Laissons là l'enveloppe désagréable de M. Heurtant, et voyons ce qu'elle renferme. Quel bon cœur ! quelle âme compatissante ! que d'actes généreux rachètent la brusquerie de ce bourru bienfaisant ! J'étais hier chez . quand François, son domestique, lui amène la mère Litôt, fondant en larmes. « Eh bien, quoi? qu'y a-t-il? tu iras loin avec tes pleurs. — Monsieur Heurtant, vous êtes humain. — Au diable les compliments!... je sais ce que je suis ; cela ne regarde personne. Après? — Si vous ne m'avancez pas le mois de nourrice de mon petit dernier.... — Tu te jetteras à l'eau, n'est-ce pas? Le grand mal qu'une femme de moins! — Vous savez bien, monsieur Heurtant.... — Je sais qu'il faut aller chercher ton petit garçon et le sevrer. — Il est encore trop jeune. — Bah! à d'autres.... Tous les marmots qui n'ont jamais teté que le goulot d'une bouteille ne sont pas morts pour cela.... — Nous voici au temps de la moisson, et je ne pourrais pas.... — Il faut pouvoir.... Au surplus ton enfant n'est pas à moi.... Tiens, voilà ton mois de nourrice; va-t'en, et que je ne te voie plus. Ces coquins-là s'imaginent que les écus tombent dans ma cheminée comme la pluie. François, va dire à la nourrice de garder cet enfant, et de ne demander de l'argent qu'à moi. » (Basset, *Explication morale des proverbes populaires français.*)

23. LES OISEAUX ET LES POISSONS.

« Heureux, heureux poissons, bien plus heureux que nous!
L'hameçon, les filets s'arment-ils contre vous,
Plongez au fond des eaux, vous n'avez rien à craindre;
Dans ces gouffres profonds qui pourrait vous atteindre!
La mer, le fleuve même ont des antres si creux!
Heureux, heureux poissons, bien plus que nous heureux!
— Heureux, heureux oiseaux, nous vous portons envie!
Le tube menaçant poursuit-il votre vie,
Volez au haut des cieux, il ne peut vous blesser.
Dans les champs de l'éther qui pourrait vous percer?
Vous avez l'éther même et les cieux pour patrie.
Heureux, heureux oiseaux, nous vous portons envie!
— Eh! qui peut nous défendre, au plus haut de l'éther,
De cet oiseau terrible, ami de Jupiter,
Et des autres tyrans, dont les serres funestes
Atteignent notre vol dans les plaines célestes?
— Eh! ne craignons-nous pas, sans compter les filets,
Dans les fleuves, la dent des voraces brochets,
Dans l'Océan, la faim des immenses baleines,
Et des autres tyrans de ces humides plaines? »

Ces fabuleux discours de poissons et d'oiseaux
Vous instruisent, lecteur, et m'instruisent moi-même.
Ainsi nous fabriqua l'architecte suprême;
Nous voyons en autrui les biens, en nous les maux.
Les oiseaux, les poissons donnent un avis sage;
De ce double penchant qu'il serve à nous guérir.
Pour les autres, gardons la pitié; le courage
Pour les maux que le sort nous condamne à souffrir.

(Ginguené, *Fables.*)

24. XERXÈS ET LÉONIDAS.

XERXÈS. Je prétends, Léonidas, te faire un grand nonneur. Il ne tient qu'à toi d'être toujours à ma suite sur les bords du Styx.

LÉONIDAS. Je n'y suis descendu que pour ne te voir jamais et pour repousser ta tyrannie. Va chercher tes esclaves et tes flatteurs; voilà la compagnie qu'il te faut.

XERXÈS. Voyez ce brutal, cet insolent, un gueux qui n'eut jamais que le nom de roi sans autorité, un capitaine de bandits qui n'avaient que la cape et l'épée. Quoi! tu n'as point de honte de te comparer au grand roi? As-tu donc oublié que je couvrais la terre de soldats et la mer de navires? Ne sais-tu pas que mon armée ne pouvait, en un repas, se désaltérer sans faire tarir des rivières?

LÉONIDAS. Comment oses-tu vanter la multitude de tes troupes? Trois cents Spartiates que je commandais aux Thermopyles furent tués par ton armée innombrable, sans pouvoir être vaincus; ils ne succombèrent qu'après s'être lassés de tuer. Nos armes, sans être dorées comme les tiennes, savaient fort bien percer ces hommes lâches et efféminés dont la multitude innombrable te donnait une si vaine confiance.

XERXÈS. Mais enfin, si je fusse entré d'abord dans le Péloponnèse, toute la Grèce était dans les fers; aucune ville, pas même la tienne, n'eût pu me résister.

LÉONIDAS. Je le crois, comme tu le dis; et c'est en quoi je méprise la grande puissance d'un peuple barbare, qui n'est ni instruit ni aguerri. Il manque de sages conseils; ou, si on les lui offre, il ne sait pas les suivre, et préfère toujours d'autres conseils faibles ou trompeurs.

Xerxès. Les Grecs voulaient faire une muraille pour fermer l'isthme; mais elle n'était pas encore faite, et je pouvais y entrer.

Léonidas. La muraille n'était pas faite, il est vrai; mais tu n'étais pas fait pour prévenir ceux qui la voulaient faire. Ta faiblesse fut plus salutaire aux Grecs que leur force.

Xerxès. Si j'eusse pris cet isthme, j'aurais fait voir....

Léonidas. Tu aurais fait quelque autre faute; car il fallait que tu en fisses, étant aussi gâté que tu l'étais par la mollesse, par l'orgueil et par la haine des conseils sincères. Tu étais encore plus facile à surprendre que l'isthme.

Xerxès. Mais je n'étais ni lâche ni méchant, comme tu t'imagines.

Léonidas. Tu avais naturellement du courage et de la bonté de cœur. Les larmes que tu répandis à la vue de tant de milliers d'hommes, dont il n'en devait rester aucun sur la terre avant la fin du siècle, marquent assez ton humanité : c'est le plus bel endroit de ta vie. Si tu n'avais pas été un roi trop puissant et trop heurenx, tu aurais été un assez honnête homme. (Fénelon, *Dialogues des morts*.)

25. L'ORAISON FUNÈBRE DE POINSINET.

Le poëte Poinsinet s'était noyé en Espagne. Comme on parlait devant le marquis de Bièvre de cette mort imprévue, il ne put, même en cette triste circonstance, résister à sa manie de jouer sur les mots. « Les favoris d'Apollon, dit-il, ont tôt ou tard un sort funeste : Hyacinthe fut changé en fleur, Daphné en laurier, et Poinsinet en *noyer* (en *noyé*). »

26. LE FROMAGE.

Deux chats avaient pris un fromage,
Et tous deux à l'aubaine avaient un droit égal.
Dispute entre eux pour le partage,
Qui le fera? Nul n'est assez loyal.
Beaucoup de gourmandise et peu de conscience;
Témoin leur propre fait : le fromage volé.
Ils veulent donc qu'à l'audience
Dame justice entre eux vide le démêlé.

Un singe, maître clerc du bailli du village,
Et que pour lui-même on prenait
Quand il mettait parfois sa robe ou son bonnet,
Parut à nos deux chats tout un aréopage.
Par-devant dom Bertrand le fromage est porté ;
Bertrand s'assied, prend la balance,
Tousse, crache, impose silence,
Fait deux parts avec gravité,
En charge les bassins ; puis cherchant l'équilibre ;
« Pesons, dit-il, dit d'un esprit libre,
D'une main circonspecte, et vive l'équité !
Çà, déjà celle-ci me paraît trop pesante. »
Il en mange un morceau. L'autre pèse à ton tour :
Nouveau morceau mangé par raison du plus lourd.
Un des bassins n'a plus qu'une légère pente.
« Bon ! nous voilà contents ; donnez, disent les Chats.
— Si vous êtes contents, justice ne l'est pas,
Leur dit Bertrand ; race ignorante,
Croyez-vous donc qu'on se contente
De passer, comme vous, les choses au gros sas ? »
Et ce disant, monseigneur se tourmente
A manger toujours l'excédant ;
Par équité, toujours il donne un coup de dent :
De scrupule en scrupule avançait le fromage.
Nos plaideurs, enfin las des frais,
Veulent le reste sans partage.
« Tout beau, leur dit Bertrand, soyez hors de procès ;
Mais le reste, messieurs, m'appartient comme épice :
A nous autres aussi nous devons la justice.
Allez en paix et rendez grâce aux dieux. »
Le bailli n'eût pas jugé mieux. (Lamotte, *Fables*).

27. NÉCESSITÉ DE L'ACTION CHEZ LES ORATEURS.

A. L'autre jour j'arrivai à la fin du sermon, et d'abord j'entendis le prédicateur qui s'agitait extraordinairement ; je crus que c'était le fort de sa morale.

B. Eh bien, qu'était-ce donc ?

A. C'est qu'il avertissait ses auditeurs que le dimanche suivant il prêcherait sur la pénitence. Cet avertissement, fait avec tant de violence, me surprit, et m'aurait fait rire, si le respect du lieu et de l'action ne m'eût retenu. La plupart de ces déclamateurs sont pour le geste comme pour la voix : leur voix a une monotonie perpétuelle, et leur geste une uniformité qui n'est ni moins ennuyeuse, ni moins éloignée de la nature, ni moins contraire au fruit qu'on pourrait attendre de l'action.

B. Vous dites qu'ils n'en ont pas assez quelquefois.

A. Faut-il s'en étonner ? Ils ne discernent point les choses où il faut s'animer ; ils s'épuisent sur des choses communes, et sont réduits à dire faiblement celles qui demanderaient une action véhémente. Il faut avouer même que notre nation n'est guère capable de cette véhémence ; on est trop léger, et on ne conçoit pas assez fortement les choses. Les Romains, et encore plus les Grecs, étaient admirables en ce genre ; les Orientaux y ont excellé, particulièrement les Hébreux. Rien n'égale la vivacité et la force, non-seulement des figures qu'ils employaient dans leurs discours, mais encore des actions qu'ils faisaient pour exprimer leurs sentiments, comme de mettre de la cendre sur leurs têtes, de déchirer leurs habits, et de se couvrir de sacs dans la douleur. Je ne parle point des choses que les prophètes faisaient pour figurer plus vivement les choses qu'ils voulaient prédire, à cause qu'elles étaient inspirées de Dieu : mais, les inspirations divines à part, nous voyons que ces gens-là s'entendaient bien autrement que nous à exprimer leur douleur, leur crainte et leurs autres passions. De là venaient sans doute ces grands effets de l'éloquence que nous ne voyons plus.

B. Vous voudriez donc beaucoup d'inégalité dans la voix et le geste ?

A. C'est là ce qui rend l'action si puissante, et qui la faisait mettre par Démosthène au-dessus de tout. Plus l'action et la voix paraissent simples et familières dans les endroits où l'on ne fait qu'instruire, que raconter, que s'insinuer, plus préparent-elles de surprise et d'émotion pour les endroits où elles s'élèveront à un enthousiasme soudain. C'est une espèce de musique : toute la beauté consiste dans la variété des tons, qui haussent ou qui baissent selon les choses qu'ils doivent exprimer. (Fénelon, *Dialogue sur l'éloquence.*)

28. L'AVEUGLE ET LE PARALYTIQUE.

Aidons-nous mutuellement,
La charge des malheurs en sera plus légère ;
Le bien que l'on fait à son frère
Pour le mal que l'on souffre est un soulagement.
Confucius l'a dit, suivons tous sa doctrine.
Pour la persuader aux peuples de la Chine,
Il leur contait le trait suivant :

Dans une ville de l'Asie
Il existait deux malheureux,
L'un perclus, l'autre aveugle, et pauvres tous les deux.
Ils demandaient au ciel de terminer leur vie :
Mais leurs cris étaient superflus,
Ils ne pouvaient mourir. Notre paralytique,
Couché sur un grabat dans la place publique,
Souffrait sans être plaint ; il en souffrait bien plus.
L'aveugle, à qui tout pouvait nuire,
Était sans guide, sans soutien,
Sans avoir même un pauvre chien
Pour l'aimer et pour le conduire.
Un certain jour il arriva
Que l'aveugle à tâtons, au détour d'une rue,
Près du malade se trouva ;
Il entendit ses cris, son âme en fut émue.
Il n'est tels que les malheureux
Pour se plaindre les uns les autres :
« J'ai mes maux, lui dit-il, et vous avez les vôtres ;
Unissons-les, mon frère, ils seront moins affreux.
— Hélas ! dit le perclus, vous ignorez, mon frère,
Que je ne puis faire un seul pas ;
Vous-même, vous n'y voyez pas :
A quoi nous servirait d'unir notre misère ?
— A quoi ? répond l'aveugle ; écoutez : à nous deux
Nous possédons le bien à chacun nécessaire ;
J'ai des jambes et vous et des yeux.
Moi, je vais vous porter ; vous, vous serez mon guide :
Vos yeux dirigeront mes pas mal assurés ;
Mes jambes, à leur tour, iront où vous voudrez.
Ainsi, sans que jamais notre amitié décide

Qui de nous deux remplit le plus utile emploi,
Je marcherai pour vous, vous y verrez pour moi.»
(Florian, *Fables*.)

29. LE SÉDUCTEUR ET LES BRAMES.

La tragédie des *Brames*, de La Harpe, n'eut que deux représentations. La comédie du *Séducteur*, de M. Bièvre, donnée dans le même temps, fut très-suivie ; ce qui fit dire à un critique qui n'avait pas aussi bien auguré du succès de cette comédie : « Le *Séducteur* réussit : les *Brames* tombent. (Les *bras me* tombent.)

30. LE SINGE.

Un vieux singe malin étant mort, son ombre descendit dans la sombre demeure de Pluton, où elle demanda à retourner parmi les vivants. Pluton voulait la renvoyer dans le corps d'un âne pesant et stupide, pour lui ôter sa souplesse, sa vivacité et sa malice ; mais elle fit tant de tours plaisants et badins, que l'inflexible roi des enfers ne put s'empêcher de rire et lui laissa le choix d'une condition. Elle demanda à entrer dans le corps d'un perroquet. « Au moins, disait-elle, je conserverai par là quelque ressemblance avec les hommes, que j'ai si longtemps imités. Étant singe, je faisais des gestes comme eux ; et, étant perroquet, je parlerai avec eux dans les plus agréables conversations. » A peine l'âme du singe fut introduite dans ce nouveau métier, qu'une veille femme causeuse l'acheta. Il fit ses délices ; elle le mit dans une belle cage. Il faisait bonne chère, et discourait toute la journée avec la vieille radoteuse, qui ne parlait pas plus sensément que lui. Il joignait à son nouveau talent d'étourdir tout le monde, je ne sais quoi de son ancienne profession : il remuait sa tête ridiculement ; il faisait craquer son bec; il agitait ses ailes de cent façons, et faisait de ses pattes plusieurs tours qui sentaient encore les grimaces de Fagotin. La vieille prenait à toute heure ses lunettes pour l'admirer. Elle était bien fâchée d'être un peu sourde et de perdre quelquefois des paroles de son perroquet, à qui elle trouvait plus d'esprit qu'à personne. Ce perroquet gâté devint bavard, importun et fou. Il se tourmenta si fort dans sa cage et but tant de vin avec la veille, qu'il en mourut. Le voilà revenu devant Pluton, qui voulut cette fois, le faire passer dans le corps d'un poisson pour le rendre muet ; mais il fit encore une farce devant le roi des ombres ; et les princes ne résistent guère aux demandes des mauvais plaisants qui les flattent. Pluton accorda donc à celui-ci qu'il irait dans le corps d'un homme. Mais comme le dieu eut honte de l'envoyer dans le corps d'un homme sage et vertueux, il le destina au corps d'un harangueur ennuyeux et importun, qui mentait, qui se vantait sans cesse, qui faisait des gestes ridicules, qui se moquait de tout le monde ; qui interrompait toutes les couversations les plus polies et les plus solides, pour dire des riens ou les sottises les plus grossières. Mercure, qui le reconnut dans ce nouvel état, lui dit en riant : « Ho ! ho ! je te reconnais ; tu n'es qu'un composé du singe et du perroquet que j'ai vus autrefois. Qui t'ôterait tes gestes et tes paroles apprises par cœur sans jugement, ne laisserait rien de toi. D'un joli singe et d'un bon perroquet, on ne fait qu'un sot homme. »

Oh ! combien d'hommes dans le monde, avec des gestes façonnés, un petit caquet et un air capable, n'ont ni sens ni conduite ! (Fénelon, *Fables*.)

31. LE SOUVENIR DES INJURES.

Le marquis de Bièvre avait, un jour, fait rosser par ses valets un impertinent qui avait tenu sur son compte des propos injurieux. Quelque temps après, ayant rencontré le battu, il lui dit : « Soyez, une autre fois, plus réservé, et souvenez-vous qu'il y a des injures qui se gravent sur *l'airain* (sur *les reins*.) »

32. LA GLOIRE HUMAINE NE PEUT DURER.

COSME DE MÉDICIS. Je viens d'apprendre de quelques savants qui sont morts depuis peu une nouvelle qui m'afflige beaucoup. Vous saurez que Galilée, qui était mon mathématicien, avait découvert de certaines planètes qui tournent autour de Jupiter, auxquelles il donna, en mon honneur, le nom d'*Astres de Médicis*. Mais on m'a dit qu'on ne les connaît presque plus sous ce nom-là, et qu'on les appelle simplement *Satellites de Jupiter*. Il faut que le monde soit présentement bien méchant et bien envieux de la gloire d'autrui.

BÉRÉNICE. Sans doute, je n'ai guère vu d'effets plus remarquables de sa malignité.

COSME. Vous en parlez bien à votre aise, après le bonheur que vous avez eu. Vous aviez fait vœu de couper vos cheveux si votre mari Ptolémée revenait vainqueur de je ne sais quelle guerre. Il revint ayant défait ses ennemis. Vous consacrâtes vos cheveux dans un temple de Vénus, et le lendemain, un mathématicien les fit disparaître, et publia qu'ils avaient été changés en une constellation qu'il appela *la Chevelure de Bérénice*. Faire passer des étoiles pour les cheveux d'une femme, c'était bien pis que de donner le nom d'un prince à de nouvelles planètes ; cependant votre chevelure a réussi, et ces pauvres astres de Médicis n'ont pu avoir la même fortune.

BÉRÉNICE. Hélas ! quand toutes les constellations porteraient mon nom, en serais-je mieux ? il serait là-haut dans le ciel, et moi je n'en serais pas moins ici-bas. Les hommes sont plaisants : ils ne peuvent se dérober à la mort, et ils tâchent à lui dérober deux ou trois syllabes qui leur appartiennent. Voilà une belle chicane qu'ils s'avisent de lui faire ! Ne vaudrait-il pas mieux qu'ils consentissent de bonne grâce à mourir, eux et leurs noms ?

COSME. Je ne suis point de votre avis; on ne meurt que le moins qu'il est possible, et tout mort qu'on est, on tâche de tenir encore à la vie par un marbre où l'on est représenté, par des pierres que l'on a élevées les unes sur les autres, par son tombeau même.

BÉRÉNICE. Oui, mais les choses qui devraient garantir nos noms de la mort meurent elles-mêmes à leur manière ; et ce qui surtout ne peut manquer à nos noms, c'est une mort pour ainsi dire grammaticale. Quelques changements de lettres les mettent en état de ne pouvoir plus servir qu'à donner de l'embarras aux savants. Il y a quelque temps que je vis ici-bas des morts qui contestaient avec beaucoup de chaleur l'un contre l'autre. Je m'approchai, je demandai qui ils étaient, et on me répondit que l'un était le grand Constantin, et l'autre un empereur barbare. Ils disputaient sur la préférence de leurs grandeurs passées. Constantin disait qu'il avait été empereur de Constantinople, et le barbare qu'il l'avait été de Stamboul. Le premier, pour faire valoir sa Constantinople, disait qu'elle était située sur trois mers, sur le Pont-Euxin, sur le Bosphore de Thrace, et sur la Propontide. L'autre répliquait que Stamboul commandait aussi à trois mers, à la mer Noire, au détroit des Dardanelles, et à la mer de Marmara. Ce rapport de Constantinople et de Stamboul étonna Constantin ; mais, après qu'il se fut informé exactement de la situation de Stamboul, il fut encore bien plus surpris de trouver que c'était Constantinople, qu'il n'avait pu reconnaître, à cause du changement des noms. « Hélas! s'écria-t-il, j'eusse aussi bien fait de laisser à Constantinople son premier nom de Byzance. Qui démêlera le nom de Constantin dans Stamboul? Il y tire bien à sa fin. » (Fontenelle, *Dialogues des morts.*)

SECTION VI.

MORCEAUX TIRÉS DE NOS ÉCRIVAINS ET DE NOS POÈTES.

---

1. LES EXEMPLES DES GRANDS.

Sire, telle est la destinée des rois et des princes de la terre, d'être établis pour la perte comme pour le salut du reste des hommes; et quand le ciel les donne au monde, on peut dire que ce sont des bienfaits ou des châtiments publics que sa miséricorde ou sa justice prépare aux peuples.

Oui, sire, en ce jour heureux où vous fûtes donné à la France, et où, porté dans le temple saint, le pontife vous marqua sur les autels du signe sacré de la foi, il fut vrai de dire de vous : « Cet enfant auguste vient de naître pour la perte comme pour le salut de plusieurs. »

Jésus-Christ lui-même, prenant possession aujourd'hui, dans le temple, de sa nouvelle royauté, n'est pas exempt de cette loi. Il est vrai que ses exemples, ses miracles et sa doctrine, qui vont assurer le salut à tant de brebis d'Israël, ne deviendront une occasion de chute et de scandale pour le reste des Juifs, que par l'incrédulité qui les rendra plus inexcusables, et qu'ainsi le même évangile qui sera le salut et la rédemption des uns, sera la ruine et la condamnation des autres.

Heureux les princes et les grands, si leur sainteté toute seule était, pour les hommes corrompus, une occasion de censure et de scandale; et si leurs exemples, comme ceux de Jésus-Christ, ne devenaient l'écueil et la condamnation du vice, qu'en le rendant plus inexcusable, en devenant l'appui et le modèle de la vertu!

Ainsi, mes frères, vous que la Providence a élevés au-dessus des autres hommes, et vous surtout, sire, vous que la main de Dieu, protectrice de cette monarchie, a comme retiré du milieu des ruines et des débris de la maison royale pour vous placer sur nos têtes; vous qu'il a rallumé comme une étincelle précieuse dans le sein même des ombres de la mort, où il venait d'éteindre toute votre auguste race, et où vous étiez sur le point de vous éteindre vous-même : oui, sire, je le répète, voilà les destinées que le ciel vous prépare, vous êtes établi pour la perte comme pour le salut de plusieurs. (Massillon, *Petit-Carême.*)

2. LE PAGANISME.

Je vois un nombre prodigieux de nations qui ont adoré de la pierre, du bois, du métal, et qui ont cru que certaines divinités étaient présentes sous des figures d'hommes ou de bêtes, faites de ces diverses matières; mais la Divinité ne peut point se renfermer sous ces figures inanimées. De plus, ceux qu'ils ont adorés, comme Jupiter, Junon, Mars, Vénus, Mercure, Bacchus, loin d'être de vrais dieux, n'ont été que des créatures très-défectueuses, très-viles et très-coupables. Les hommes qui adorent le vrai Dieu, créateur de l'univers, et qui règlent leurs mœurs sur ce culte, doivent sans doute être beaucoup plus estimables que ces faux dieux pleins de vices grossiers. Un païen même a reconnu que les dieux d'Homère étaient très-inférieurs à ses héros. Quelle dégradation de la Divinité! quel culte impie et indécent de tant de faux et indignes dieux, qui semblent inventés par quelque esprit séducteur pour tourner en dérision la Divinité et pour faire oublier le Dieu véritable!

Quand même on voudrait subtiliser pour réduire le paganisme au culte d'un seul Dieu infiniment parfait, qu'on adorait sous divers noms et sous diverses figures mystérieuses, sans croire néanmoins qu'il y eut plusieurs dieux, il faudrait avouer que cette multitude apparente de dieux serait très-indécente et très-scandaleuse. Ce langage forcé serait une source d'erreurs impies ; il faudrait retrancher cette diversité de noms et de représentations mystérieuses, pour réduire tout le culte divin à la reconnaissance d'un seul Dieu, si parfait qu'il ne peut avoir rien d'égal, rien qui ne soit infiniment supérieur à lui, rien qu'il n'ait tiré du néant, et qu'il n'y puisse sans cesse replonger. De plus, le paganisme n'offre que des vœux intéressés pour les biens de la terre; il ne demande que la santé et que les richesses, que le plaisir, que la prospérité mondaine pour flatter l'orgueil. Une telle religion déshonore la Divinité, et autorise la corruption des hommes. (Fénelon, *Lettres sur la religion.*)

3. LE FAT IGNORANT.

.... Cette présomption
Qui prétend tout ranger à sa décision,
Est d'un fat ignorant la marque la plus sûre;
L'homme éclairé suspend l'éloge et la censure:
Il sait que sur les arts, les esprits et les goûts,
Le jugement d'un seul n'est pas la loi de tous,
Qu'attendre est pour juger la règle la meilleure,
Et que l'arrêt public est le seul qui demeure.
J'ai rencontré souvent de ces gens à bons mots,
De ces hommes charmants, qui n'étaient que des sots.
Malgré tous les efforts de leur petite envie,
Une froide épigramme, une bouffonnerie,
A ce qui vaut mieux qu'eux n'ôtera jamais rien,
Et, malgré les plaisants, le bien est toujours bien.
J'ai vu d'autres méchants d'un grave caractère,
Gens laconiques, froids, à qui rien ne peut plaire;
Examinez-les bien : un ton sentencieux
Cache leur nullité sous un air dédaigneux....
Mais à l'esprit méchant je ne vois point de gloire :
Si vous saviez combien cet esprit est aisé !
Combien il en faut peu ! comme il est méprisé!
Le plus stupide obtient la même réussite.
Eh ! pourquoi tant de gens ont-ils ce plat mérite?
Stérilité de l'âme, et de ce naturel
Agréable, amusant, sans bassesse et sans fiel.
On dit l'esprit commun; par son succès bizarre,
La méchanceté prouve à quel point il est rare :
Ami du bien, de l'ordre et de l'humanité,
Le véritable esprit marche avec la bonté.
Cléon n'offre à nos yeux qu'une fausse lumière;

La réputation des mœurs est la première ;
Sans elle, croyez-moi, tout succès est trompeur
Mon estime toujours commence par le cœur ;
Sans lui, l'esprit n'est rien ; et, malgré vos maximes,
Il produit seulement des erreurs et des crimes.

(Gresset, *le Méchant.*)

4. LOUANGE DE LOUIS XIV.

Par les soins d'un si grand roi, la France entière n'est plus, pour ainsi parler, qu'une seule forteresse qui montre de tous côtés un front redoutable. Couverte de toutes parts, elle est capable de tenir la paix avec sûreté dans son sein, mais aussi de porter la guerre partout où il faut, et de frapper de près et de loin avec une égale force. Nos ennemis le savent bien dire, et nos alliés ont ressenti dans le plus grand éloignement combien la main de Louis était secourable.

Avant lui, la France, presque sans vaisseaux, tenait en vain aux deux mers ; maintenant on les voit couvertes, depuis le levant jusqu'au couchant, de nos flottes victorieuses, et la hardiesse française porte partout la terreur avec le nom de Louis. Tu céderas, ou tu tomberas sous ce vainqueur, Alger, riche des dépouilles de la chrétienté. Tu disais en ton cœur avare : « Je tiens la mer sous mes lois, et les nations sont ma proie. » La légèreté de tes vaisseaux te donnait la confiance ; mais tu te verras attaqué dans tes murailles comme un oiseau ravissant qu'on irait chercher parmi ses rochers, et dans son nid où il partage son butin à ses petits. Tu rends déjà tes esclaves ; Louis a brisé les fers dont tu accablais ses sujets, qui sont nés pour être libres sous son glorieux empire. Tes maisons ne sont plus qu'un amas de pierres : dans ta brutale fureur, tu te tournes contre toi-même, et tu ne sais comment assouvir ta rage impuissante. Mais nous verrons la fin de tes brigandages : les pilotes étonnés s'écrient par avance : « Qui est semblable à Tyr ? et toutefois elle s'est tue dans le milieu de la mer ; » et la navigation va être assurée par les armes de Louis. (Bossuet, *Oraisons Funèbres.*)

5. BIENFAISANCE DE SAINT VINCENT DE PAUL.

Vincent de Paul entre, avec son association, dans l'Hôtel-

Dieu de la capitale, que l'on peut appeler l'hôpital de toute la France, et même de l'Europe entière. Un court intervalle lui suffit pour y établir, au moins durant plusieurs années, l'esprit d'ordre, de vigilance, d'économie, d'humanité et de cette piété véritable qui est l'âme de toutes les bonnes œuvres. D'un côté, il multiplie les secours; de l'autre, il réforme les abus. Il remarque avec douleur qu'une ancienne loi de cet hospice oblige indistinctement tous les malades qu'on y reçoit à se présenter aussitôt au tribunal de la pénitence. Vincent de Paul, animé d'un zèle pur et éclairé, cet homme vertueux dont la foi était si vive et à qui les intérêts du ciel étaient si chers, repousse, au nom de la religion, un hommage qu'elle désavoue; il rend la confession libre et volontaire, et fait cesser à jamais toute contrainte religieuse dans un asile ouvert, par son institution, à toutes les religions comme à tous les peuples.

De nouveaux souvenirs de sa vie passée suggèrent à Vincent de Paul de nouveaux desseins de bienfaisance. Ici, mes frères, il ne se borne ni à la capitale, ni même à nos provinces, pour rendre la Providence sensible à ses concitoyens. Il a été esclave en Barbarie: ce digne Israélite se souvient donc de la servitude de Babylone, et travaille, comme Zorobabel, à réparer les maux de la captivité. Après avoir consacré d'abord douze cent mille livres au rachat de ses successeurs d'infortune; après avoir prévenu la plus désespérante de leurs privations, en leur ouvrant un bureau général et gratuit de correspondance avec leurs familles, dans sa maison de Saint-Lazare; après avoir doté pour eux un vaste hôpital dans les murs d'Alger, il fonde des secours permanents pour la rédemption des captifs, et leur destine à jamais des colonies de missionnaires, pour les consoler du moins et cultiver leur foi, en attendant qu'il puisse payer leur rançon. Il a été le martyr de la charité sur les galères: il fonde dans cette capitale, à la porte Saint-Bernard, un hospice particulier pour les forçats, qu'il délivre pour toujours des cachots de la Conciergerie; et il leur ouvre à Marseille, dans leurs infirmités, un hôpital de trois cents lits. C'est ainsi que Vincent de Paul fait tourner ses anciens malheurs au profit de l'humanité, et s'acquitte solennellement dans la prospérité envers la Providence.... (Maury, *Panégyriques*.)

6. JOAD AU JEUNE ROI JOAS, CONTRE LES DANGERS DE LA FLATTERIE.

O mon fils, de ce nom j'ose encor vous nommer,
Souffrez cette tendresse, et pardonnez aux larmes
Que m'arrachent pour vous de trop justes alarmes.
Loin du trône nourri, de ce fatal honneur,
Hélas! vous ignorez le charme empoisonneur;
De l'absolu pouvoir vous ignorez l'ivresse,
Et des lâches flatteurs la voix enchanteresse.
Bientôt ils vous diront que les plus saintes lois,
Maîtresses du vil peuple, obéissent aux rois;
Qu'un roi n'a d'autre frein que sa volonté même,
Qu'il doit immoler tout à sa grandeur suprême;
Qu'aux larmes, au travail le peuple est condamné,
Et d'un sceptre de fer veut être gouverné;
Que s'il n'est opprimé, tôt ou tard il opprime.
Ainsi, de piége en piége et d'abîme en abîme,
Corrompant de vos mœurs l'aimable pureté,
Ils vous feront enfin haïr la vérité;
Vous peindront la vertu sous une affreuse image;
Hélas! ils ont des rois égaré le plus sage!
Promettez sur ce livre, et devant ces témoins,
Que Dieu sera toujours le premier de vos soins;
Que, sévère aux méchants et des bons le refuge,
Entre le pauvre et vous, vous prendrez Dieu pour juge;
Vous souvenant, mon fils, que, caché sous le lin,
Comme eux vous fûtes pauvre, et comme eux orphelin.

(Racine, *Athalie.*)

7. LES DIVERSES OCCUPATIONS DES HOMMES.

Quelle idée ne dois-je pas me faire de la puissance divine! Je découvre d'une même vue la terre et les mers, tous les emplois, tous les exercices, toutes les occupations différentes qui partagent en tant de soins les enfants d'Adam, durant ce laborieux pèlerinage. Je vois du premier aspect cette multitude infinie de peuples et de nations, avec leurs mœurs différentes et leurs humeurs incompatibles; les unes barbares et sauvages, les autres polies et civilisées. Après, descendant au détail de la vie humaine, je contemple les divers emplois dans lesquels les hommes s'occupent. O Dieu éternel! quel tracas! quel mélange de choses! quelle étrange confusion! Je jette les yeux sur les villes, et je ne sais où arrêter la vue, tant j'y vois de diversité! La guerre, le cabinet, le gouvernement, la judicature et les lettres, le trafic et l'agriculture : en combien d'ouvrages divers ont-ils divisé les esprits? Celui-ci s'échauffe dans un barreau; cet autre songe aux affaires publiques : les autres, dans leurs boutiques, débitent plus de mensonges que de marchandises. Je ne puis considérer sans étonnement tant d'arts et tant de métiers, avec leurs ouvrages divers, et cette quantité innombrable de machines et d'instruments que l'on emploie en tant de manières. Cette diversité confond mon esprit; si l'expérience ne me la faisait voir, il me serait impossible de m'imaginer que l'invention humaine fût si abondante.

D'autre part, je regarde que la campagne n'est pas moins occupée; personne n'y est de loisir, chacun y est en action et en exercice : qui à bâtir, qui à faire remuer la terre, qui à l'agriculture, qui dans les jardins; celui-ci y travaille pour l'ornement et pour les délices, celui-là pour la nécessité ou pour le ménage. Et qu'est-il nécessaire que je vous fasse une longue énumération de toutes les occupations de la vie rustique? La mer même, que la nature semblait n'avoir destinée que pour être l'empire des vents et la demeure des poissons, la mer est habitée par les hommes : la terre lui envoie, dans des villes flottantes, comme des colonies de peuples errants qui, sans autre rempart qu'un bois fragile, osent se commettre à la fureur des tempêtes sur le plus perfide des éléments. Et là, que ne vois-je pas! que de divers spectacles! que de durs exercices! que de différentes observations! Il n'y a point de lieu où paraisse davantage l'audace tout ensemble et l'industrie de l'esprit humain. (Bossuet, *Sermons.*)

8. EFFETS DE LA PEUR SUR LES ANIMAUX.

Un jeune animal, tranquille, habitant des forêts, qui, tout à coup, entend le son éclatant d'un cor ou le bruit subit et nouveau d'une arme à feu, tressaille, bondit et fuit par la seule violence de la secousse qu'il vient d'éprouver. Cependant, si ce bruit est sans effet, s'il cesse, l'animal reconnaît d'abord le silence ordinaire de la nature, il se calme, s'arrête, et regagne à pas égaux sa paisible retraite. Mais l'âge et l'expérience le rendront bientôt circonspect et timide, dès qu'à l'occasion d'un bruit pareil il se sera senti blessé, atteint ou poursuivi : ce sentiment de peine ou cette sensation de douleur se conserve dans son sens intérieur ; et lorsque le même bruit se fait encore entendre, elle se renouvelle, et, se combinant avec l'ébranlement actuel, elle produit un sentiment durable, une passion subsistante, une vraie peur ; l'animal fuit, et fuit de toutes ses forces; il fuit très-loin, il fuit longtemps, il fuit toujours, puisque souvent il abandonne à jamais son séjour ordinaire.

La peur est donc une passion dont l'animal est susceptible, quoiqu'il n'ait pas nos craintes raisonnées ou prévues; il en est de même de l'horreur, de la colère, de l'amour, quoiqu'il n'ait ni nos aversions réfléchies, ni nos haines durables, ni nos amitiés constantes. L'animal a toutes ces passions premières; elles ne supposent aucune connaissance, aucune idée, et ne sont fondées que sur l'expérience du sentiment, c'est-à-dire sur la répétition des actes de douleur ou de plaisir et le renouvellement des sensations antérieures du même genre. La colère ou, si l'on veut, le courage naturel se remarque dans les animaux qui sentent leurs forces, c'est-à-dire qui les ont éprouvées, mesurées, et trouvées supérieures à celles des autres. La peur est le partage des faibles; mais le sentiment d'amour leur appartient à tous. (Buffon.)

9. LA DEMEURE DE BOILEAU A LA CAMPAGNE.

Oui, Lamoignon, je fuis les chagrins de la ville,
Et contre eux la campagne est mon unique asile.
Du lieu qui m'y retient veux-tu voir le tableau?
C'est un petit village, ou plutôt un hameau,
Bâti sur le penchant d'un long rang de collines,
D'où l'œil s'égare au loin dans les plaines voisines.
La Seine, au pied des monts que son flot vient laver,
Voit du sein de ses eaux vingt îles s'élever,
Qui, partageant son cours en diverses manières,
D'une rivière seule y forment vingt rivières.
Tous ses bords sont couverts de saules non plantés,
Et de noyers souvent du passant insultés.

Le village au-dessus forme un amphithéâtre.
L'habitant ne connaît ni la chaux ni le plâtre,
Et dans le roc, qui cède et se coupe aisément,
Chacun sait de sa main creuser son logement.
La maison du Seigneur, seule un peu plus ornée,
Se présente au dehors de murs environnée.
Le soleil en naissant la regarde d'abord,
Et le mont la défend des outrages du nord.
C'est là, cher Lamoignon, que mon esprit tranquille
Met à profit les jours que la Parque me file.
Ici, dans un vallon bornant tous mes désirs.
J'achète à peu de frais de solides plaisirs.
Tantôt, un livre en main, errant dans les prairies,
J'occupe ma raison d'utiles rêveries;
Tantôt, cherchant la fin d'un vers que je construi,
Je trouve au coin d'un bois le mot qui m'avait fui.
Quelquefois, aux appâts d'un hameçon perfide,
J'amorce en badinant le poisson trop avide;
Ou d'un plomb qui suit l'œil et part avec l'éclair,
Je vais faire la guerre aux habitants de l'air.
Une table au retour, propre et non magnifique,
Nous présente un repas agréable et rustique.
Là, sans s'assujettir aux dogmes de Broussain,
Tout ce qu'on boit est bon, tout ce qu'on mange est sain;
La maison le fournit, la fermière l'ordonne,
Et, mieux que Bergerat, l'appétit l'assaisonne.
O fortuné séjour! ô champs aimés des cieux!
Que, pour jamais foulant vos prés délicieux,
Ne puis-je ici fixer ma course vagabonde,
Et, connu de vous seuls, oublier tout le monde!

(Boileau, *Épîtres.*)

10. LA RAISON N'EXCUSE NI N'AUTORISE L'INDIFFÉRENCE RELIGIEUSE.

Dieu pourra dire à tant de libertins et à tant d'impies: « Puisque votre raison était le plus fort retranchement de votre libertinage, il fallait donc exactement vous attacher à elle; et pour ne donner aucune prise à ma justice, plus vous vous êtes licenciés du côté de la foi, plus deviez-vous être réguliers, sévères, irrépréhensibles du côté de la raison. Or, voyons si votre vie a été une vie raisonnable, une vie d'homme. » Et c'est alors, chrétiens, que Dieu nous produira cette suite affreuse de péchés dont saint Paul fait aux Romains le dénombrement, et qu'il reprochait à ces philosophes qui, par la raison, avaient connu Dieu, mais ne l'avaient pas glorifié comme Dieu : des impudicités abominables, et une scandaleuse effronterie à en faire gloire; des injustices criantes à l'égard du prochain; des violences, des usurpations, des oppressions soutenues du crédit et de la force; des perfidies noires et des trahisons, communément appelées intrigues du monde; des jalousies enragées, qu'il me soit permis d'user de ce terme, fomentées du levain d'une détestable ambition; des animosités et des haines portées jusqu'à la fureur; des médisances jusqu'à la calomnie la plus atroce; des avarice jusqu'à la cruauté la plus impitoyable, des dépenses jusqu'à la prodigalité la plus insensée, des excès de table jusqu'à la ruine totale du corps, des emportements de colère jusqu'au trouble de l'esprit.... Dieu demandera au pécheur si sa raison lui suggérait toutes ses abominations, si sa raison les approuvait, si sa raison était là-dessus d'intelligence avec lui.

« Ah! Seigneur, s'écriait saint Augustin, pressé des remords intérieurs qu'une vérité si terrible lui faisait sentir, je le confesse, voilà la pensée qui a consommé l'ouvrage de ma conversion; voilà le coup de mon salut, et ce qui m'a retiré du profond abîme de mon iniquité : la crainte de votre jugement, fondée sur le jugement de ma raison, c'est ce qui m'a rappelé à vous. Je tâchais, Seigneur, à me défaire de vous, et à vivre comme n'ayant plus de Dieu; mais j'avais une raison dont je ne me pouvais défaire, et cette raison me suivait partout.... Au milieu de mes égarements, je la trouvais en tous lieux et en tout temps, comme un adversaire formidable qui s'opposait à moi. Or, de là je concluais, Seigneur, ce que je devais craindre de votre justice; car si je ne puis pas, disais-je, éviter la censure de ma raison, qui est une raison faible et imparfaite, comment pourrai-je éviter celle de mon Dieu, c'est-à-dire la rigueur de son jugement? » Voilà, chrétiens, ce qui se passait dans saint Augustin, et ce qui se passe tous les jours dans nous, quand nous commettons le péché avec la vue actuelle de la malice qu'il renferme. Or, ces combats de notre raison contre nous-mêmes, de notre raison contre nos passions, de notre raison contre notre libertinage, c'est déjà le commencement ou comme une ébauche du jugement de Dieu. (Bourdaloue.)

11. L'EXPLICATION DES PHÉNOMÈNES DE LA NATURE.

Je me figure toujours que la nature est un grand spectacle qui ressemble à celui de l'Opéra. Du lieu où vous êtes à l'Opéra, vous ne voyez pas le théâtre tout à fait comme il est; on a disposé les décorations et les machines pour faire de loin un effet agréable, et on cache à votre vue ces roues et ces contre-poids qui font tous les mouvements. Aussi ne vous embarrassez-vous guère de deviner comment tout cela joue. Il n'y a peut-être que quelque machiniste caché dans le parterre qui s'inquiète d'un vol qui lui aura paru extraordinaire, et qui veut absolument démêler comment ce vol a été exécuté. Vous voyez bien que ce machiniste-là est assez fait comme les philosophes. Mais ce qui, à l'égard des philosophes, augmente la difficulté, c'est que, dans les machines que la nature présente à nos yeux, les cordes sont parfaitement bien cachées, et elles le sont si bien, qu'on a été longtemps à deviner ce qui causait les mouvements de l'univers; car représentez-vous tous les sages à l'Opéra, ces Pythagores, ces Platons, ces Aristotes, et tous ces gens dont le nom fait aujourd'hui tant de bruit à nos oreilles. Supposons qu'ils voyaient le vol de Phaéton, que les vents enlèvent, qu'ils ne pouvaient découvrir les cordes, et qu'ils ne savaient point comment le derrière du théâtre était disposé. L'un d'eux disait : *C'est une certaine vertu secrète qui enlève Phaéton.* L'autre : *Phaéton est composé de certains nombres qui le font monter.* L'autre : *Phaéton a une certaine amitié pour le haut du théâtre; il n'est point à son aise quand il n'y est pas.* L'autre : *Phaéton n'est pas fait pour voler; mais il aime mieux voler que de laisser le haut du théâtre vide.* Et cent autres rêveries que je m'étonne qui n'aient pas perdu de réputation toute l'antiquité. A la fin, Descartes et quelques autres modernes sont venus qui ont dit : *Phaéton monte, parce qu'il est tiré par des cordes, et qu'un poids plus pesant que lui descend.* Ainsi, on ne croit plus qu'un corps se remue, s'il n'est tiré ou plutôt poussé par un autre corps. On ne croit plus qu'il monte ou qu'il descende, si ce n'est par l'effet d'un contre-poids ou d'un ressort; et qui verrait la nature telle qu'elle est, ne verrait que le derrière du théâtre de l'Opéra. (Fontenelle, *les Mondes.*)

12. REPROCHES D'AGRIPPINE A BURRHUS.

Prétendez-vous longtemps me cacher l'empereur ?
Ne le verrai-je plus qu'à titre d'importune ?
Ai-je donc élevé si haut votre fortune
Pour mettre une barrière entre mon fils et moi ?
Ne l'osez-vous laisser un moment sur sa foi ?
Entre Sénèque et vous, disputez-vous la gloire
A qui m'effacera plus tôt de sa mémoire ?
Vous l'ai-je confié pour en faire un ingrat,
Pour être sous son nom les maîtres de l'État ?
Certes, plus je médite, et moins je me figure
Que vous m'osiez compter pour votre créature :
Vous, dont j'ai pu laisser vieillir l'ambition
Dans les honneurs obscurs de quelque légion ;
Et moi, qui sur le trône ai suivi mes ancêtres,
Moi, fille, femme, sœur, et mère de vos maîtres !
Que prétendez-vous donc ? Pensez-vous que ma voix
Ait fait un empereur pour m'en imposer trois ?
Néron n'est plus enfant : n'est-il pas temps qu'il règne ?
Jusqu'à quand voulez-vous que l'empereur vous craigne ?
Ne saurait-il rien voir qu'il n'emprunte vos yeux ?
Pour se conduire, enfin, n'a-t-il pas ses aïeux ?
Qu'il choisisse, s'il veut, d'Auguste ou de Tibère ;
Qu'il imite, s'il peut, Germanicus mon père.
Parmi tant de héros je n'ose me placer ;
Mais il est des vertus que je lui puis tracer ;
Je puis l'instruire au moins combien sa confidence
Entre un sujet et lui doit laisser de distance.

(Racine, *Britannicus.*)

13. LES GRANDS DOIVENT ÊTRE HUMAINS ENVERS LES PETITS.

Ce n'est pas la toute-puissance de Jésus-Christ, et la merveille des pains multipliés par sa seule parole, qui doit aujourd'hui nous toucher et nous surprendre. Celui par qui tout était fait pouvait tout, sans doute, sur des créatures qui sont son ouvrage ; et ce qui frappe le plus les sens dans ce prodige n'est pas ce que je choisis aujourd'hui pour nous consoler et nous instruire.

C'est son humanité envers les peuples. Il voit une multitude errante et affamée au pied de la montagne, et ses entrailles se troublent, et sa pitié se réveille; et il ne peut refuser aux besoins de ces infortunés non-seulement son secours, mais encore sa compassion et sa tendresse.

Partout il laisse échapper des traits d'humanité pour les peuples. A la vue des malheurs qui menacent Jérusalem, il soulage sa douleur par sa pitié et par ses larmes.

Quand deux disciples veulent faire descendre le feu du ciel sur une ville de Samarie, son humanité s'intéresse pour ce peuple contre leur zèle, et il leur reproche d'ignorer encore l'esprit de douceur et de charité dont ils vont être les ministres.

Si les apôtres éloignent rudement une foule d'enfants qui s'empressent autour de lui, sa bonté s'offense qu'on veuille l'empêcher d'être accessible, et plus un respect mal entendu éloigne de lui les faibles et les petits, plus sa clémence et son affabilité s'en rapprochent.

Grande leçon d'humanité envers les peuples, que Jésus-Christ donne aujourd'hui aux princes et aux grands. Ils ne sont grands que pour les autres, et ils ne jouissent proprement de leur grandeur qu'autant qu'ils la rendent utile aux autres hommes. C'est à-dire que l'humanité envers les peuples est le premier devoir des grands; et l'humanité envers les petits est l'usage le plus délicieux de la grandeur. (Massillon, *Sermons.*)

14. LA MÉMOIRE.

Pourquoi tout ce qui s'est passé dans notre enfance est-il presque entièrement oublié ? et pourquoi les vieillards ont-ils un souvenir plus présent de ce qui leur est arrivé dans le moyen âge que de ce qui leur arrive dans leur vieillesse? Y a-t-il une meilleure preuve que les sensations toutes seules ne suffisent pas pour produire la mémoire, et qu'elle n'existe, en effet, que dans la suite des idées que notre âme peut tirer de ces sensations? car, dans l'enfance, les sensations sont aussi et peut-être plus vives et plus rapides que dans le moyen âge, et cependant elles ne laissent que peu ou point de traces, parce qu'à cet âge la puissance de réfléchir, qui seule peut former des idées, est dans une inaction presque totale, et que, dans les moments où elle agit, elle ne compare que des superficies, elle ne combine que de petites choses, pendant un petit temps, elle ne met rien en ordre, elle ne réduit rien en suite. Dans l'âge mûr, où la raison est entièrement développée, parce que la puissance de réfléchir est en entier exercice, nous tirons de nos sensations tout le fruit qu'elles peuvent produire, et nous nous formons plusieurs ordres d'idées et plusieurs chaînes de pensées dont chacune fait une trace durable, sur laquelle nous repassons si souvent, qu'elle devient profonde, ineffaçable, et que plusieurs années après, dans le temps de notre vieillesse, ces mêmes idées se présentent avec plus de force que celles que nous pouvons tirer immédiatement des sensations actuelles, parce qu'alors ces sensations sont faibles, lentes, émoussées, et qu'à cet âge l'âme même participe à la langueur du corps. Dans l'enfance, le temps présent est tout; dans l'âge mûr, on jouit également du passé, du présent et de l'avenir ; et dans la vieillesse, on sent peu le présent, on détourne les yeux de l'avenir, et on ne vit que dans le passé. Ces différences ne dépendent-elles pas entièrement de l'ordonnance que notre âme a faite de nos sensations, et ne sont-elles pas relatives au plus ou moins de facilités que nous avons dans ces différents âges à former, à acquérir et à conserver des idées? L'enfant qui jase et le vieillard qui radote n'ont ni l'un ni l'autre le ton de la raison, parce qu'ils manquent également d'idées : le premier ne peut encore en former, et le second n'en forme plus. (Buffon.)

15. LA FONTAINE DE VAUCLUSE.

Mes premiers empressements ont été pour la fontaine de Vaucluse : je l'ai vue hier. Je ne sais pourquoi je dis hier ; car il me semble que je la vois encore aujourd'hui. Je crois voir encore aujourd'hui s'échapper du milieu d'une chaîne de montagnes, comme du fond d'un vaste entonnoir, une rivière qui monte, s'élève, et tout à coup se déborde avec une impétuosité, avec un tonnerre, avec un bouillonnement, avec une écume, avec des chutes que le pinceau du poëte ne rendra jamais ; c'est la fontaine de Vaucluse. Un instant après, passé quelques minutes, cette rivière se calme comme un heureux naturel qu'a emporté d'abord sa vivacité, et que soudain la bonté modère

Alors elle change ses flots d'argent en flots d'azur, et les verse, et les roule, et les abandonne sur un tapis d'émeraude ; mais bientôt elle se divise en une multitude de petits ruisseaux pour courir à travers un vallon charmant. En sortant du vallon, ces ruisseaux se réunissent et partent de nouveau tous ensemble, par cent routes différentes, pour aller arroser, féconder, embellir, sous le nom de la Sorgue, le délicieux comtat d'Avignon. Vaucluse offre à la fois le tableau le plus admirable et le phénomène le plus singulier ; mais je dirai avec le poëte :

Mais ces eaux, ce beau ciel, ce vallon enchanteur,
Moins que Pétrarque et Laure intéressent mon cœur.

Les souvenirs de Pétrarque et de Laure, empreints partout, animent le paysage ; ils l'embellissent, ils l'enchantent. Je me suis assis sur la pente d'un rocher, et là, je me suis enivré pendant une heure du bruit de ces eaux, de la verdure de ces gazons, de l'azur de ce beau ciel, et de la jeunesse du printemps. Là, j'ai appelé, j'ai assemblé autour de mon cœur tous les objets qu'il a aimés. Je me suis figuré tous mes enfants sautant sur ces gazons, courant sur ces rivages, et frappant à l'envi les échos de mille cris de bonheur et de joie. (Dupaty.)

16. LE CHÊNE ET LE ROSEAU.

Le Chêne, un jour, dit au Roseau :
« Vous avez bien sujet d'accuser la nature;
Un roitelet pour vous est un pesant fardeau.
Le moindre vent, qui d'aventure
Fait rider la surface de l'eau,
Vous oblige à baisser la tête ;
Cependant que mon front, au Caucase pareil,
Non content d'arrêter les rayons du soleil,
Brave l'effort de la tempête.
Tout vous est aquilon, tout me semble zéphir.
Encor si vous naissiez à l'abri du feuillage
Dont je couvre le voisinage,
Vous n'auriez pas tant à souffrir ;
Je vous défendrais de l'orage :
Mais vous naissez le plus souvent
Sur les humides bords des royaumes du vent.

La nature envers vous me semble bien injuste.
— Votre compassion, lui répondit l'arbuste,
Part d'un bon naturel ; mais quittez ce souci.
Les vents me sont moins qu'à vous redoutables ;
Je plie et ne romps pas. Vous avez jusqu'ici
Contre leurs coups épouvantables
Résisté sans courber le dos ;
Mais attendons la fin. » Comme il disait ces mots,
Du bout de l'horizon accourt avec furie
Le plus terrible des enfants
Que le nord eût portés jusque-là dans ses flancs.
L'arbre tien bon ; le roseau plie.
Le vent redouble ses efforts,
Et fait si bien qu'il déracine
Celui de qui la tête au ciel était voisine,
Et dont les pieds touchaient à l'empire des morts.

(La Fontaine, *Fables.*)

17. LES PLAISIRS SIMPLES ET MODÉRÉS.

Quand on ne s'est encore gâté par aucun grand divertissement, et qu'on n'a fait naître en soi aucune passion ardente, on trouve aisément la joie; la santé et l'innocence en sont les vraies sources. Mais les gens qui ont eu le malheur de s'accoutumer aux plaisirs violents, perdent le goût des plaisirs modérés, et s'ennuient toujours dans une recherche inquiète de la joie.

On se gâte le goût pour les divertissements comme pour les viandes : on s'accoutume tellement aux choses de haut goût, que les viandes communes et simplement assaisonnées deviennent fades et insipides. Craignons donc ces grands ébranlements de l'âme, qui préparent l'ennui et le dégoût ; surtout ils sont plus à craindre pour les enfants, qui résistent moins à ce qu'ils sentent et qui veulent être toujours émus. Tenons-les dans le goût des choses simples; qu'il ne faille pas de grands apprêts de viande pour les nourrir ni de divertissement pour les réjouir. La sobriété donne toujours assez d'appétit, sans avoir besoin de le réveiller par des ragoûts qui portent à l'intempérance. La tempérance, disait un ancien, est la meilleure ouvrière de la volupté : avec cette tempérance, qui fait la santé du corps et de l'âme, on est toujours dans une joie douce et modérée; on n'a besoin ni de machines, ni de spectacles, ni de dépense pour se réjouir : un petit jeu qu'on invente, une lecture, un travail qu'on entreprend, une promenade, une conversation innocente qui délasse après le travail, font sentir une joie plus pure que la musique la plus charmante.

Les plaisirs simples sont moins vifs et moins sensibles, il est vrai : les autres enlèvent l'âme en remuant les ressorts des passions. Mais les plaisirs simples sont d'un meilleur usage : ils donnent une joie égale et durable, sans aucune suite maligne; ils sont toujours bienfaisants; au lieu que les autres plaisirs sont comme les vins frelatés, qui plaisent d'abord plus que les naturels, mais qui altèrent et qui nuisent à la santé. Le tempérament de l'âme se gâte, aussi bien que le goût, par la recherche de ces plaisirs vifs et piquants. (Fénelon, *Éducation des filles.*)

18. L'AUTOMNE.

Le soleil, dont la violence
Nous a fait languir si longtemps,
Arme de feux moins éclatants
Les rayons que son char nous lance;
Et, plus paisible dans son cours;
Laisse la céleste Balance
Arbitre des nuits et des jours.

L'aurore, désormais stérile
Pour la divinité des fleurs,
De l'heureux tribut de ses pleurs
Enrichit un dieu plus utile;
Et sur tous les coteaux voisins
On voit briller l'ambre fertile
Dont elle dore nos raisins.

C'est dans cette saison si belle
Que Bacchus prépare à nos yeux
De son triomphe glorieux
La pompe la plus solennelle
Il vient de ses divines mains
Sceller l'alliance éternelle
Qu'il a faite avec les humains.

Autour de son char diaphane,
Les ris, voltigeant dans les airs,
Des soins qui troublent l'univers
Écartent la foule profane.
Tel, sur les bords inhabités,
Il vint de la triste Ariane
Calmer les esprits agités.

Les satyres, tout hors d'haleine,
Conduisant les nymphes des bois,
Au son du fifre et du hautbois,
Dansent par troupe dans la plaine,
Tandis que les Sylvains lassés
Portent l'immobile Silène
Sur leurs thyrses entrelacés. (J.-B. Rousseau.)

19. LE JOUR DES ROIS.

Les cœurs simples ne se rappellent point sans attendrissement ces heures d'épanchement où les familles se rassemblent autour des gâteaux qui retracent les présents des mages. L'aïeul, quelle que soit sa vieillesse, retiré pendant le reste de l'année au fond de son appartement, reparaît dans ce jour comme la divinité du foyer paternel. Ses petits-enfants, qui, depuis longtemps, ne rêvaient que la fête attendue, entourent ses genoux et le rajeunissent de leur jeunesse. Quels que soient les chagrins secrets, ils sont oubliés; la gaieté brille sur les fronts de tous les assistants, les cœurs sont tout épanouis. La salle du festin est merveilleusement décorée ; et tous, chacun selon sa fantaisie, se revêtent d'un vêtement nouveau. Bientôt les verres se choquent; la joie, l'allégresse éclatent de toutes parts. On tire au sort des royautés éphémères, et personne ne pourrait dire les soupirs ou les larmes qu'elles ont causées. Souvent une fraude qui redouble le plaisir des sujets et n'excite que les plaintes de la souveraine, jette l'assemblée dans une gaieté bruyante : la fortune est tombée sur la fille du lieu et sur le fils du voisin dernièrement arrivé de l'armée. Les jeunes gens rougissent, tout embarrassés qu'ils sont de leur couronne ; les mères sourient, et l'aïeul, avec les assistants, vide des coupes à la nouvelle reine. Souvent le curé, présent à la fête, reçoit, pour la distribuer avec d'autres secours, cette première part qu'on appelle *la part des pauvres*.

Quelque jeu de l'ancien temps, un bal dont un vieux serviteur est le premier musicien, prolongent les plaisirs; et la maison tout entière, nourrices, enfants, fermiers, domestiques et maîtres, tous dansent ensemble la ronde antique. (Chateaubriand.)

20. COMBAT DE RODRIGUE CONTRE LES MAURES.

Cette obscure clarté qui tombe des étoiles,
Enfin, avec le flux nous fait voir trente voiles.
L'onde s'enflait dessous, et, d'un commun effort,
Les Maures et la mer entrèrent dans le port.
On les laisse passer; tout leur paraît tranquille :
Point de soldats au port, point aux murs de la ville.
Notre profond silence abusant leurs esprits,
Ils n'osent plus douter de nous avoir surpris.
Ils abordent sans peur, ils ancrent, ils descendent,
Et courent se livrer aux mains qui les attendent.
Nous nous levons alors, et tous en même temps
Poussons jusques au ciel mille cris éclatants ;
Les nôtres, au signal, de nos vaisseaux répondent;
Ils paraissent armés ; les Maures se confondent ;
L'épouvante les prend à demi descendus ;
Avant que de combattre, ils s'estiment perdus.
Ils couraient au pillage, et rencontrent la guerre.
Nous les pressons sur l'eau, nous les pressons sur terre;
Et nous faisons courir des ruisseaux de leur sang,
Avant qu'aucun résiste ou reprenne son rang.
Mais bientôt, malgré nous, leurs princes les rallient,
Leur courage renaît et les terreurs s'oublient.
La honte de mourir sans avoir combattu
Arrête leur désordre et leur rend leur vertu
Contre nous de pied ferme ils tirent leurs épées ;
Des plus braves soldats les trames sont coupées ;
Et la terre et le fleuve, et leur flotte et le port,
Sont des champs de carnage où triomphe la Mort.
O combien d'actions, combien d'exploits célèbres
Sont demeurés sans gloire au milieu des ténèbres,
Où chacun, seul témoin des grands coups qu'il donnait,
Ne pouvait discerner où le sort inclinait !

J'allais de tous côtés encourager les nôtres,
Faire avancer les uns et soutenir les autres,
Ranger ceux qui venaient, les pousser à leur tour,
Et n'en pus rien savoir jusques au point du jour.
Mais enfin sa clarté montra notre avantage;
Le Maure vit sa perte, et perdit le courage;
Et, voyant un renfort qui nous vint secourir,
Changea l'ardeur de vaincre en la peur de mourir.
  Ils gagnent leurs vaisseaux, ils en coupent les câbles,
Nous laissent pour adieux des cris épouvantables,
Font retraite en tumulte, et sans considérer
Si leurs rois avec eux ont pu se retirer.
Ainsi leur devoir cède à la frayeur plus forte;
Le flux les apporta, le reflux les remporte.
Cependant que leurs rois engagés parmi nous,
Et quelque peu des leurs, tout percés de nos coups,
Disputent vaillamment et vendent bien leur vie.
A se rendre moi-même en vain je les convie
Le cimeterre au poing, ils ne m'écoutent pas;
Mais, voyant à leurs pieds tomber tous leurs soldats,
Et que seuls désormais en vain ils se défendent,
Ils demandent le chef : je me nomme, ils se rendent.
Je vous les envoyai tous deux en même temps,
Et le combat cessa, faute de combattants. (Corneille, *le Cid.*)

21. LA VILLE DE TYR.

J'admirais l'heureuse situation de cette grande ville, qui est au milieu de la mer, dans une île. La côte voisine est délicieuse par sa fertilité, par les fruits exquis qu'elle porte, par le nombre des villes et des villages qui se touchent presque, enfin par la douceur de son climat : car les montagnes mettent cette côte à l'abri des vents brûlants du midi ; elle est rafraîchie par le vent du nord, qui souffle du côté de la mer. Ce pays est au pied du Liban, dont le sommet fend les nues et va toucher les astres ; une glace éternelle couvre son front ; des fleuves pleins de neige tombent, comme des torrents, des pointes des rochers qui environnent sa tête. Au-dessous on voit une vaste forêt de cèdres antiques, qui paraissent aussi vieux que la terre où ils sont plantés, et qui portent leurs branches épaisses jusque vers les nues. Cette forêt a sous ses pieds de gras pâturages dans la pente de la montagne. C'est là qu'on voit errer les taureaux qui mugissent, les brebis qui bêlent, avec leurs tendres agneaux qui bondissent sur l'herbe fraîche; là coulent mille divers ruisseaux d'une eau claire, qui distribuent l'eau partout. Enfin on voit au-dessous de ces pâturages le pied de la montagne, qui est comme un jardin : le printemps et l'automne y règnent ensemble, pour y joindre les fleurs et les fruits. Jamais ni le souffle empesté du midi, qui sèche et qui brûle tout, ni le rigoureux aquilon, n'ont osé effacer les vives couleurs qui ornent ce jardin.

C'est auprès de cette belle côte que s'élève dans la mer l'île où est bâtie la ville de Tyr. Cette grande ville semble nager au-dessus des eaux, et être la reine de toute la mer. Les marchands y abordent de toutes les parties du monde; et ses habitants sont eux-mêmes les plus fameux marchands qu'il y ait dans l'univers. Quand on entre dans cette ville, on croit d'abord que ce n'est point une ville qui appartienne à un peuple particulier, mais qu'elle est la ville commune de tous les peuples, et le centre de leur commerce. Elle a deux grands môles semblables à deux bras, qui s'avancent dans la mer et qui embrassent un vaste port où les vents ne peuvent entrer. Dans ce port on voit comme une forêt de mâts de navires; et ces navires sont si nombreux qu'à peine peut-on découvrir la mer qui les porte. (Fénelon, *Télémaque*.)

22. NAUFRAGE DU VAISSEAU LE SAINT-GÉRAN.

Vers les neuf heures du matin, on entendit du côté de la mer des bruits offrayants, comme si des torrents d'eau mêlés à des tonnerres eussent roulé du haut des montagnes. Tout le monde s'écrie : « Voici l'ouragan! » et dans l'instant un tourbillon affreux enlève la brume dont étaient couverts l'île d'Ambre et son canal. *Le Saint-Géran* parut alors à découvert avec son pont, où étaient rassemblés tous les passagers : il était mouillé entre l'île d'Ambre et la terre, en deçà de la ceinture de récifs dont l'île de France était entourée, et qu'il avait franchis par un endroit où jamais vaisseau n'avait passé avant lui. Il présentait son avant aux flots qui venaient de la pleine mer, et chaque fois qu'une lame d'eau s'était engagée dans le canal, sa proue se soulevait tout entière, et la mer qui l'avait soulevée s'était élevée à une hauteur considérable, et tout le canal compris entre cette île et l'île d'Ambre n'était qu'une vaste nappe d'écumes blanches, creusées de vagues noires et profondes. Ces écumes s'étaient amassées dans le fond des anses à plus de six pieds et demi de hauteur, et le vent qui en avait balayé la surface les avait portées par-dessus l'escarpement du rivage, à plus d'une demi-lieue dans les terres. A leurs flocons blancs et innombrables qui étaient chassés horizontalement jusqu'au pied des montagnes, on eût dit une neige sortant de la mer. L'horizon offrait tous les signes d'une longue tempête. La mer y paraissait confondue avec le ciel. On voyait qu'il s'en était détaché des nuages d'une forme horrible qui traversaient le zénith avec la vitesse des oiseaux, tandis qu'il s'en était formé d'autres immobiles comme de grands rochers. Dans les balancements du vaisseau, ce que tous avaient craint arriva : il fut jeté sur les rochers à une demi-encâblure du rivage. Ce ne fut qu'un cri de douleur. (Bernardin de Saint-Pierre.)

123. IL EST DIFFICILE DE CONTENTER TOUT LE MONDE.

Je suis à peu près dans le même cas où se trouvait Cicéron lorsqu'il entreprit de mettre en sa langue les matières de philosophie qui jusque-là n'avaient été traitées qu'en grec. Il nous apprend qu'on disait que ses ouvrages seraient fort inutiles, parce que ceux qui aiment la philosophie s'étant bien donné la peine de la chercher dans les livres grecs, négligeraient après cela de la voir dans les livres latins qui ne seraient pas originaux, et que ceux qui n'avaient pas de goût pour la philosophie ne se souciaient de la voir ni en latin ni en grec.

A cela il répondit qu'il arriverait tout le contraire; que ceux qui n'étaient pas philosophes seraient tentés de le devenir par la facilité de lire les livres latins; et que ceux qui l'étaient déjà par la lecture des livres grecs, seraient bien aises de voir comment ces choses-là avaient été maniées en latin.

Cicéron avait raison de parler ainsi. L'excellence de son génie et la grande réputation qu'il avait déjà acquise lui garantissaient le succès de cette nouvelle sorte d'ouvrage qu'il donnait au public; mais moi, je suis bien éloigné d'avoir les mêmes sujets de confiance dans une entreprise presque pareille à la sienne. J'ai voulu traiter la philosophie d'une manière qui ne fût point philosophique; j'ai tâché de l'amener à un point où elle ne fût ni trop sèche pour les gens du monde, ni trop badine pour les savants. Mais on me dit à peu près comme à Cicéron, qu'un pareil ouvrage n'est propre ni aux savants, qui n'y peuvent rien apprendre, ni aux gens du monde, qui n'auront point d'envie d'y rien apprendre; je n'ai garde de répondre ce qu'il répondit. Il se peut bien faire qu'en cherchant un milieu où la philosophie convînt à tout le monde, j'en aie trouvé un où elle ne convienne à personne : les milieux sont trop difficiles à tenir, et je ne crois pas qu'il me prenne envie de me mettre une seconde fois dans la même peine. (Fontenelle, *Préface des Mondes.*)

24. L'HOMME SINCÈRE.

Non, je ne puis souffrir cette lâche méthode
Qu'affectent la plupart de nos gens à la mode;
Et je ne hais rien tant que les contorsions
De tous ces grands faiseurs de protestations,
Ces affables donneurs d'embrassades frivoles,
Ces obligeants diseurs d'inutiles paroles,
Qui de civilités avec tous font combat,
Et traitent du même air l'honnête homme et le fat.
Quel avantage a-t-on qu'un homme vous caresse,
Vous jure amitié, foi, zèle, estime, tendresse,
Et vous fasse de vous un éloge éclatant,
Lorsqu'au premier faquin il court en faire autant?
Non, non, il n'est point d'âme un peu bien située,
Qui veuille d'une estime ainsi prostituée;
Et la plus glorieuse a des régals peu chers,
Dès qu'on voit qu'on nous mêle avec tout l'univers.
Sur quelque préférence une estime se fonde;
Et c'est n'estimer rien, qu'estimer tout le monde.
Puisque vous y donnez, dans ces vices du temps,
Morbleu! vous n'êtes pas pour être de mes gens.
Je refuse d'un cœur la vaste complaisance
Qui ne fait de mérite aucune différence :
Je veux qu'on me distingue, et, pour le trancher net,
L'ami du genre humain n'est pas du tout mon fait....

(Molière, *le Misanthrope.*)

25. PSYCHÉ ET LE PÊCHEUR.

Psyché n'eut pas marché une demi-heure, qu'elle distingua un peu de fumée qu'elle avait vue sortir entre des arbres et des rochers. C'était l'habitation d'un pêcheur, située au penchant d'un mont, où les chèvres mêmes avaient de la peine à monter. Elle adresse ses pas vers le lieu où elle avait vu cette fumée, ne découvrant aucune habitation que celle-là, de quelque côté que sa vue pût s'étendre. Il n'y avait point d'autre chemin pour y aller qu'un petit sentier tout bordé de ronces. Elle ne voyait aucun moyen d'échapper aux dangers qui la menaçaient, et se décida à suivre cette route, tout épineuse qu'elle était. Cependant, elle se tira de ces halliers le mieux qu'elle put, et elle arriva jusque sur le bord d'un torrent. C'était un torrent et un abîme : il y avait un nombre infini de sources qu'elle avait entendues s'y précipiter par cascades du haut du mont; puis, roulant leurs eaux entre des rochers, elles formaient un gazouillement à peu près semblable à celui des cataractes du Nil. La vieillesse en propre personne lui apparut, chargée de filets et en habits de pêcheur. C'était un très-beau vieillard, blanc comme un lis : on voyait ses cheveux qu'il avait laissés pendre sur ses épaules, et sa barbe qui descendait sur sa ceinture. Son front était plein de rides, dont la plus jeune était presque aussi ancienne que le déluge. Aussi Psyché le prit pour Deucalion, et se mettant à genoux : « Père des humains! lui cria-t-elle, c'est de vous que j'implore la protection que j'ai cru que vous m'accorderiez. » Le vieillard passa du côté où était Psyché, et l'aborda de fort bonne grâce et avec respect. « Je suis, dit-il, un mortel qui ne possède que ces filets et quelques petites commodités dont j'ai meublé deux ou trois rochers sur le penchant de ce mont. J'ai toujours secouru les malheureux que j'ai vus m'implorer, et je leur ai rendu tous les services que j'ai pu. Cette retraite est à vous aussi bien qu'à moi : je ne l'ai point achetée, c'est la nature qui l'a bâtie. » Psyché accepta l'asile. Le vieillard la fit descendre dans la ravine, marchant devant elle et lui enseignant à poser le pied tantôt sur cet endroit-là, tantôt sur cet autre, non sans péril; mais la crainte donne du courage. (La Fontaine.)

26. LES CASCATELLES.

La route qui conduit aux Cascatelles est charmante : on passe sous les arbres les plus riants, à travers les mûriers, les figuiers, les peupliers, les platanes; on foule les gazons les plus verts, les fleurs les plus odorantes; on entend, dans les bois d'alentour, les concerts de mille oiseaux; des chevaux descendent des montagnes; des troupeaux gravissent les coteaux, et le bruit argentin des clochettes résonne dans les airs. Tout à coup se montrent le temple de Vesta et celui de la Sibylle. Que l'œil tourne avec plaisir autour de ces colonnes! Mais on voudrait pouvoir les repousser en arrière; car on dirait qu'elles sont près de tomber dans l'abîme. Comme ces ronces, ces lierres, toutes ces herbes qui disputent à l'acanthe corinthienne de couronner ces colonnes, font un effet pittoresque! Enfin, on arrive vis-à-vis des Cascatelles. Je les préfère à la grande cascade, à la grotte de Neptune, à toutes les eaux que j'ai le plus entendu vanter. Ces monts couronnent bien cette ville. Cette ville, à son tour, couronne bien ce coteau, qui descend doucement, chargé de moissons de toute espèce. Là un champ de blé, plus loin des treilles couvertes de vignes. Tout à coup, à travers ces riantes verdures, un fleuve impétueux s'élance et se divise en cinq fleuves qui, par cinq routes différentes, ou jaillissent, ou coulent, ou se précipitent; ils rencontrent en bas d'autres flots qui de tous côtés accourent et viennent se réunir avec eux sur un tapis d'émeraudes. C'est sans doute ici que Properce venait rêver, prêt à composer ses vers : voici la place où il aimait à promener ses regards distraits sur ces ondes qui s'élancent en gerbes, sur ces flots qui coulent en filets d'argent, sur cet arc-en-ciel éternel, sur ces mousses nourries d'une poussière humide, sur ces arbustes qui tremblent sans cesse du mouvement des flots qui se précipitent à l'entour. (Dupaty.)

27. PRIÈRE A BORD D'UN VAISSEAU.

Le globe du soleil, dont nos yeux pouvaient alors soutenir l'éclat, prêt à se plonger dans les vagues étincelantes, apparaissait entre les cordages du vaisseau, et versait encore le jour dans des espaces sans bornes. On eût dit, par le balancement de la poupe, que l'astre radieux changeait à chaque instant d'horizon. Les mâts, les haubans, les vergues du navire étaient couverts d'une teinte de rose. Quelques nuages erraient sans ordre dans l'orient, où la lune montait avec lenteur, le reste du ciel était assez pur ; et, à l'horizon du nord, formant un glorieux triangle avec l'astre du jour et celui de la nuit, une trombe chargée des couleurs du prisme s'élevait de la mer comme une colonne de cristal supportant la voûte du ciel.

Il eût été bien à plaindre, celui qui, dans ce beau spectacle, n'eût pas reconnu la bonté de Dieu ! Des larmes coulèrent malgré moi de mes paupières, lorsque tous mes compagnons, ôtant leurs chapeaux goudronnés, vinrent à entonner d'une voix rauque leur simple cantique à *Notre-Dame-de-Bon-Secours*, patronne des mariniers. Qu'elle était touchante, la prière de ces hommes qui, sur une planche fragile, au milieu de l'Océan, contemplaient un soleil couchant sur les flots ! Comme elle allait à l'âme, cette invocation du pauvre matelot à la Mère de douleur ! Cette humiliation devant celui qui envoie les orages et le calme ; cette conscience de notre petitesse à la vue de l'infini ; ces chants s'étendant au loin sur les vagues ; les monstres marins, étonnés de ces accents inconnus, se précipitant au fond de leurs gouffres ; la nuit s'approchant avec ses embûches ; la merveille de notre vaisseau au milieu de tant de merveilles ; un équipage religieux, saisi d'admiration et de crainte ; un prêtre auguste en prière ; Dieu penché sur l'abîme, d'une main retenant le soleil aux portes de l'occident, de l'autre élevant la lune à l'horizon opposé, et prêtant, à travers l'immensité, une oreille attentive à la faible voix de sa créature : voilà ce qu'on ne saurait peindre, et ce que tout le cœur de l'homme suffit à peine pour sentir. (Chateaubriand, *Génie du christianisme.*)

28. LA MER PRODUIT LES FLEUVES.

La mer, dont le soleil attire les vapeurs,
Par ces eaux qu'elle perd voit une mer nouvelle
Se former, s'élever et s'étendre sur elle.
De nuages légers cet amas précieux,
Que dispersent au loin les vents officieux,
Tantôt féconde pluie, arrose nos campagnes,
Tantôt retombe en neige et blanchit nos montagnes.

Sur ces lacs sourcilleux, de frimas couronnés,
Réservoirs des trésors qui nous sont destinés,
Les flots de l'Océan apportés goutte à goutte
Réunissent leur force et s'ouvrent une route.
Jusqu'au fond de leur sein lentement répandus,
Dans leurs veines errants, à leurs pieds descendus,
On les en voit enfin sortir à pas timides,
D'abord faibles ruisseaux, bientôt fleuves rapides.
Des racines des monts qu'Annibal sut franchir,
Indolent Ferrarais, le Pô va t'enrichir;
Impétueux enfants de cette longue chaîne,
Le Rhône suit vers nous le torrent qui l'entraîne,
Et son frère, emporté par un contraire choix,
Sorti du même sein, va chercher d'autres lois.
Mais enfin, terminant leurs courses vagabondes,
Leur antique séjour redemande leurs ondes.
Ils les rendent aux mers; le soleil les reprend :
Sur les monts, dans les champs, l'aquilon nous les rend.
Telle est de l'univers la constante harmonie :
De son empire heureux la discorde est bannie.
Tout conspire pour nous, les montagnes, les mers,
L'astre brillant du jour, les fiers tyrans des airs.
uisse le même accord régner parmi les hommes !

(L. Racine, *la Religion.*)

29. MORT DE MAZARIN; FIDÉLITÉ DE LETELLIER.

Paris et tout le royaume, avec un admirable empressement, reconnaît son roi gardé par la Providence, et réservé à ses grands ouvrages. Le zèle des compagnies, que de tristes expériences avaient éclairées, est inébranlable; les pertes de l'État sont réparées; le cardinal fait la paix avec avantage. Au plus haut point de sa gloire, sa joie est troublée par la triste apparition de la mort; intrépide, il domine jusque entre ses bras et au milieu de son ombre. Il semble qu'il ait entrepris de montrer à toute l'Europe que sa faveur, attaquée par tant d'endroits, est si hautement rétablie, que tout devient faible contre elle, jusqu'à une mort prochaine et lente. Il meurt avec cette triste consolation; et nous voyons commencer ces belles années dont on ne peut assez admirer le cours glorieux. Cependant la grande et pieuse Anne d'Autriche rendait un perpétuel témoignage à l'inviolable fidélité de notre ministre, où, parmi tant de divers mouvements, elle n'avait jamais remarqué un pas douteux. Le roi, qui, dès son enfance, l'avait vu toujours attentif au bien de l'État et tendrement attaché à sa personne sacrée, prenait confiance en ses conseils; et le ministre conservait sa modération; soigneux surtout de cacher l'important service qu'il rendait continuellement à l'État, en faisant connaître les hommes capables de remplir les grandes places, et en leur rendant à propos des offices qu'ils ne savaient pas : car, que peut faire de plus utile un zélé ministre, puisque le prince, quelque grand qu'il soit, ne connaît sa force qu'à demi, s'il ne connaît les grands hommes que la Providence fait naître en son temps pour le seconder? Ne parlons pas des vivants, dont les vertus non plus que les louanges ne sont jamais sûres dans le variable état de cette vie; mais je veux ici nommer par honneur le sage, le docte et pieux Lamoignon, que notre ministre proposait toujours comme digne de prononcer les oracles de la justice dans le plus majestueux de ses tribunaux. La justice, leur commune amie, les avait unis; et maintenant ces deux âmes pieuses, touchées sur la terre du même désir de faire régner les lois, contemplent ensemble à découvert les lois éternelles d'où les nôtres sont dérivées; et, si quelque légère trace de nos faibles distinctions paraît encore dans une si simple et si claire vision, elles adorent Dieu en qualité de justice et de règle. (Bossuet, *Oraison funèbre de Letellier.*)

30. LES MISSIONNAIRES.

Par ces hommes chargés des richesses de l'Évangile, la grâce croît, et le nombre des croyants se multiplie de jour en jour; l'Église refleurit; et son ancienne beauté se renouvelle. Là, on court pour baiser les pieds d'un prêtre quand il passe; là, on recueille avec soin, avec un cœur affamé et avide, jusqu'aux moindres parcelles de la parole de Dieu qui sort de sa bouche; là, on attend avec impatience pendant toute la semaine le jour du Seigneur, où tous les frères, dans un saint repos, se donnent tendrement le baiser de paix, n'étant tous ensemble qu'un cœur et qu'une âme; là, on soupire après la joie des assemblées, après les chants des louanges de Dieu, après le sacré festin de l'Agneau; là, on croit voir encore les travaux, les voyages, les dangers des apôtres, avec la ferveur des Églises naissantes. Heureuses, parmi ces Églises, celles que le feu de la persécution éprouve pour les rendre plus pures! heureuses ces Églises dont nous ne pouvons nous empêcher de regarder la gloire d'un œil jaloux! (Fénelon, *Sermon pour la fête de l'Épiphanie.*)

51. LES FLEURS.

Quelle forme élégante et quel frais coloris!
C'est l'azur, le rubis, l'opale, la topaze,
Tournés en globe, en frange, en diadème, en vase.
Les fleurs charment le goût, l'odorat et les yeux;
Dans les palais des rois, dans les temples des dieux,
Souvent l'or fastueux le cède à leurs guirlandes:
Amour ne reçoit pas de plus douces offrandes.
Agréables encor, même dans leurs débris,
Nous changeons en parfums leurs feuillages flétris.
Odorante liqueur, pâte délicieuse,
Quels dons ne nous fait pas leur séve précieuse!
Les fleurs du doux plaisir sont l'emblème riant.
Si j'en crois le récit des peuples d'Orient,
Pour donner un langage à ses douleurs secrètes,
Souvent plus d'un captif en fit ses interprètes;
Et, peignant par leur teinte ou l'espoir ou l'ennui,
Des fleurs interrogeaient et répondaient pour lui.
Pour rendre leurs contours, leur flexible souplesse,
Le marbre même semble emprunter leur mollesse;
Le peintre les chérit; sous les doigts du brodeur,
L'art n'en laisse au désir regretter que l'odeur,
Et dresse un piége adroit au papillon volage:
Tant l'homme aime les fleurs jusque dans leur image!
Si ces temps ne sont plus où, dans les jours de deuil,
Les fleurs suivaient les morts ou paraient leur cercueil;
Si nous ne voyons plus, dans les jeux funéraires,
Les fleurs s'entrelacer aux urnes cinéraires,
La pastourelle encore en forme ses bouquets;
Elles parent nos fronts, parfument nos banquets,
Et parmi les cristaux, belles sans artifice,
De nos brillants desserts couronnent l'édifice.
Hôte aimable des champs, ce peuple quelquefois
Vient vivre parmi nous et se plaît sous nos toits,

Trompe l'hiver jaloux dans l'abri d'une serre,
Se mire dans les eaux et tapisse la terre;
Et, sur la mer enfin, souvent aux matelots
Leur parfum présagea la terre et le repos.
(Delille, *les Trois Règnes.*)

32. L'ÉGOÏSTE MALPROPRE.

Gnaton ne vit que pour soi, et tous les hommes ensemble sont à son égard comme s'ils n'étaient point. Non content de remplir à une table la première place, il occupe lui seul celle de deux autres : il oublie que le repas est pour lui et pour toute la compagnie; il se rend maître du plat, et fait son propre de chaque service : il ne s'attache à aucun des mets qu'il n'ait achevé d'essayer de tous : il voudrait pouvoir les savourer tous, tout à la fois : il ne se sert à table que de ses mains, il manie les viandes, les remanie, démembre, déchire, et en use de manière qu'il faut que les conviés, s'ils veulent manger, mangent ses restes; il ne leur épargne aucune de ces malpropretés dégoûtantes, capables d'ôter l'appétit aux plus affamés : le jus et les sauces lui dégouttent du menton et de la barbe : s'il enlève un ragoût de dessus un plat, il le répand en chemin dans un autre plat et sur la nappe; on le suit à la trace : il mange haut et avec grand bruit; il roule les yeux en mangeant; la table est pour lui un râtelier : il écure ses dents, et il continue à manger. Il se fait, quelque part où il se trouve, une manière d'établissement, et ne souffre pas d'être plus pressé au sermon ou au théâtre que dans sa chambre. Il n'y a dans un carrosse que les places du fond qui lui conviennent; dans toute autre, si on veut l'en croire, il pâlit et tombe en faiblesse. S'il fait un voyage avec plusieurs, il les prévient dans les hôtelleries, et il sait toujours se conserver, dans la meilleure chambre, le meilleur lit. Il tourne tout à son usage : ses valets, ceux d'autrui courent dans le même temps pour son service : tout ce qu'il trouve sous sa main lui est propre, hardes, équipages : il embarrasse tout le monde, ne se contraint pour personne, ne plaint personne, ne connaît de maux que les siens, que sa réplétion et sa bile; ne pleure point la mort des autres, n'appréhende que la sienne, qu'il rachèterait volontiers de l'extinction du genre humain. (La Bruyère, *Caractères.*)

33. CHARLES XII.

Charles XII, roi de Suède, éprouva ce que la prospérité a de plus grand, et ce que l'adversité a de plus cruel, sans avoir été amolli par l'une, ni ébranlé un moment par l'autre. Presque toutes ses actions, jusqu'à celles de sa vie privée et unie, ont été bien loin au delà du vraisemblable. C'est peut-être le seul de tous les hommes, et jusqu'ici le seul de tous les rois, qui ait vécu sans faiblesse; il a porté toutes les vertus des héros à un excès où elles sont aussi dangereuses que les vices opposés.

Sa fermeté, devenue opiniâtre, fit ses malheurs dans l'Ukraine, et le retint cinq ans en Turquie; sa libéralité, dégénérant en profusion, a ruiné la Suède : son courage, poussé jusqu'à la témérité, a causé sa mort : sa justice a été quelquefois jusqu'à la cruauté; et, dans les dernières années, le maintien de son autorité approchait de la tyrannie. Ses grandes qualités, dont une seule eût pu immortaliser un autre prince, ont fait le malheur de son pays. Il n'attaqua jamais personne; mais il ne fut pas aussi prudent qu'implacable dans ses vengeances.

Il a été le premier qui ait eu l'ambition d'être conquérant sans avoir l'envie d'agrandir ses États; il voulait gagner des empires pour les donner. Sa passion pour la gloire, pour la guerre et pour la vengeance, l'empêcha d'être bon politique : qualité sans laquelle on n'a jamais vu de conquérant. Avant la bataille, et après la victoire, il n'avait que de la modestie; après la défaite, que de la fermeté; dur pour les autres comme pour lui-même, comptant pour rien la peine et la vie de ses sujets, aussi bien que la sienne : homme unique plutôt que grand homme, admirable plutôt qu'à imiter. Sa vie doit apprendre aux rois combien un gouvernement pacifique et heureux est au-dessus de tant de gloire. (Voltaire, *Histoire de Charles XII.*)

34. LE SERPENT DEVIN.

C'est surtout dans les déserts brûlants de l'Afrique qu'exerçant une domination moins troublée, le serpent devin parvient à une longueur plus considérable. On frémit lorsqu'on lit, dans les relations des voyageurs qui ont pénétré dans l'intérieur de cette partie du monde, la manière dont cet énorme serpent s'avance au milieu des herbes hautes et des broussailles, ayant quelquefois plus de dix-huit pouces de diamètre, et semblable à une longue et grosse poutre qu'on remuerait avec vitesse. On aperçoit de loin, par le mouvement des plantes qui s'inclinent sur son passage, l'espèce de sillon que tracent les diverses ondulations de son corps; on voit fuir devant lui les troupeaux de gazelles et d'autres animaux dont il fait sa proie; et le seul parti qui reste à prendre dans ces solitudes immenses, pour se garantir de sa dent meurtrière et de sa force funeste, est de mettre le feu aux herbes déjà à demi brûlées par l'ardeur du soleil. Le fer ne suffit pas contre ce dangereux serpent lorsqu'il est parvenu à toute sa longueur, et surtout lorsqu'il est irrité par la faim. On ne peut éviter la mort qu'en couvrant un pays immense de flammes qui se propagent avec vitesse au milieu de végétaux presque entièrement desséchés, en excitant ainsi un vaste incendie, et en élevant, pour ainsi dire, un rempart de feu contre la poursuite de cet énorme animal.

Il ne peut être, en effet, arrêté ni par les fleuves qu'il rencontre, ni par les bras de mer dont il fréquente souvent les bords; car il nage avec facilité, même au milieu des ondes agitées; et c'est en vain, d'un autre côté, qu'on voudrait chercher un abri sur de grands arbres; il se roule avec promptitude jusqu'à l'extrémité des cimes les plus hautes : aussi vit-il souvent dans les forêts. Enveloppant les tiges dans les divers replis de son corps, il se fixe sur les arbres à différentes hauteurs, et y demeure souvent longtemps en embuscade, attendant patiemment le passage de sa proie. Lorsque, pour l'atteindre, ou pour sauter sur un arbre voisin, il a une trop grande distance à franchir, il entortille sa queue autour d'une branche, et, suspendant son corps allongé à cette espèce d'anneau, se balançant, et tout d'un coup s'élançant avec force, il se jette comme un trait sur sa victime, ou contre l'arbre auquel il veut s'attacher. (Lacépède.)

55. LA POPULARITÉ.

La popularité, que pour toi je redoute,
Commence, en nous prenant sur ses ailes de feu,
Par nous donner beaucoup et nous demander peu.

Elle est amie ardente ou mortelle ennemie,
Et comme elle a sa gloire, elle a son infamie.
Jeune, tu dois l'aimer : son charme décevant
Fait battre mon vieux cœur, il m'enivre; et souvent
Au fond de la tribune où ta voix me remue,
Quand d'un même transport toute une chambre émue
Se lève, t'applaudit, te porte jusqu'aux cieux,
Je sens des pleurs divins me rouler dans les yeux:
Mais si la volonté n'est égale au génie,
Cette faveur bientôt se tourne en tyrannie.
Tel qui croit la conduire est par elle entraîné;
Elle demande alors plus qu'elle n'a donné.
On fait pour lui complaire un premier sacrifice,
Un second, puis un autre; et quand à son caprice
On a cédé fortune, et repos, et bonheur,
Elle vient fièrement vous demander l'honneur;
Non pas cet honneur faux qu'elle-même dispense,
Mais l'estime de soi qu'aucun bien ne compense.
Ou l'honnête homme, alors, ou le dieu doit tomber :
Vaincre dans cette lutte est encor succomber.
On résiste, elle ordonne; on fléchit, elle opprime,
Et traîne le vaincu des fautes jusqu'au crime.
De son ordre, au contraire, avez-vous fait mépris?
Cachez-vous, apostat, ou voyez, à ses cris,
Se dresser de fureur ceux qu'elle tient en laisse
Pour flatter qui lui cède et mordre qui la blesse:
Des vertus qu'ils n'ont plus ces détracteurs si bas,
Ces insulteurs gagés des talents qu'ils n'ont pas.
Elle excite leur meute, et les pousse, et se venge
En vous jetant au front leur colère et leur fange.
Voilà ce qu'elle fut, ce qu'elle est de nos jours,
Ce qu'en un pays libre on la verra toujours;
Et s'il faut être enfin ou paraître coupable,
Laissant là l'honneur faux pour l'honneur véritable,
Souviens-toi qu'il vaut mieux tomber en citoyen
Sous le mépris de tous, que mériter le tien.

(Delavigne, *la Popularité*.)

36. BUFFON ET LINNÆUS.

L'histoire naturelle ne serait peut-être pas arrivée sitôt à la brillante destinée que ces sages préceptes lui préparaient, si deux des plus grands hommes qui aient illustré le dernier siècle n'avaient concouru, malgré l'opposition de leurs vues et de leur caractère, ou plutôt à cause de cette opposition même, à lui donner des accroissements aussi subits qu'étendus.

Linnæus et Buffon semblent, en effet, avoir possédé, chacun dans son genre, des qualités telles qu'il était impossible que le même homme les réunît, et dont l'ensemble était cependant nécessaire pour donner à l'étude de la nature une impulsion aussi rapide.

Tous deux passionnés pour leur science et pour la gloire, tous deux infatigables dans le travail, tous deux d'une sensibilité vive, d'une imagination forte, d'un esprit transcendant, ils arrivèrent tous deux dans la carrière armés des ressources d'une érudition profonde; mais chacun s'y traça une route différente, suivant la direction particulière de son génie. Linnæus saisissait avec finesse les traits distinctifs des êtres; Buffon en embrassait d'un coup d'œil les rapports les plus éloignés. Linnæus, exact et précis, se créait une langue à part pour rendre ses idées dans toute leur rigueur; Buffon, abondant et fécond, usait de toutes les ressources de la sienne pour développer l'étendue de ses conceptions. Personne mieux que Linnæus ne fit jamais sentir les beautés de détail dont le Créateur enrichit avec profusion tout ce qu'il a fait naître; personne mieux que Buffon ne peignit jamais la majesté de la création, et la grandeur imposante des lois auxquelles elle est assujettie. Le premier, effrayé du chaos où l'incurie de ses prédécesseurs avait laissé l'histoire de la nature, sut, par des méthodes simples et par des définitions courtes et claires, mettre de l'ordre dans cet immense labyrinthe, et rendre facile la connaissance des êtres particuliers; le second, rebuté de la sécheresse d'écrivains qui, pour la plupart, s'étaient contentés d'être exacts, sut nous intéresser à ces êtres particuliers par les prestiges de son langage harmonieux et poétique. Quelquefois, fatigué de l'étude pénible de Linnæus, on vient se reposer avec Buffon; mais toujours, lorsqu'on a été délicieusement ému par ses tableaux enchanteurs, on veut revenir à Linnæus pour classer avec ordre ces charmantes images dont on craint de ne conserver qu'un souvenir confus; et ce n'est pas sans doute le moindre mérite de ces deux écrivains que d'inspirer continuellement le désir de revenir de l'un à l'autre, quoique cette alternative semble prouver et prouve en effet qu'il leur manque quelque chose à chacun. (Cuvier.)

37. LA VÉGÉTATION SUR LES RUINES.

Les ruines où la nature combat contre l'art des hommes inspirent une douce mélancolie. Elle nous y montre la vanité de nos travaux et la perpétuité des siens. Comme elle édifie toujours, quoiqu'elle détruise en même temps, elle fait sortir des fentes de nos monuments des giroflées jaunes, des graminées, des cerisiers sauvages, des lisières de mousse, et toutes les plantes saxatiles qui forment, par leurs fleurs et leurs attitudes, les contrastes les plus agréables avec les rochers. Je me suis autrefois arrêté avec plaisir dans le jardin du Luxembourg, à l'extrémité de l'allée des Carmes, parce qu'il y avait un morceau d'architecture qui avait été destiné, dans son origine, à faire une fontaine. Du côté du fronton qui le couronne est couché un vieux fleuve, sur le rivage duquel le temps a imprimé des rides plus vénérables que celles qu'y a tracées le ciseau du sculpteur. Il en a fait tomber une cuisse à la place de laquelle il a planté un érable. Quant à la naïade qui était vis-à-vis, de l'autre côté du fronton, sa tête, ses épaules et ses bras ont disparu; ses mains tiennent encore l'urne, d'où sortent, au lieu de plantes fluviatiles, celles qui se plaisent dans les lieux les plus secs : des touffes de giroflées jaunes, des pissenlits, et de longues gerbes de graminées saxatiles. Quoi qu'on en puisse dire, une belle architecture donne toujours de belles ruines; les plans de l'art s'allient alors avec la majesté de ceux de la nature. Je ne trouve rien qui ait un aspect plus imposant que les tours antiques et bien élevées que nos ancêtres bâtissaient sur le sommet des montagnes, parce qu'ils voulaient découvrir de loin leurs ennemis, et du couronnement desquelles sortent aujourd'hui de grands arbres dont les vents agitent les cimes. J'en ai vu d'autres dont les mâchicoulis et les créneaux, jadis meurtriers, étaient tout fleuris de lilas dont les nuances, d'un violet brillant et tendre, formaient des oppositions charmantes avec les pierres de la tour caverneuse et rembrunie. Par ce que je viens de dire, on peut voir quel effet pittoresque produisent ces anciens monuments; l'intérêt d'une ruine augmente quand il s'y joint quelque sentiment moral. Tel a été, dans le pays de

Caux, un ancien château appelé le château de Lillebonne : les hauts murs qui forment son enceinte sont écornés aux angles, et sont si couverts de lierres qu'il y a peu d'endroits d'où l'on aperçoive leurs assises. Quoi qu'on puisse faire, il n'est guère facile de pénétrer au milieu des cours, et l'on voit s'élever de hautes tours crénelées, du sommet desquelles sortent de grands arbres qui paraissent dans les airs comme une épaisse chevelure. (Bernardin de Saint-Pierre.)

38. L'AMITIÉ.

Noble et tendre amitié, je te chante en mes vers.
Du poids de tant de maux semés dans l'univers,
Par tes soins consolants, c'est toi qui nous soulages.
Trésor de tous les lieux, bonheur de tous les âges,
Le ciel te fit pour l'homme, et tes charmes touchants
Sont nos derniers plaisirs, sont nos premiers penchants.
Qui de nous, lorsque l'âme encore naïve et pure
Commence à s'émouvoir et s'ouvre à la nature,
N'a pas senti d'abord, par un instinct heureux,
Le besoin enchanteur, ce besoin d'être deux,
De dire à son ami ses plaisirs et ses peines?
D'un zéphyr indulgent si les douces haleines
Ont conduit mon vaisseau sur les bords enchantés,
Sur ce théâtre heureux de mes prospérités,
Brillant d'un vain éclat, et vivant pour moi-même,
Sans épancher mon cœur, sans un ami qui m'aime,
Porterai-je moi seul, de mon ennui chargé,
Tout le poids d'un bonheur qui n'est point partagé?
Qu'un ami sur mes bords soit jeté par l'orage,
Ciel ! avec quel transport je l'embrasse au rivage !
Moi-même entre ses bras si le flot m'a jeté,
Je ris de mon naufrage et du flot irrité.
Oui, contre deux amis la fortune est sans armes;
Ce nom répare tout : sais-je, grâce à ses charmes,
Si je donne ou j'accepte? Il efface à jamais
Ce mot de bienfaiteur et ce mot de bienfaits.
Si, dans l'été brûlant d'une vive jeunesse,
Je saisis du plaisir la coupe enchanteresse,
Je veux, le front ouvert, de la feinte ennemi,
Voir briller mon bonheur dans les yeux d'un ami.

D'un ami ! ce nom seul me charme et me rassure.
C'est avec mon ami que ma raison s'épure,
Que je cherche la paix, des conseils, un appui;
Je me soutiens, m'éclaire et me calme avec lui.
Dans les piéges trompeurs si ma vertu sommeille,
J'embrasse, en le suivant, sa vertu qui m'éveille :
Dans le champ varié de nos doux entretiens,
Son esprit est à moi, ses trésors sont les miens.
Je sens dans mon ardeur, par les siennes pressées,
Naître, accourir en foule et jaillir mes pensées.
Mon discours s'attendrit d'un charme intéressant,
Et s'anime à sa voix du geste et de l'accent.

(Ducis, *Épître sur l'amitié.*)

39. TURENNE SAUVE LA FRANCE DE L'INVASION ALLEMANDE.

Souvenez-vous, messieurs, du commencement et des suites de la guerre, qui, n'étant d'abord qu'une étincelle, embrase aujourd'hui toute l'Europe. Tout se déclare contre la France. On soulève les étrangers, on débauche les alliés, on intimide les amis, on encourage les vaincus, on arme les envieux. Sur des craintes imaginaires et des défiances artificieusement inspirées, les intérêts sont confondus, la foi violée, et les traités méprisés. Il fallait, je l'avoue, pour résister à tant d'armées jointes ensemble contre nous, des troupes aussi vaillantes et des capitaines aussi expérimentés que les nôtres. Mais rien n'était si formidable que de voir toute l'Allemagne, ce grand et vaste corps, composé de tant de peuples et de nations différentes, déployer tous ses étendards, et marcher vers nos frontières pour nous accabler par la force, après nous avoir effrayés par la multitude.

Il fallait opposer à tant d'ennemis un homme d'un courage ferme et assuré, d'une capacité étendue, d'une expérience consommée, qui soutînt la réputation, et qui ménageât les forces du royaume; qui n'oubliât rien d'utile et de nécessaire, et ne fît rien de superflu; qui sût, selon les occasions, profiter de ses avantages, ou se relever de ses pertes; qui fût tantôt le bouclier, tantôt l'épée de son pays; capable d'exécuter les ordres qu'il aurait reçus, et de prendre conseil de lui-même dans les rencontres.

Vous savez de qui je parle, messieurs; vous savez le détail de ce qu'il fit, sans que je le dise. Avec des troupes considérables seulement par leur courage et par la confiance qu'elles avaient en leur général, il arrête et consume deux grandes armées, et force à conclure la paix par des traités, ceux qui croyaient venir terminer la guerre par notre entière et prompte défaite. Tantôt il s'oppose à la jonction de tant de secours ramassés, et rompt le cours de tous ces torrents qui auraient inondé la France. Tantôt il les défait ou les dissipe par des combats réitérés. Tantôt il les repousse au delà de leurs rivières, et les arrête toujours par des coups hardis, quand il faut rétablir la réputation; par la modération, quand il ne faut que la conserver.

Villes, que nos ennemis s'étaient déjà partagées, vous êtes encore dans l'enceinte de notre empire. Provinces, qu'ils avaient déjà ravagées dans le désir et dans la pensée, vous avez encore recueilli vos moissons. Vous durez encore, places que l'art et la nature ont fortifiées, et qu'ils avaient dessein de démolir, et vous n'avez tremblé que sous des projets frivoles d'un vainqueur en idée, qui comptait le nombre de nos soldats, et qui ne songeait pas à la sagesse de leur capitaine. (Fléchier.)

FIN.

TABLE DES MATIÈRES.

Matière de narration. — Dites que dans le siècle dernier, le missionnaire Bridaine avait été chargé par ses supérieurs d'une mission à Grenoble. La nombreuse garnison qui était alors rassemblée dans cette ville venait assister à ses sermons. Un jour, il parla contre le duel avec une éloquence pathétique, et, dans un beau mouvement d'éloquence, il supposa qu'un des militaires présents l'interrompait pour lui demander s'il savait ce que c'était qu'un soufflet, et ce qu'exigeaient les lois de l'honneur en pareille circonstance. A cette demande supposée, Bridaine répondit en citant l'exemple de Jésus-Christ, qui n'avait pu endurer sans se plaindre un tel outrage, mais qui pourtant, dans l'Évangile, a recommandé le pardon des injures.

Matière de narration. — Dites qu'un paysan, nommé Pierrot, faisait le devin pour gagner de l'argent aux dépens des villageois. Un jour, il fut mandé dans un château dont la dame venait de perdre un diamant pour en découvrir le voleur. Il y fut fort bien traité ; mais inquiet du résultat, comme on lui apportait une bouteille de Champagne, il s'écria : « Eh bien ! Champagne, il faudra te perdre sans retour ! » Un valet, nommé Champagne, pâlit à ces mots ; Pierrot l'examina, l'interrogea, découvrit qu'il avait lui-même pris le diamant, qu'il fit restituer, puis on renvoya le voleur. Un autre jour, pour mettre sa science à l'épreuve, on cacha un moineau sous un chapeau, et on lui demanda ce qui était caché sous ce chapeau. Désespérant de le savoir, il s'écria : « Pauvre Pierrot ! etc. » On l'admira encore davantage.

Matière de narration. — Dites qu'une jeune somnambule se promenait le soir sur le toit d'une maison haute de cinq étages. La foule se rassemble : au bout de quelque temps, la somnambule se lève, regagne la fenêtre ; mais elle aperçoit une lumière, et aussitôt elle se laisse tomber et se tue sur le pavé.

Matière de narration. — Dites qu'un voyageur, qui se trouvait à Bagnères, s'étant aventuré dans la montagne, aperçut devant lui un ours, et en reculant il vit un loup qui lui barrait l'autre issue du sentier. Aussitôt le loup marche vers lui ; le voyageur ouvre sa tabatière et en jette le contenu dans les yeux du loup. Cet animal aveuglé recule du côté de l'ours, pendant que le voyageur s'enfuit. Le lendemain, on trouva le loup mort sur le champ de bataille, et l'ours blessé s'était retiré à une petite distance.

Matière de narration. — Dites que Schacabac, n'ayant pas mangé depuis deux jours, alla rendre visite à un noble Barmécide, qui, assis à une table couverte, semblait n'attendre que les mets. Il fut invité à se mettre à table, et son hôte lui demanda son avis sur plusieurs mets qu'il était censé manger, mais qui ne paraissaient

Pages.

ceux de la Villette celui de Loups, et tout le monde sait qu'on donne le nom d'Anes à ceux de Montmartre. Le dimanche 25 janvier 1852, les deux armées, composées l'une des chiens et des loups, l'autre des ânes de Montmartre, se rencontrèrent, vers midi, sur le versant du plateau oriental des buttes. La lutte dura plusieurs heures et se termina par une déroute générale de part et d'autre. Des voisins, dont les vitres avaient été brisées par les projectiles, s'étaient élancés au milieu de la mêlée, et les papas et les mamans firent pleuvoir sur les combattants une grêle de soufflets.

Matière de narration. — Dites que le combat de taureaux qui eut lieu récemment à Madrid a offert un curieux spectacle. La reine Isabelle, accompagnée d'un brillant cortége, s'était rendue à cette fête. Sa Majesté fit ouvrir la loge des taureaux, et alors commença la course. Il ne resta bientôt plus parmi les cavaliers que le champion du duc d'Abrantès; ce hardi picador piqua et tua quatre taureaux. Le dernier de ces animaux renversa le cheval et son cavalier; mais le picador se releva, atteignit le taureau d'un coup mortel, et reçut de la reine le prix du combat.

Matière de narration. — Une foule nombreuse est rassemblée pour voir un aérostat s'élever dans les airs. Harris, ancien officier de marine, et miss Jeanne Storcks, vont tenter cette dangereuse entreprise. Le voyage est d'abord heureux; mais bientôt une longue déchirure s'est faite, le ballon commence à descendre. Harris a les membres brisés entre les branches d'un arbre, tandis que sa compagne arrive à terre saine et sauve avec les débris de la nacelle.

Matière de narration. — On supposera une lettre dans laquelle un de nos officiers de l'armée d'Afrique raconte que, sur le versant nord de l'Aurès, aux environs de Klenchela, il vint chasser un lion, qu'il fit tomber roide mort après l'avoir visé dans la gueule.

Matière de narration. — Le 2 janvier 1852, un bâtiment neuf, *l'Amazone*, appareillait à Southampton pour Chagres, sur l'isthme de Panama. Les passagers étaient au nombre de quatre-vingts. Le lendemain du départ, *l'Amazone* avait dépassé les îles de Seilly, lorsque, vers une heure du matin, des flammes sortirent d'une des écoutilles de l'avant. Le capitaine accourut aussitôt; mais les progrès de l'incendie furent tels qu'il fallut renoncer à tout espoir. Les bateaux qu'on employa pour sauver les passagers chavirèrent, et la chaloupe de sauvetage, qui contenait quatorze matelots et deux passagers, ne reçut aucun secours d'un brick qui faisait route vers l'Amérique.

Matière de narration. — Un voyageur raconte une chasse au faucon dont il fut témoin dans son excursion chez les Peaux-

Pages.

Rouges. Deux chiens avaient fait lever un énorme héron gris qui s'était abattu près d'un marais. Aussitôt, un faucon que portaient les Peaux-Rouges fut lâché contre lui, et après une lutte acharnée, le héron, enlacé dans les serres de l'oiseau de proie, et l'estomac déchiré par son bec crochu, tomba violemment sans vie sur les rives du marais.

SECTION III. — DÉFINITIONS, DESCRIPTIONS D'OBJETS D'ART, NOTIONS ÉLÉMENTAIRES SUR LES SCIENCES.

Matière de narration. — On fera l'histoire de la poésie bucolique en France, en disant d'abord que ce genre de poésie comprend les idylles, les églogues, les pastorales, et en général tous les poëmes qui se rattachent, de près ou de loin, aux idées champêtres. Après avoir caractérisé la poésie bucolique, on passera en revue les poëtes français qui s'y sont le plus distingués, savoir :

Honorat de Bueil, marquis de Racan, mort en 1670 ; Segrais, né à Caen en 1624 ; La Fontaine, auteur de quelques églogues, et dont la belle élégie sur la disgrâce de Fouquet peut se rapporter à la poésie pastorale ; Mme Deshoulières, née à Paris en 1633 ; ses principales idylles sont *les Moutons*, *les Oiseaux*, *le Ruisseau*, et surtout la pièce allégorique qu'elle fit pour recommander ses filles à Louis XIV, après la mort de son mari ; Fontenelle, né en 1657 ; Lamotte-Houdart, né en 1672 ; Berquin, Florian, et enfin Léonard, né en 1744. On portera un jugement court et motivé sur les pastorales de ces différents poëtes

Matière de narration. — Vous direz combien est admirable l'amour des animaux pour leurs petits. La Providence a inspiré ce sentiment aux oiseaux les plus impitoyables, tels que l'aigle et le vautour, comme à la fauvette et au loriot, aux insectes même in-

Pages.

dans un combat simulé, ayant reçu une blessure au visage, laissa croître sa barbe pour en cacher la cicatrice. Tous les courtisans l'imitèrent; les évêques même en firent autant, et toutes les classes de la société adoptèrent cet usage; mais les chapitres métropolitains furent ennemis des longues barbes. Un décret de la Sorbonne déclara que la barbe est contraire à la modestie, qui doit être la principale vertu d'un théologien, et le parlement de Paris rendit un arrêt contre la barbe. A l'avénement de Louis XIII, qui monta jeune sur le trône, l'usage de porter de longues barbes finit peu à peu par disparaître.

Matière de narration. — C'est un spectacle curieux que celui que présente la ville de Paris plusieurs jours avant le renouvellement de l'année. Une foule impatiente se répand dans les beaux magasins, dans les riches bazars, où chacun fait des emplettes proportionnées à sa fortune. Paris présente alors un aspect très-animé et presque magique. Décrivez ce que l'on y trouve en joujoux, bonbons, etc.

Matière de narration. — Un voyageur raconte que, porté sur un chameau, dans une journée où la chaleur était suffocante, il se couvrit la tête, ferma les yeux et tomba dans un sommeil léthargique. Il fut réveillé doucement par un bruit de cloches : c'étaient les cloches du village qui l'avait vu naître. Dix minutes environ s'écoulèrent pendant lesquelles il les entendit retentir. On dit que parfois les marins, sous le soleil des tropiques, au milieu de l'Océan, s'imaginent de même que les cloches de leur village tintent à leurs oreilles.

Matière de narration. — Vous ferez le portrait de Polichinelle : Le voici, le vrai, l'unique Polichinelle, avec son rire inextinguible. Les petits enfants le regardent entre les bras de leurs bonnes : partout s'agitent de petits bonnets, de petits shakos, des casquettes, des bourrelets même, et la vue de Polichinelle est un plaisir qui se répète et se renouvelle tous les jours.

Matiere de dissertation. — On prouvera, par la similitude suivante, que l'univers ne peut être l'ouvrage du hasard : si vous entrez dans une maison, les fondements, les murs, le toit, etc.,

gaieté; la veillée se prolonge au milieu des causeries, et quelquefois la diane retentit avant que le conteur ait fini son histoire.

Matière de narration. — Deux femmes du peuple se prennent de querelle et se battent dans la rue. On suppose le combat raconté d'une manière plaisante par un témoin oculaire.

SECTION V. — APOLOGUES EN PROSE ET EN VERS, PROVERBES, DIALOGUES, JEUX DE MOTS.

Matière de narration. — Pour expliquer cette métaphore proverbiale qu'on emploie en parlant d'une chose qu'on a l'air de faire de bonne grâce, quoique ce soit à contre-cœur, vous raconterez l'historiette suivante : « Un charlatan fait annoncer, dans une ville de province, qu'il donnera un ballet de dindons. La foule accourt : les dindons sautent précipitamment, tantôt sur une patte, tantôt sur l'autre. Les spectateurs applaudirent beaucoup, sans se douter que les dindons étaient soumis au contact d'une tôle brûlante ; mais le secret de la comédie fut découvert lorsque quelques étincelles de feu forcèrent tout le monde à se sauver. »

Matière de narration. — Une linotte quitta sa mère pour se rendre indépendante. Elle place d'abord son nid près d'un chêne; mais le vent s'élève, le chêne est en éclats : plus de nid. La linotte rebâtit son domicile sur des broussailles, six étages plus bas. La poussière et les vermisseaux l'inquiètent dans cet asile. C'est alors que, devenue plus sage, elle place son nid sur un buisson et s'y trouve en sûreté. Le bonheur est dans la médiocrité.

Matière de dialogue. — Vous supposerez un dialogue entre le connétable de Bourbon et Bayard. On sait que ce brave chevalier fut blessé à mort ; et que le connétable de Bourbon, qui avait quitté la France et vaincu les Français, le plaignait en le voyant dans cet état ; mais Bayard répondit au connétable que c'était lui qui était à plaindre, lui qui avait trahi son roi et sa patrie.

Matière de narration. — Le berger Isidore menait un jour paître les troupeaux d'un riche fermier de Montfermeil : il était accompagné de son chien. Comme le temps était très-chaud, Isidore s'endormit sur le gazon, et, pendant son sommeil, ses moutons furent dérobés, et son chien éloigné par une main cruelle. Ce jeune berger, craignant les reproches de son maître, se pendit aux branches d'un chêne, et son chien se laissa mourir de faim sur sa tombe.

Pages.

se rassemblent autour des gâteaux qui retracent les présents des mages. L'aïeul est entouré de ses petits-enfants; la salle du festin est décorée; les verres se choquent. On tire au sort des royautés éphémères; la fortune tombe sur la fille du lieu et sur le fils du voisin, dernièrement arrivé de l'armée. Souvent le curé, présent à la fête, reçoit, pour la distribuer avec d'autres secours, cette première part qu'on appelle *la part des pauvres*.

Matière de narration. — Après avoir marché une demi-heure, Psyché arriva devant l'habitation d'un pêcheur située au penchant d'un mont. Il lui fallut passer un torrent et un abîme, où elle entendit un nombre infini de sources qui se précipitaient par cascades. Le vieux pêcheur lui apparut chargé de filets; son front était tellement sillonné de rides que Psyché crut voir Deucalion. Elle implora sa protection; le vieillard lui promit un asile, et la fit descendre dans la ravine en marchant devant elle.

Matière de description. — Le soleil allait se plonger dans les vagues étincelantes, pendant que la lune montait avec lenteur. Des larmes coulèrent malgré moi de mes paupières, lorsque tous mes compagnons vinrent à entonner leur simple cantique à Notre-Dame-de-Bon-Secours, patronne des mariniers. Qu'elle était touchante, cette prière! Je ressentis une impression qu'on ne saurait peindre à la vue du beau spectacle qui m'entourait.

Matière de description. — Vous ferez l'éloge des fleurs; vous peindrez leur forme élégante et leur frais coloris. Elles charment le goût, l'odorat, les yeux; elles sont l'emblème du plaisir et brillent dans nos festins. Enfin souvent, sur la mer, leur parfum présage l'approche de la terre aux matelots.

Matière de description. — C'est surtout dans les déserts de l'Afrique que le serpent devin parvient à une longueur considérable. Il a quelquefois plus de 50 centimètres de diamètre lorsqu'il s'avance au milieu des herbes et des broussailles. Les troupeaux

FIN DE LA TABLE DES MATIÈRES.

PARIS. — IMPRIMERIE BLOT ET FILS AINÉ, RUE BLEUE, 7.

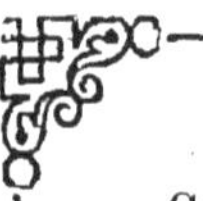

COURS RAISONNÉ DE LANGUE FRANÇAISE

PAR M. B. JULLIEN

Chaque volume, cartonné, format in-12, se vend séparément

Premier degré (Enseignement élémentaire)

Éléments de la grammaire française de Lhomond, revus et complétés; nouvelle édition ... 60 c.
Questions et exercices sur la grammaire française de Lhomond, à l'usage des élèves; nouvelle édition ... 60 c.
Le même ouvrage, avec les réponses aux questions, les corrigés des exercices et des dictées nouvelles, à l'usage des maîtres ... 1 fr. 50 c.
Petit traité des participes, accompagné de devoirs et de questions à l'usage des élèves ... 60 c.
Le même ouvrage, avec les réponses aux questions, les corrigés des exercices et des dictées nouvelles, à l'usage des maîtres ... 1 fr.

Deuxième degré (Enseignement intermédiaire).

Traité de grammaire française, comprenant, avec les règles de notre langue, l'étude des gallicismes les plus usités. 1 volume de 350 pages ... 1 fr. 80 c.
Questions et exercices sur le traité de la grammaire française, à l'usage des élèves ... 1 fr. 80 c.
Le même ouvrage, avec les réponses aux questions et corrigés des exercices, à l'usage des maîtres ... 3 fr.
Petit traité d'analyse grammaticale, à l'usage des élèves; nouvelle édition ... 50 c.
Traité complet d'analyse grammaticale, à l'usage des maîtres; nouvelle édition. 1 fr. 50 c
Petit traité d'analyse logique, à l'usage des élèves ; nouvelle édition ... 50 c.
Traité complet d'analyse logique, à l'usage des maîtres ; nouvelle édition .. 1 fr. 50 c.

Troisième degré (Enseignement supérieur).

Petit traité des figures et des formes de style ... 1 fr. 80 c.
Questions et exercices sur le petit traité des figures et des formes de style, à l'usage des élèves ... 1 fr. 25 c.
Le même ouvrage, avec les réponses aux questions et les corrigés des exercices, à l'usage des maîtres ... 1 fr. 80 c.
Petit traité de rhétorique et de littérature ... 2 fr. 50 c.
Questions et exercices sur le petit traité de rhétorique et de littérature, à l'usage des élèves ... 50 c.
Le même ouvrage, avec les réponses aux questions et les corrigés des exercices, à l'usage des maîtres ... 1 fr.

Ouvrages complémentaires.

Vocabulaire grammatical de la langue française, dans lequel sont définis, mis en concordance et appréciés les divers termes grammaticaux, etc ... 50 c.
Nouvelles dictées d'orthographe ... 1 fr. 80 c.
Le langage vicieux corrigé, ou liste alphabétique des fautes les plus ordinaires dans la prononciation, l'écriture, etc ... 1 fr.
Manuel de la conjugaison des verbes français ... 1 fr.
Explication des principales difficultés de l'enseignement de la grammaire, à l'usage de toutes les personnes chargées d'instruire ou d'interroger les enfants ... 50 c.
Les principales étymologies de la langue française, précédées d'un petit traité de la dérivation et de la composition des mots ... 50 c.

1817 .— PARIS, IMPRIMERIE BLOT ET FILS AINÉ, RUE BLEUE, 7.

www.ingramcontent.com/pod-product-compliance
Ingram Content Group UK Ltd.
Pitfield, Milton Keynes, MK11 3LW, UK
UKHW012207240726
13966UKWH00002B/631

9 782011 784865